大槍武藝

郭肖波　著

大槍武藝讓我們可以——
學習中華文化特殊的思維方式
感受人格和心性因壓力而產生的變化
體會在強烈衝突中巧妙的人際關係

謹將此書敬獻給先師劉公雲樵

自　序

　　我是 1975 年 5 月開始每日到劉雲樵老師家習武，每天大約從上午九點開始練習到次日清晨三點左右，如此有一年多之久，一直到 1976 年 8 月我離台赴美攻讀電機碩士學位才結束。1978 年取得碩士學位後返台過暑假，期間每天下午在老師家複習八極拳。有天我剛練完一趟拳，劉老師突然對我說：「小波，你可以開始嘗試著寫書了！」當時我回答說：「我有練武人的傲氣和對自己的期許！如果只是把前人的東西原樣的敘述，那麼這只是述而不作。這樣的書，我不敢署名為作者！我寫的書一定要有我自己的想法、我的創見。」劉老師當場哈哈大笑的對我說：「好！有志氣！如果你不能為國術做點什麼貢獻的話，你對不起你自己、你也對不起我！將來看你的！」當時劉老師坐在他專用的沙發上、右手拿著煙、左手邊是他的大茶杯、側身左肩斜倚、臉上掛著笑容，那個場景在四十多年後的今天，依然清晰的銘刻在我的記憶中，成為我在困境中奮戰不懈的精神鞭策。

　　1979 年我定居加拿大多倫多、並且開始電機工程師的工作生涯。工作之餘絕大部份的時間都投入到武術鍛鍊與研究，當時心裏有個目標：要為國術／傳統武術建立一個可長可久的、現代化的發展平台，最後決定從刀、槍、劍、棍裏選擇明朝大槍做為我終生研究與推廣的目標，這當然有一大部份是受

到劉老師研究《手臂錄》的影響。研究的起點就是劉老師傳授的攔、拿、扎、鴨踏步以及纏槍這些基礎，研究的主要對象是《手臂錄》與《紀効新書》這兩本極為重要的大槍文獻；研究的方法則是根據我理工科的基礎而以科學研究做為手段，第一篇論文《纏絲勁的數學模式》[1]則是我突破大槍革槍理論的關鍵；至於技巧研究則一直苦於文獻資料的語焉不詳，於是利用大槍技巧相生相剋的原理將所有技巧編織成一張生剋關係網，如此一來立即豐富了每一個槍技的文獻資料，數年之後終於在這張綿密的網上找到突破點，於是如冰裂般的揭開各個技巧的神秘面紗。這時候我開始了《大槍武藝》這本書的寫作，第一個手寫版於1995年劉老師去世三週年的忌日收筆。當晚我拿著這本書、一炷香，放在老師交給我的「八極門」的匾額前，心緒極為激動的給老師祝禱、並且呈獻這本著作給老師。1978年師徒間的期許與承諾，終於在17年後初現曙光。

明代大槍技術以及訓練體系被確立之後，緊接著就面臨槍器、安全性、比賽設計、與時代接軌等等的問題。首先，如果沒有適合的槍器一切都是空口說白話，假的！如果安全性不解決就無法實戰，不實戰就是假的！如果比賽的設計無法貼切古代戰場的實況，那麼發展出來的就是個根本與古代大槍沒關係的怪胎，也是假的！如果不能與時俱進的和現代社會接軌，那麼發展的成果只會是曇花一現、復歸塵土而已。如果以上四個問題不能解決，那麼「發揚傳統文化」只是蒼白的理想、自我

1　此論文得到當時山東武術協會的推薦參加1991年第一屆世界武術論文比賽，並獲得金牌獎。

嘲弄與羞辱的心頭恨而已。

幸運的是這些問題在 1998 年都有了一定程度的解決方案，接下來的就是實際的教學與實戰。我在多倫多的學生們在此之前一直參與我的研究過程，所以他們很快的就進入狀況，於 1999 年在加拿大多倫多舉辦了「第一屆雲樵杯大槍邀請賽」，得到包括加拿大與美國眾多武友的支持。後續的發展在本書各章另有說明。

記得今年年初在一場演講時，我曾問聽眾練習大槍的目標、理想是什麼？首先得到的回答是：健身！用練習大槍來健身，其實太難、太苦而且效果不彰；第二個答案是：自衛！如果帶著三米的大槍自衛，可能一個紅綠燈沒過就被警察繳械了。大槍真的是一個早已被時代淘汰的冷兵器，但是在擬古的大槍對抗的過程裡，我們可以學習中華文化特殊的思維方式、我們可以感受到人格和心性因為壓力而產生的變化、我們可以體會到在強烈衝突中巧妙的人際關係，這些才是我們練習大槍可以受益之處，而且這些益處只有在實際對抗中得到，單人舞弄大槍套子是無法得益的。這些在本書都會有較詳細的介紹的。

做為作者長達四十年的研究成果，此書的寫作、修改歷經二十多年[2]之久，所以內容或有部分重複、敘述或欠順暢、闡述或有不及之處，但是作者希望把這門武藝盡可能的、全面的

---

[2] 遲遲未敢出版此書的原因之一是：我要求自己必須把書中言及的所有內容在實戰中親身驗證過，大約在三年前終於把「梨花三擺頭」這最後一個技巧做出來。

呈現給讀者，冀望有志者以此為基礎而繼續前行，把這個具有中華文化特色的運動推向世界！

郭肖波 尚善 于 2019 年仲夏日

繼往開來

　　現下人們對大槍是陌生的；甚至在傳統武術界裡，大槍也是相當隱澀、還帶點神秘感；就算有所習練，也多只將其作為功力訓練，或者更精確地說是當作力量訓練的工具而已，似已難見技術深度。探究其緣由，實是導因於近代傳統武術的套路化、和珍帚自藏；加上習練時多是單人舞練，沒有對較實戰的傳習過程，漸漸的大槍技術就被塵封、遺落，幾乎只剩傳說了。

　　我年輕時就學過槍法、後來也練過大槍，但真正對大槍技術有比較全面的理解和開始下功夫深入追求，是在郭肖波師兄的啟發和指導之後。他同我講述劉雲樵老師是如何與他拿掃帚柄解析探討《手臂錄》槍術技法的小故事、之後他自己又是如何《手臂錄》不離身的鑽研、又是如何從技法間相生相剋的關係來研究技術原理、如何學習木工以自製槍器、再到制定比賽規則和其意涵與引導正確技術發展的立意、開始辦大槍比賽的過程、以及設計開發兩節式碳纖大槍的構想與實現、還有槍士精神的追求。這些看似茶餘飯後閒談的內容，正是印記這項寶貴傳統武術資產的傳承與復興過程的軌跡；他也說當年劉老師就鼓勵他，希望他從事武術寫作。而這本書的初稿是在劉老師去世後第三年的忌日完成，卻直到現在才出版面世。這將近40年的反覆磨礪，就是因為郭師兄抱持著武術是實學的理想

與堅持，所以他不願只是用文字論武，而要求自己必須在實際對抗中親身印證、真實體驗，這樣才能確保此書的言之有物。

明朝唐荊川的《武編》、戚繼光的《紀効新書・長兵短用篇》這些大槍的文字記載至今已歷近 500 年，特別是《紀効新書》的資料已經完整的呈現大槍技術和理論體系，而且深遠的影響了傳統武術的發展；而後程沖斗的《耕餘剩技》一書中闡述的槍法除了承襲上述兩書而外，更融合了棍法，並在論述方式和動作繪圖上也有進一步的創新；之後又有吳殳的《手臂錄》問世，堪稱經典，除了詳細收集闡述大槍的諸多技法之外，更有獨道的理論見解、和創新的論述方式，尤其是在槍圈的應用解說上，因此《手臂錄》成了大槍技術的圭臬寶典。現在繼《手臂錄》之後，又已歷 300 多年了，因著時代變遷，傳統武術近百年來逐漸在式微，大槍技術尤甚。正在大槍似乎已被人們遺忘殆盡、瀕於失傳之際，郭肖波師兄的《大槍武藝》出版了，這無疑是為傳統武術的復興注入了創新發展的契機；此外更令人驚豔的是在這本大槍專著裡面，除了歷來的技術傳承之外，還有著更多的創新之處。

郭肖波師兄運用現代數學和物理學的原理，在槍圈理論的基礎上，深入闡述槍圈運作的機理，是符合現代體育科學化的脈動，特別是在傳統武術的理論應用上，更能凸顯古人依循實戰累積出來的技術，確實是很科學的。例如正確的槍圈應符合玫瑰曲線的軌跡、以及螺旋圓弧軌跡離心力切線的運用、零速度點的革槍技巧擺脫超阻尼效應等等，這些都能簡潔明確的讓受過科學教育的大槍學習者，快速掌握傳統大槍技術的科學內

涵，進而達到有效率的學習傳統大槍技術；知其然，更能知其所以然，這是科學理論幫助學習傳統武術的良好示範。

工欲善其事必先利其器，郭肖波師兄設計的兩節式碳纖組合大槍，不但解決大槍的便攜性，也創造了更好發揮大槍技術的條件。古人苦思欲得能長、且硬、又輕的理想大槍於此實現了，這也讓我們能在研讀書中的大槍理論、學習技術之時方便搭配實踐操作，有效的掌握體會技術內涵，達到讀學、操練一體，畢竟武術技術的書籍是為了幫助掌握和理解技術而生，這一創新恰如其分的幫助讀者能親身實踐，操持大槍的技巧，掌握技術與理論的無縫結合。一項技術能否持續發展，有良好交流和應用的平台是關鍵；而這個平台是否能提供健康且引導良性發展正確技術，是需要深思熟慮的設計。郭肖波師兄除了透過這本大槍技術專書闡述大槍內容之外，更投入極大的心力建構大槍競技化的發展工作。這本專書，之所以再再磨礪近 40 年才面世，很大考量，也是因為他擔心不成熟的競賽模式或規則，會在急功近利的環境下，被帶往只為比賽而比賽的遊戲模式，而模糊了大槍幾百年來的技術深度；所以此時這本大槍專著的出版，更肩負著引導未來大槍競技化的正確發展方向。

郭肖波師兄之於我，雖曰師兄，實則循循善誘，如老師般的授藝、在技術內容上無私的指導提攜；在思考論述的能力上不斷的引導啟發、在大槍志業的發展工作上更是一直挈領擘劃、但又能如同儕般的分工、合作無間。今郭師兄的大槍專著即將出版問世，囑我為序，倍感榮焉；然受限文才或難適達郭肖波師兄專著的光彩，希冀大槍同好能親自研讀、細細品嚐；

或有所得心有戚戚，更祈能同行戮力於大槍傳承的陣列之中、進而一起支持大槍的發展，是以為序。

上海體育學院武術系博士
大槍發展天使會　　主席　　王志財

身心鍛鍊的良方

郭肖波先生是逢甲大學倉海國術社社長（早我 13 屆），同是劉雲樵師爺門下，故以師兄稱。

2019 年 10 月中旬，強烈颱風（Hagibis）雖在千里外，長濱海岸卻已驚濤駭浪；駐足觀浪思忖，郭師兄於服役時看海寫出《拳景說》，深受劉師爺讚賞；役畢負笈海外深造、立業成家，在離開師兄弟、沒有老師指導情況下，獨立練習並在北美開創一片天地。為傳統武術的實學紮根，他在各類拳術器械中選定大槍為主要鑽研項目；然軍陣大槍因被火器取代而轉入民間，技術雖經彙整編寫成冊但似封印，又因習練者少而一般人的印象總停滯在清末民初的神槍？大槍是神話？科學昌明的現代還要復興這種冷兵器？一支杆子如何與時俱進？它能給後輩子孫啥好處？

這些疑惑應該也在郭師兄踽踽 40 載歲月裡被一一思索，大槍風貌可自《手臂錄》、《紀効新書》的古籍中探索，技術復刻則是逐招逐勢對校驗證，郭師兄如此地信守當年對老師的承諾 ——「寫自己的話、寫自己的心得」，用黃金歲月凝聚成這本大槍鉅作。本書涵蓋大槍沿革、技術、訓練，並納入現代化大槍競技運動、心理面及精神面，以現代語彙闡釋說明，是習練大槍或精進槍藝的寶典；以武術後輩及從習者的觀點來看，至少有下列課題值得關注：

(一) 大槍的特殊內涵

1. **極簡與高明**：老祖宗慣將各種工具作到極簡，而把操控技術留在人身上，如我們日常所用的筷子、毛筆等；將筷子酌予放大至 3 公尺以上，就是一把形制簡潔的大槍，如此規格的兵器得改以雙手持拿並用上核心肌群，展現平常少用的整體運動；其操控技術的發展，則是歷經無數戰陣生死搏殺、由鮮血積攢，再經聰慧者統整改進，兼具嚴密防守與凌厲攻擊的技術，而能得名「百兵之王」。

2. **資質與增慧**：《手臂錄・槍法微言》提及：「人有慧性者方可教槍，不然止堪叉鏟」，面對看似平凡無奇的杆子，得有相當的資質方能習得駕馭技術並巧妙運用；當教練的挑聰明的學生教槍，夠聰明的學生能學槍、知槍；如此良善循環，技藝才能傳遞與持續提升；又，習槍練槍的身心鍛鍊下，慧性必然增長。

3. **兵槍與真槍**：《手臂錄》花了不少篇幅講槍棍辨，師兄也強調「大槍是什麼？不是什麼？」，這種辨證與認知的建立，正是進入大槍領域最重要的一門功課；如分清楚槍和棍的不同，用槍的力量來源，兵槍和民間遊場的差異等，概念清楚正確才不致誤入歧途。

(二) 大槍的魅力

1. **身心鍛鍊之良方**：上一輩人經過戰爭（或服役）磨礪

而成熟，我們雖身處太平年代，仍要因應詭譎多變且競爭激烈的社會環境，務須設法克服懦弱、膽怯；大槍是最佳方法（正如中醫的方中有法，法中有方），作為對抗型態武術，無法獨舞而須雙人對練，恰能有效達到強健體魄、堅韌心性的功效。

2. **高度緊張卻安全**：武術從實戰累積，對戰驗證才是武術有效傳遞之路，只是自由搏擊、拳打腳踢不免鼻青臉腫；作為興趣、業餘又要具備相當強度，那大槍當是首選。大槍發展已數千年，技術體系完整清晰，加之目前研發現代化的碳纖維複合槍桿、選手的護具、完善比賽規則及相關制度制訂，習練者只要循序漸進地習練，而後付諸對練實證，以真槍精神進入對戰比賽則高度刺激緊張，在切磋技術的同時，又能確保足夠安全，正是符合現代社會需求的一項優質運動。

3. **高性價比**：大槍因為形制簡單，相對其他型態運動堪稱成本極低；此外百年積累而形成世界少見的技術深度與文化厚度，涉入習練則有窮畢生精力足夠的縱深（這應該也是中華文化的特殊）。以現代運動而言，長度 3 公尺、1.5 公斤的大槍，使用上恰似重量訓練，待技巧成熟後，進入兵法戰術運用階段心理、謀略縱橫交錯，最是令人著迷……；也因此可說是一種身心合一、文武兼備的鍛鍊。

（三）大槍運動的願景

1. **民族特色的標誌**：大槍具備固有文化內涵，是純粹中華武術，即便古來全球爭戰無數，也僅在華夏用槍發展出獨樹

一幟的型態，其攻防之精妙令歐美人士驚艷；發展大槍作為我們的代表性運動，不僅宣示我族文化特性，由大槍提純（萃取）出光明磊落、大開大闔的精神，亦可匡正民族性格。

2. **槍士與先秦士道**：一方水土成就大槍一藝，先輩的智慧結晶以當代語文記載，歷數代遞嬗，對我們而言卻逐漸生澀困難，不做生死決鬥的大槍何去何從？書中第四章談到大槍的哲學思想，郭師兄提出槍士制度的構想（持續推動中），對習練大槍者而言，在技術積攢與熟練同時，更重要的是伴隨人格養成、性格發展，並直指「先秦士道」，如此架構設計肯定能確保大槍發展的長久與特殊。

3. **全民參與的武藝**：大槍乙藝經過整理與設計，勢將成為中華武藝甚至是全球化運動，在此運動的發展過程中，全民參與的方式可以是選手、教練、裁判、觀眾、等等，如此理解是民族國家的武術，是真正的「國術」。

2019 年和郭師兄同往香港解說大槍比賽規則及裁判講習，途中深談大槍的發展願景與當前的困境，感受師兄在大槍發展的急切與憂心（畢竟資訊流通的年代，任誰都能輕易地辦個比賽來魚目混珠，更何況還有別有用心者的覬覦）；近幾年我們為加速大槍推廣及發展，積極地籌組槍隊、成立國際大槍組織等，已感受發展環境漸趨成熟，因此師兄對數十年研究心得是否付梓的猶豫亦可稍解；百年來前輩用生命堆砌的大槍系統，用心血寫成的經典，要不失傳，只有更多後輩投入，經典

重新闡發詮釋，這也正是這本大槍專著推出的最佳時機；而有
志於大槍習練或理解大槍者，由研讀本書涉入，相信必能一窺
堂奧、獲益匪淺！

長風槍隊教練
大槍發展天使會　副主席　黃世杰

己亥年重陽後三日　寫於台東海濱

目　次

前　言

　　大槍，一支三到五公尺長的桿子加上一個尖銳的槍刃，這麼一個簡單而且成本低廉的兵器，在我國傳統軍備裡具有三、四千年悠久的歷史。早在春秋戰國的車戰五兵裡就有兩款槍形兵器：夷矛與酋矛。隨著歷史裏戰爭型態的演進，大槍到了漢朝時期就取代了戈和戟成為軍隊裡主要的長兵，之後一直到清朝中葉，大槍就是軍備裏除了拋射武器之外最重要的長兵。在我國種類繁多的軍用兵器中，大槍不但被讚譽為「百兵之王」，而且有「諸器遇之立敗」的說法。這個說法最具體的表現在明朝，明朝軍隊中使用大槍的士兵被稱為「殺手」，而且使用其他兵器的士兵都是以對抗大槍做為考核的方法。

　　大槍的技巧和理論體系由於歷史悠久和其重要性，所以在明朝時期就已發展到相當完善的程度，但是隨著清朝中葉軍隊改制的影響，大槍不但被軍隊淘汰，而且在民間也趨於沒落。然而大槍的理論深深的影響了近代傳統武術的發展，即使今日練習大槍的人已屬鳳毛麟角，但是只要練習傳統武術就會在不知不覺中接受了大槍的影響。

　　作者年輕時期有幸拜在劉雲樵老師門下習武，而劉老師自幼從師於「神槍」李公書文，所以作者對於大槍攔拿扎等等基礎功夫並不陌生。然而近代流傳的大槍技藝在缺乏以戰場實戰為主導的環境中，歷經了兩三百年的民間發展之後，大槍武藝

原本的觀念、認識、技藝等等逐漸的弱化、殘損。作者在早年習武的過程中有感於大槍武藝的殘缺不全，所以於 1979 年決心鑽研明朝大槍武藝的原貌，並且立志要把大槍武藝轉化成為一項既是現代化的、又是傳統文化載體的競賽運動。

經過長達 17 年的研究，於 1995 年劉雲樵老師逝世 3 週年忌日，終於完成此書的初稿，隨即展開製作大槍的研究，至 1997 年終於完善了製作工藝。從 1998 年開始以此書初稿內容做為訓練教材，更於 1999 年夏舉辦「第一屆雲樵杯大槍邀請賽」。為了更深入、更全面的探索明代兵槍，並且將研究成果公諸於學術界，作者於 2004 年，以 53 歲之年考入上海體育學院武術博士班，並且以《明代兵槍和其競技運動化的研究》做為博士論文的題目。2007 年取得博士學位之後，再以明朝武藝「勢」的觀念重新建立大槍實戰時所需的戰術觀念。從 1995 年的初稿開始，這本書的內容也隨著作者在不同階段的研究課題而得以不斷的增加。

所以這本書從 1979 年到 1995 年的研究筆記做為雛形開始，逐漸的加入了作者的教學經驗和實戰對抗的體驗；然後再因為博士論文的撰寫而得以增加很多的明代兵槍的內容；再經過作者對於「勢／戰術」的研究，所以本書的內容逐漸脫離了傳統武術書籍專注在技巧說明的方式，而轉變為以戰術來解說技巧的方式。四十多年來的累積以及數易其稿的過程，使得此書內容不免龐雜、論述不免反覆、編排不免混亂。作者對於這些問題已有束手無策之感，所以懇請讀者多多包涵！

作者早在 1979 年開始研究之初就有請老師，劉公雲樵，

為此書寫序的心願。但是老師於 1992 年初去世，作者也不想麻煩武術界的先進們為之作序。但是此書付梓代表大槍主要的研究階段逐漸的步入尾聲，而接下來的則是更為繁劇與艱難的推廣工作。幸好同門、逢甲大學校友又是倉海國術社後期社長的王志財博士與黃世杰兩位，於 2016 年成立大槍武藝推廣天使會，肩負起籌款、推廣的工作，兩位分別擔任天使會的正、副會長。目前推廣的工作正在按部就班的進行中。所以特地邀請他們兩位為此書寫序，以此代表團隊接力交棒的精神。當然作者也會配合推廣工作的需要而繼續盡一份棉薄之力，同時還會在器材研發、大槍武藝的後續研究繼續貢獻餘熱。另外，志財與世杰在此書付梓之前還擔任校稿的工作，在短短數週內糾正了許多的問題，所以在此一併致謝！

第一章

緒 論

　　現代體育競賽的項目繁多，其中有相當的一部份是從古代軍事武藝直接演化而來的，如射箭、鐵餅、標槍、鏈球、鞍馬、擊劍等等。即使現代的軍事戰技，如射擊，也都成為奧林匹克運動會的熱門項目。從這些實例來看，戰技訓練，特別是古代的戰技訓練，蘊藏著極為豐富的現代體育的原材料，非常值得我們去發掘。

　　然而，目前比較普遍的運動項目都是發源於西方國家與文明，也就是所謂的西洋體育；反觀我國古代的軍事武藝以及相關的民間武術，雖然其內涵與範圍與同時期其他文化相比，自有其特殊與光輝的一面，但是時至今日，僅僅只有武術套路以及散打兩個項目剛開始在世界體壇上嶄露頭角；然而這兩個近代發展的運動項目與我國古代的軍事武藝還有一段相當的差距。

　　如果從古代軍事武藝轉化為現代運動的角度，來比較中、西方轉型成功的案例，很顯然的，我們在這方面取得的成績是極度令人失望的。當然，造成這種現象的原因很多，但是最重要的原因則是深藏在我國現代化的歷史進程之中。在滿清中葉以前的數千年，在能夠接觸的周邊國家裡，我國始終是文化最昌盛、經濟最發達、國力最強盛的國家。這種長時期的優勢造成了傲慢與自滿的心態，以至於文化的發展不自覺地陷入了停頓的泥沼。當西方的工業化文明經由艦炮的前導，一舉而衝破了我們有形與無形的國界，對於我國僵化已久的文化和人心造成了排山倒海的震撼。雖然在西化的過程裡，還有張之洞這些有識之士高呼「中學為體、西學為用」的口號，試圖以中華文

化為主體的條件下，有限度的吸收西洋文化經世致用之學，然而當時實際上是飢不擇食的全面投入了西化的盲流。在這個跌跌撞撞的現代化進程裡，我們非但沒有從固有文化裏汲取養分，反而把它一古腦兒的拋棄在身後。可以這麼說：近百年來我國的文化傳承事業發生了一個既寬且廣的大斷層！如果說我國近代的數個世代是處於文化上的「無根」狀態，我覺得這個說法並不會太偏離事實！整體的文化尚且遭受這樣的挫折，傳統的軍事武藝更是無法倖免於外。

然而世事的發展從未離開過「物極必反」的自然規律，隨著近幾十年來國力的倍增，以及人民生活普遍的改善，民族自信心與自尊心得以重新抬頭，再加上西方文明發展遇到的一些挫折，所以對於我國傳統文化的反思自然成為當代國人必經之歷程。在這一波重新評價的過程裡，傳統文化博大精深的內涵再一次的受到國人的青睞，不僅僅在國內有此磅礡的溯源尋根的潮流，國際上漢語也蔚然成風的成為了大家爭相學習的熱門語言。語言是文化的重要媒介，作者相信在不久的未來漢學也會成為世界各地的顯學，我國傳統文化的浩瀚與精深一定會再度的散發它的魅力。

作者自幼就對我國的傳統武術發生極大的興趣，10歲起開始收集武術書籍，也開始學習不同門派的武術；20歲拜在劉公雲樵門下正式投入武學的鍛煉和研究，雖然從未曾以武術為專業，然而一生從未間斷對武學的探討。從1979年決定致力於明朝時期大槍體系的研究，在長達數十年的探索過程裡，深深體會到我國傳統大槍體系裡深厚的文化底蘊，以及其具備

的現代競賽體育的豐富價值。

我國的大槍武藝大約自清朝初、中葉時期開始式微，於今持續練習的人口極為稀少；技術內容更是流失殆盡。本書的目的就是系統化的整理和介紹我國明朝時期的大槍體系，希望這本書能夠發揮拋磚引玉的效果，最終能夠把明朝時期傳統大槍武藝的原貌重新在競賽場上呈現給世人。

1.1 槍的簡史

槍是一個具有悠久歷史的武器。《通俗文》對槍做了「剡木傷盜曰槍」[1] 的註解；漢朝許慎著作的《說文解字》一書裡說明：「剡，銳利也」[2]。這兩個解釋結合起來可以精準的說明原始的槍器是以木桿為主體，將一端削尖使其銳利，而用以做為防身自衛的工具。而這種純木製的槍，主要依靠尖銳的一端來刺擊目標，以達到殺傷的目的，這種槍就是後世大槍的雛形。

從一根削尖的木杆槍演進到後世的大槍武藝，這個過程非但漫長而且相當複雜。當然大槍體系的發展絕對受到軍事思維的直接影響，但是其他因素，如槍刃的材質、戰爭形態、戰場的地形與地貌等等，對於大槍的發展也具有決定性的影響。基本上，大槍槍器和其技藝的發展絕對不是單一因素所造成的，

1　舒新城，沈頤，徐元誥，張相‧辭海 [M]‧香港：中華書局，1947：713。
2　許慎‧說文解字 [M]‧北京：中華書局，1998：91。

作者認為以槍頭的材質來做主要的劃分，可能會比較容易理解
其發展的歷史和原因。

1.1.1 石器時期

圖 1.1 石槍復原圖

周緯先生，以金相學從事我國古
兵器研究的近代學者與先驅，認為新
石器時代出土的文物證明了當時已有
以石片製作的矛頭。那個時代的槍器
可以用西安半坡文化出土的石槍刃做
為代表。楊泓教授曾繪有想像的石槍
復原圖[3]（見圖 1.1）。從此圖裡可以
看到石質槍刃的製作工藝。這些石質
槍刃代表著我國石器時代先民們對槍
器的重視。雖然沒有實際的槍桿出
土，以至於我們無法確切理解當時槍
器的長度，但是我們可以合理的相
信，這個時期的槍應該是近代所謂的
短槍。在這個時期裡槍法技巧應該還
是處於直覺式的操作：劈與刺混合的
使用，甚至也有可能以其做為拋射武
器。這樣的石質槍刃雖然有近代槍器的雛形，但是還談不上槍
法技巧的層次。

3　楊泓，于炳文，殷稼，李力等．話說十八般武藝 [M]．北京：人民體育出版
　　社，1992：14。

1.1.2 青銅時期

青銅文化涵蓋了整個的春秋、戰國時代以及秦早期，那個時代的兵器都是以青銅來製造的。當時青銅製作工藝的高超已為今日世人所公認，在此不做贅述。圖 1.2 為出土的青銅槍器實物[4]，足以顯示當時青銅工藝的成就與設計的華美。而其形制也充分的反映出以刺為主的功能特性。

春秋、戰國時期的戰爭形態主要就是車戰，戰車數量決定該國軍力的強弱。所謂的千乘之國就是擁有千輛戰車的超級大國。而戰車的構成是：前面有四匹馬拉車（中間的兩匹名為

圖 1.2 青銅矛頭

服，兩側為驂）；車上三名戰士，中間一位是駕車的御者，左右兩側的戰士則負責格鬥。在《楚辭》「九歌‧國殤」這篇文學名著裡充分的說明了戰場的狀態：「操吳戈兮披犀甲，車錯轂兮短兵接。旌蔽日兮敵若雲，矢交墜兮士爭先。……」[5] 從文字對戰場的描述裡我們可以清楚刻劃出當時的戰爭場面：在雙方接戰的過程裡，距離較遠時先用弓箭射擊；當距離較近則用戈砍擊；而達到車轂交錯的時候就是短兵器的拼搏。周朝

4　河南省博物館藏器。

5　傅錫壬‧新譯楚辭讀本 [M]‧台北：三民書局，1978：74。

（西元前 1066 到 221 年）時期使用在戰車上的「五兵」就包括了戈、戟、殳、酋矛與夷矛。《周禮・冬官考工記第六》裡記載有：「戈秘六尺有六寸」、「殳長尋有四尺」、「車戟常」、「酋矛常有四尺」以及「夷矛三尋」。古代的度量衡以「八尺曰尋，倍尋為常」，換算的結果是[6]：戈長約 1.5 米、殳長 2.8 米、戟長 3.7 米、酋矛長 4.6 米、夷矛長 5.5 米。這五兵裏兩款以刺擊為用的酋矛和夷矛都是最長的；以砍擊為用的戈最短；而以砍擊為主而兼有刺擊功能的戟與殳[7] 則介於兩類兵器之間。雖然車戰五兵裡有兩款矛，但是當時的車戰的確是以具備砍擊能力的戈、戟和殳為主要的兵器（見本書「1.3 從戈而大槍演變的技擊因素」）。雖然當時的矛已經具備了後代大槍的形制，但是在技巧方面應該還是處於萌芽時期。

1.1.3 鐵器時期

根據考古資料，我國冶鐵的工藝早在戰國時代末期已經成熟，而特發達於吳越地區。由於鐵的物理性質具有較青銅更佳的韌性，加上當時的科技已經掌握了鐵器制造的退火、鍛打、滲碳、淬火這些工藝，使得鐵兵的製作比銅兵更為簡單與精良，然而軍隊大量使用鐵兵是到漢朝以後。正如同銅兵伴隨著

6　周尺每尺相當於 0.231 公尺。

7　湖北曾侯乙墓有出土帶刃與不帶刃的殳，即使帶刃的殳在刃部的下方仍然保留厚重的金屬箍，所以依然保持砍擊性兵器的本質，這是與戟一樣的在砍擊性兵器的基礎上增加了刺擊能力。這種增強性能的思維一直到明朝依然保持。在《練兵實紀・軍器解》裡說的大棒加三寸如鴨嘴形的短刃、以及加了五寸或者更短的解首刀刀刃的夾刀棍都是一樣的思維。

車戰的戰爭形態,鐵兵則主要是被使用在以騎兵和步兵為主的戰爭形態。當然銅、鐵質兵器與車、騎戰這樣的對應關係只是歷史上的偶合,之間並沒有強大的牽連因素。但是騎戰與鐵質兵器兩個因素結合起來,卻開啟了我國大槍武藝嶄新的、獨霸戰場的局面。

在《文武之道》裡記載:「漢魏時軍中標準裝備的戟,雖然已由旁伸戟枝的『卜字形戟』改成向前的雙叉的式樣,殺傷的效能也已由靠回拉鉤斫,轉變為前衝叉刺。但是對付騎兵和戰馬所披的鎧甲,還是不如長身闊體的兩刃馬矟,何況鍛製雙叉形的戟工藝複雜,不如兩刃矟工藝簡便易造。」[8] 這一段論述充分的說明一個兵器的命運是決定於製作的難易、成本和其殺傷力這些因素。在騎戰為主的戰爭裡,矟的殺傷力要遠大於戈與戟。雖然戟是戈與矛的混合體,兼有橫出的戈刃與直刺的矛刃,但是最終還是不免被純以刺擊見長的矟取代。矟就是矛的別稱。

雖然春秋戰國時代的戰車需要四匹馬,但是對於馬匹質量的要求並不高。從戰國時代的趙國開始了下戰車而步戰的戰術以後,直至漢初的軍隊仍然以步戰見長。相對來說,馬匹是北方游牧民族生活中的必需品,騎戰自然成為北方少數民族的特長。而長槊(馬上使用的大槍)更是他們的拿手絕活。在這種騎步對比的情況下,西元前 200 年漢高祖親征匈奴,遭到了白登之圍的差辱。造成白登之辱的底因就是漢軍步卒的機動能力

8　楊泓,李力·文武之道 [M]·香港:中華書局,1991:115。

遠不如匈奴的騎兵[9]。

　　漢朝在硬吞下了白登之圍的恥辱之後，歷經文景之治的調養生息，終於培養出強大而且能戰的騎兵軍團。漢武帝元朔元年秋（西元前 128 年），車騎將軍衛青率三萬騎兵出雁門關；元朔五年再率三萬騎兵出高闕；元朔六年衛青率領公孫敖、公孫賀、趙信、蘇建、李廣、李沮等將軍，以及十餘萬騎兵，出定襄數萬里襲擊匈奴軍[10]。而這些軍事行動一再的證明漢軍成功的轉型為騎戰為主的軍隊，並且建立了騎戰的戰略、戰術思想，其軍備之強已有長距離主動奔擊的能力。隨著漢朝軍備的轉變，漢初自戟逐漸轉化為以刺為用的雙叉戟，最後終於被矛全面的取代。我們由漢朝磚畫[11]（圖 1.3）裡可以稍稍了解漢朝初期步卒裝配大槍的情形。從西漢長安城武庫出土的實物數

圖 1.3　漢磚畫的持槍士兵

9　　曾公亮・武經總要 [J]・中國兵書集成，1988，3~5：394。

10　楊泓，李力・文武之道 [M]・香港：中華書局，1991：89~91。

11　河南省博物藏器。

量來看：銅戈只有 1 件[12]，而鐵戟 7 件、鐵矛 18 件[13]。由這些
出土實物的數量比例來看，矛之受到的重視在漢初就已見其端
倪了。

1.1.4 茁壯時期

漢之後的三國（西元 220 年到 280 年）、晉（西元 260 年
到 420 年）、十六國（西元 304 年至 439 年）、南北朝、隋、
唐、五代十國，一直到宋王朝建立之前的七百多年之間，我國
北方的少數民族，如突厥、回紇、吐蕃、回鶻、契丹、沙陀、
党項等等，再加上北方胡化的漢人，在歷史舞台上紛紛扮演了
非常積極與活躍的角色。這些政權掌控的軍隊都是以騎兵為主
要的建制。在這段時期的騎兵除了優良的騎射武藝而外，正是
以馬槊、馬矟為其主要的近戰武器。流風所及，「於是從十六
國時期開始，在騎兵的裝備中，馬戟被馬矟所取代。而且導
致戟這種古代兵器日益衰退，最後從軍隊的裝備中淘汰出
去。」[14] 自此，大槍奠定了它在我國軍備裡特殊的重要性。

如果翻開《舊五代史》，在人物傳記的部分有為數眾多的
記載與大槍有關。《舊五代史・卷七十・唐書四十六・列傳第
二十二》記載了一段當時戰場的情景：「莊宗得三四騎而旋，

12　中國社會科學院考古研究所・漢長安城武庫 [M]・北京：文物出版社，
　　2005：110。

13　中國社會科學院考古研究所・漢長安城武庫 [M]・北京：文物出版社，
　　2005：84~85。

14　楊泓，李力・文武之道 [M]・香港：中華書局，1991：115。

中野為汴軍數百騎攢矟攻之,事將不測,行欽識其幟,急馳一騎,奮劍斷二矛,斬一級,汴軍乃解圍,翼莊宗還宮。」[15]「數百騎攢矟攻之」這段生動而且壯觀的戰場描述,充分的表現出當時馬與大槍的結合受到非比平常的重視。在整個五代時期的名將們幾乎都是以大槍聞名,如《舊五代史・梁書十九・列傳第九》為王師重作傳:「劍矟之妙,冠絕於一時。」[16]再如《舊五代史・梁書二十・列傳第十》介紹王敬堯:「魁傑沉勇,多力善戰。所用槍矢,皆用純鐵鍛就,槍重三十餘斤,催鋒突陣,率以此勝。」[17]除此之外,當時眾多名將如劉康、王彥章、李存孝、元行欽、夏魯奇、郭延魯等等,這些見諸正史記載的名將都是使用大槍。

這種以大槍為近戰長兵的風氣一直主宰了後代的軍備。《隋書》裡就記載了「三年春正月庚子,將入新都,大赦天下。禁大刀長矟。」[18]由此段記載來看,大刀和長矟必然是殺傷力強、而且是非常普遍的軍器。所以隋高祖楊堅(公元581年至604年)剛統一天下,就明文禁止民間持有;另外一段元末、明初的歷史記載:「初,(張)明鑑聚眾淮西,以青布為號,稱「青軍」,又以善長槍,稱「長槍軍」」[19]整個的部隊都以善長槍出名;又如《明史・李自成傳》裡對於李的民間武

15　薛居正・舊五代史 [M]・北京:中華書局,1976:926。

16　薛居正・舊五代史 [M]・北京:中華書局,1976:257。

17　薛居正・舊五代史 [M]・北京:中華書局,1976:273。

18　魏徵,令狐德棻・隋書 [M]・北京:中華書局,1982:19。

19　張廷玉・明史 [M]・北京:中華書局,1984:3901。

裝組織有如下的記載：「臨陣，列馬三萬，名三堵牆。前者返顧，後者殺之。戰久不勝，馬兵佯敗誘官兵，步卒長槍三萬，擊刺如飛，馬兵回擊，無不大勝。」[20] 由此可見大槍在明朝民間和軍隊裡受到非同一般的重視。使用者既眾，在技藝方面必然相對的講求，可以說自漢朝以迄明末這段漫長的歷史裡，大槍一直是以其強大的殺傷力而倍受重視。

1.1.5 衰退時期

繼明之後的清朝，由於滿洲八旗以弓馬取得天下，對於弓、馬兩藝較為重視，再加上火器的逐漸普遍，所以清朝軍隊對於大槍配置的比例較以往歷代都有大幅度的降低。在王子林先生寫的《清代弓矢》[21] 一文裡對此有所說明：「山東省各鎮協營所用軍器如大砲、鳥槍、弓箭、長槍、藤牌、大刀，每兵百名分作十分，鳥槍五分，弓箭三分，藤牌一分，長槍一分。……福建省陸路各營，每兵千名，分作二十隊。……長槍兵一隊。」文內所說的長槍應是大槍與較短的槍的混合。從此文可見山東地區的清軍只有十分之一的兵士配置長槍；福建省以及浙江省各營只有百分之五的軍隊配備長槍，至於廣東省各協營已不使用長槍。相對於明朝戚繼光將軍在南方用兵特別重視長槍的現象，長槍的重要性在清朝初期即已式微。

清中葉以後現代化的軍隊建制取代了原來的八旗軍，現代

---

20 張廷玉‧明史 [M]‧北京：中華書局，1984：7960。

21 王子林‧清代弓矢‧故博物院院刊 [J]，1994，63：86~96。

化的熱兵器全面取代了傳統的冷兵器，所以當時的兵書如《海
國圖誌》、《兵學新書》等都已經全部是新軍軍制。之後，傳
統軍事武藝，包括大槍體系，就只能憑藉著民間武術的承傳才
得以延續。雖然這是歷史發展的必然，但是對於一個因戰場而
生、藉戰場而茁壯的軍器而言，自此失去了原本的舞台。

1.1.6 兵槍和民間槍法的分野

以上所述的大槍歷史是以軍用大槍，也就是兵槍為主的，
但是與兵槍發展的同時，也有民間傳習、發展的大槍，也就是
所謂的遊槍體系。從歷史的資料顯示，這兩類大槍體系不斷的
相互交流、相互影響，所以他們之間的關係是相輔相成、互為
因果的。由是之故，兵槍與遊槍在技巧、理論方面並無二致。

民間練習大槍除了自衛，還有諸如健身、表演的其它的目
的；也因為如此，訓練的內容除了實戰而外，不免還有其他無
關實戰的內容參雜於其中。即使在做槍技對抗的時候，民間比
武一般不希望致對方於死，甚至不希望打傷對手。《手臂錄》
裏記載一般民間練習大槍，把鐵刃的槍頭除去，而以棉花、布
料包裹槍桿的前端；還有以竹片做為主要材質製作的護臂、護
胸等防禦性的護體。除了惡意的廝殺而外，一般的對抗基於安
全的考量能夠輕點的、絕對不會故意的猛扎，而且在對抗的時
候，多半是兩個人之間的比試，比試也沒有特別的時間或場地
的限制。在這樣環境的影響之下，民間大槍技巧上講究的是一
種非常高妙的、接近於藝術化的攻防技巧。如果能夠不扎槍，
完全以防禦的槍技將對方控制得不能出手，這才算是高人一等

的表現。一般練習者得花上數年的功夫，槍技才能達到有所可觀的程度。這種對抗從《手臂錄・遊場扎法說》裡「遊場以困死人槍，而無所傷為善。」[22] 的記載可以理解民間大槍講求控制對方使其無法攻擊，也比較不會強調戳槍時必須的穿盔破甲的勁道。在這樣的環境裏，即使技術不流失，至少戰場上那種勇猛、果斷、無畏的「真槍精神」自然會逐漸的淡化，於是不經意就會被戲耍、賣弄的態度取代了。

　　至於軍隊訓練的大槍武藝，是以陣戰殺敵為唯一的目的，加以兩軍接戰之時左右都是同袍，沒有左右騰跳閃躲的空間，只能一往直前。軍人出手攻擊的時候，都是希望尋找敵人的要害，以期一槍致命。在這種戰場實戰的要求下，兵槍訓練必須達到快、準、狠的要求。再加上我國歷代練兵強調陣法的運作，每個士兵除了各有其職司而外、也必須相互的配合與支援。從明朝的軍隊建制、兵器配備、以及陣法應用來看，手持大槍的士兵前有牌、筅的防禦，後面又有短兵機動的救護。所以槍兵以出手就能殺敵為尚，而不以防禦嚴密為能；也因此而被稱為「殺手」[23]。由是之故，兵槍訓練的攻擊性強、積極性高。從明朝戚繼光將軍訓練戚家軍的訓練期限來看，新兵入伍未久就得準備隨時要上戰場了。以其訓練時間緊迫，所以兵槍在訓練的方法以及技巧的選擇上，都特意的加以講求。在這種

22　吳殳・增訂手臂錄 [M]・北京：北京師範大學出版社（孫國中校訂版），1989：54。

23　吳殳・增訂手臂錄 [M]・北京：北京師範大學出版社（孫國中校訂版），1989：84。

要求下發展出來的兵槍，在用槍的精神上，講求的是勇猛、果斷、旺盛的攻擊精神；在技巧上，講究的是簡捷、明快、易學。

簡單的說，遊槍追求的是一種決勝負于談笑之間的雅士之風；而兵槍追求的是出手見血的壯士豪情。若是純粹的遊槍，而缺乏兵槍的精神，就容易變成不切實際的賣弄；若是純粹的兵槍，沒有遊槍高妙的技巧，兵槍至少仍然是真正能用的武藝。事實上，我國古代的軍隊常邀請民間槍技高手做為軍隊的教習，把民間高妙的槍技過濾以後引進到兵槍裡；古代軍隊裡常備的教頭、教習，就是一些武藝出眾的民間武術家，而不具備軍人身份的。相對的，軍隊裡退伍的軍人也會不斷的把兵槍的技巧與精神帶回到民間，從而激發遊槍體系重視實戰的精神。所以在兵槍與遊槍兩者之間經常保存著交流的管道，形成了相輔相成的正面關係。

但是吳殳在《手臂錄・卷二・槍法微言》裡說：「槍本為戰陣而設。自為高人極深研幾，遂使戰陣之槍同於嚼蠟。」[24]，若是以一般兵卒而言，此話或許有它的道理。不過即使是這樣的嚼蠟之技，在行伍之間用槍的兵卒還能被稱為「殺手」，可見兵槍的實戰性是無法被否認的。

在清朝中葉軍隊淘汰冷兵器轉而使用現代化的熱兵器，大槍自然被軍隊淘汰了，故而兵槍與遊槍兩個體系之間的交流和相互影響也嘎然而止，至此民間大槍自成一個獨立的體系。民

24　吳殳・增訂手臂錄 [M]・北京：北京師範大學出版社（孫國中校訂版），1989：73。

間槍法一旦缺乏兵槍的刺激，就會逐漸遠離戰場實戰的價值觀。民間武術又以拳術最為昌盛，器械方面以短兵器裡的刀、劍最受人喜愛，大槍以其長度以及重量的原因，造成攜帶和練習方面的困難，以致於此項技藝逐漸的衰退。幸運的是在大槍技藝整體衰微的大氣候中，各地民間武術家還有為數極少的一些人保存了部分的大槍技藝，例如在河北滄縣縣誌裡記載了清初到民國初年滄州地區的武術家，如神槍吳鐘、張克明、李大中、張景星、神槍李書文諸人專精槍藝的事蹟；其他尚有金鳴琦、金殿陞等不太為外地所知的大槍名家[25]，可見民間大槍的流傳在當時尚存一絲氣息。也由於大槍武藝的歷史背景、技藝的高難度、大槍的實戰殺傷能力，當時專精大槍的武術家倍受同行的尊重[26]。

　　然而近數十年來大槍對抗的練習已極為少見，少數僅存的演練者又將之轉而成為健身、練功的一種器械，以至於保存的實用價值極少。當然這些現象是受到大環境無形的操弄。但是對於大槍武藝豐富的技巧內容和深厚的文化內涵來說，目前這樣衰頹的現象不由得不讓人發出無奈的喟嘆。

1.1.7 小結

　　文化的高度、廣度必然是經過長時間的不斷累積而得以充實和提升的。大槍武藝在其漫長的歷史裡，受到軍備方面的特

25　劉雲樵・八極拳 [M]・台北：眾文圖書股份有限公司，1985：18~21。

26　馬明達・說劍叢稿 [M]・甘肅：蘭州大學出版社，2000：355。

殊重視，必然累積了無數先民的智慧和血汗，長期的發展過程
也深化了大槍武藝的內涵，特別在明朝時期，由於長時間的處
於內憂外患的威脅之下，於是造成了一種普遍性的憂患意識，
再加上明朝時期文人從軍、軍人能文的比例都比以往為高，所
以軍事著作的數量就比以往的朝代多。明朝時期的軍備雖然談
不上器械精良，但是至少比較統一，因為器械統一，就容易講
求武藝。加上明代將領意識到武藝訓練的重要性，所以對於戰
技的著墨遠較以往為多；另外還有一批讀書人為了報效國家而
文武雙修，可能是為了補充其先天的不足，他們對於戰技方面
更是刻意的留心研究和練習，加上本來的文學修養，他們對於
大槍技藝的記載就更為詳盡。所以當時大槍武藝的大致面貌藉
著文字而得以保存至今，兼以當時是冷兵器技藝發展的一個巔
峰時期，所以在我國的大槍體系裡，明朝的大槍武藝具有突出
的代表性和重要性。也是因為這些因素，所以作者在研究大槍
武藝時特意的定格在明朝的大槍武藝。

1.2 大槍的名稱和定義

　　槍在歷史上有很多不同的名稱，在春秋戰國時期以迄漢
朝，它常被稱為矛、長矛。周武王在牧野（在今河南淇縣之
南）準備討伐商紂王的誓師詞《牧誓》裡就有「稱爾戈，比爾
干，立爾矛，予其誓。」[27] 這裡說的矛就是後世大槍的鼻祖。

27　吳興‧新譯尚書讀本 [M]‧台北：三民書局出版社，2001：101。

周緯先生在《中國兵器史稿》裡對「矛」有所論述：「後漢已廣用槍，但其刃銳長，尚未脫矛頭形也。」[28] 考其本意應是認為矛與槍的分別在於刃部的長短，刃部較長、較寬的稱為矛，否則為槍。例如在《三國演義》裡提到長坂坡據水斷橋的張飛，他拿的兵器就是丈八蛇矛。丈八是桿部的長度，「蛇」指的是細長而有波紋型的刃部，也因為刃部的長度，所以這支丈八的兵器就被稱為矛。那麼古人為什麼要用波浪形的刃呢？作者認為波浪形的槍刃有助於在刺入深度相同的情形下，最大程度的擴張傷口。

至於矟或者槊則是特指騎兵所用的大槍。《辭海》裡對「矟」的解釋為：「……或作槊，見集韻。《釋名・釋兵》：矛長丈八曰矟。馬上所持。」[29] 由這一段的說明可以理解：騎兵所用的矛的長度到一丈八尺就被稱為矟、槊。所以矟和槊的特色在其長度。三國時期的曹操還流傳有在馬背上「橫槊賦詩」的文武兼備的風流形象。

除此以上的幾個名稱而外，還有把槍稱呼為「龍」的。如《手臂錄・宜動篇》有：「動者為行龍，陽也。其性剛、其德暴。持龍者，當知其暴、制其剛。」[30] 這是因為槍法變化多端有如神龍見首不見尾一般。所以自古以來講到槍都喜歡以「龍」做為槍的同義字。在槍法技巧裡也有諸如騎龍扎、迴龍

28　周緯・中國兵器史稿 [M]・九龍：天下書業藝術公司，出版年不詳：207。

29　舒新城，沈頤，徐元誥，張相・辭海 [M]・香港：中華書局，1947：955。

30　吳殳・增訂手臂錄 [M]・北京：北京師範大學出版社（孫國中校訂版），1989：158。

扎、青龍出水等等以龍命名的技巧。

　　但是近代以來對於兵器長短的認識與古代截然不同。現代的說法是「長器械……泛指其長度等於和超過習者直立時眉之高度的兵器。」[31] 如果這樣的長度被定義為長器械的話，那麼除去兩手持槍的長度以後，長器械所餘的實際有效長度就與短器械的長度相差無幾了。由於器械長短觀念的差異，所以即使稱呼相同，但是現代與古代的器械卻有很大的差別，例如說現代稱呼的「花槍」，它一般指的是短（兩米以下的長度）而且軟的槍，這種槍要起來可以把槍頭抖得顫顫巍巍，好似朵朵槍花一般；但是在明朝，「花槍」是指那些好看而不實用的技巧[32]，而不是指特定的槍器。古代的「長槍」是指三米以上長度的槍；而現在稱呼的「長槍」也就差不多兩米長而已。於今，只有北方稱呼的「大槍」或者南方的「丈二」，在長度上能夠達到三米以上，這樣長度的「大槍」才是古代所說的長槍。為了順從近代習慣用語，本書特別用「大槍」這個名稱來統稱古代傳統的三米以上的長槍，以之涵蓋歷史上如長槍、槊、矛、矟這些同類的槍器名稱。至於這種「大槍」的規格則會在本書第四章「槍法理論‧大槍槍器」一節裡詳細說明。

31　康戈武‧中國武術實用大全 [M]‧北京：今日中國出版社，1990：226。

32　參考本書第二章。

1.3 從戈而大槍演變的技擊因素

　　從兵器的形制來看，戈是砍擊性的兵器；而大槍是刺擊性的兵器。由前述的歷史可知：車戰五兵以戈為主，而騎戰兵器以大槍為主，但是這僅僅敘述了歷史的事實，並沒有解釋造成這種現象的原因。雖然造成這種歷史現象的原因很多，包括了軍備成本、製造工藝等等，但是作者喜歡從純技擊的角度來做另類的解讀。這個技擊原理就是「打擊方向與目標行進方向愈是高度重疊，打擊成功率愈高」。

　　在圖 1.4 的「車戰揮戈示意圖」裡，兩個豎的長方形的框框代表兩輛交錯而過的敵對的戰車；而橫的 8 個長方形代表八匹拉著戰車的馬；手持兵器攻擊的是下方戰車裡的戎右。虛線所繪的圖代表兩輛戰車正在接近、但是尚未到達可以攻擊的位置；而實線所繪的部分代表已經進入兵器交接位置的戰車。黑色的粗線箭頭代表馬車的行進方向；淺色的細線箭頭代表揮戈

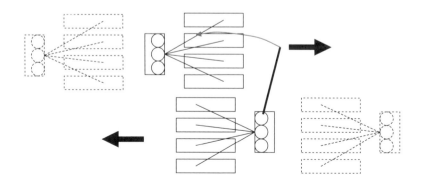

圖 1.4　車戰揮戈示意圖

砍擊的路徑。

　　從圖 1.4 裡，我們可以理解在兩輛戰車側面交錯的過程裡，因為兵器長度以及接敵面寬度的原因，所以在兩輛戰車尚未交錯而過以前，雙方的戎右無法用兵器打擊到對方。只有在兩車交錯而過的極短時間裡才有可能用兵器攻擊。這種情形，攻擊的目標是在自己的側方。揮戈砍擊的方向與對方的戰車前進方向高度重疊，如此以來在揮戈的過程中，可以較長時間的把對方三人籠罩在有效攻擊之下，所以攻擊的成功機率較高。

　　圖 1.5 的「車戰刺矛示意圖」裡，戎右換執長矛攻擊。我們可以立即地看出：矛的刺擊路線與對方戰車的行進路線沒有重疊，而是兩條交叉的直線，在兩車交錯而過的過程裡只有一個點的交集。因為是點的交集，戎右的攻擊目標只能從三個敵人中選擇一個，而且必須精確的掌握出槍攻擊的時間。而這個

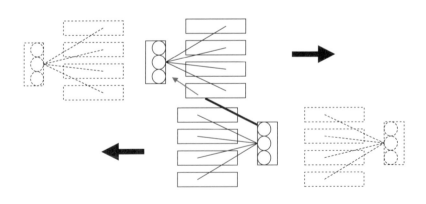

圖 1.5　車戰刺矛示意圖

時間的掌握還取決於兩車的相對速度，用以預測目標的位置。這在現代軍事術語來說就是「前置量」，在傳統武術的說法就是「無形打影」[33]的說法。這個攻擊必須掌握極其短暫的出手時機，過早或過晚出手都無法攻擊到對方。

　　總結來說，以車戰的戈與矛做比較：戈的打擊面大、命中機率高、使用容易。所以在以車戰為主的戰爭中戈比矛來得重要。

　　然而在騎戰的時候，雙方可以靠得很近，幾乎是正面對敵。在圖 1.6「騎兵揮戈示意圖」裡，可以看出攻擊的目標不再是在自己的側方，而是在自己的前方。所以騎兵揮戈的角度要比車兵揮戈大很多。而且戈的揮舞與對方前進的路線只有一個交點，必須精準的掌握攻擊前置量；攻擊得早、打不到目標，攻擊得晚、桿體近柄處打到目標，傷害力不足。

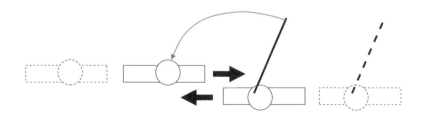

圖 1.6　騎兵揮戈示意圖

<hr />

33　六合螳螂拳有「有形打形，無形打影」的口訣。

　　而在圖 1.7「騎兵刺槍示意圖」裡顯示：由於雙方是迎面對衝，大槍的攻擊路線與對方的前進路線重疊。只需要把大槍正對著前方，完全沒有前置量的問題。加上馬的運動方向與大槍的攻擊方向一致，所以即便是沒有刺槍的攻擊動作，僅以兩馬對衝的速度即足以造成對方致命的創傷。中古的歐洲騎兵就是把槍緊夾在脅下，只靠馬的衝力來殺傷敵人。相對而言，騎兵用槍的優點有：始終把對方籠罩在攻擊的威脅下；攻擊速度快；攻擊力道大。

　　總結以上的分析，戈在車戰的優點正是大槍在騎戰的優點。兩種兵器的優缺點正好顛倒。這就無怪乎車戰常用的戈，在騎戰裡就要被大槍取代了。

　　對於中原漢族主要的步兵兵種來說，步兵在戰場上必須做縱橫的排列，形成所謂的陣法。陣法講究聽從金、鼓、旗、號的指揮而移動，不能允許被敵方切割而分散。所以步兵列陣的間隔不能太大；間隔不大就不能大幅度的揮舞戈，否則就會傷害到己方的同袍，而且揮戈攻擊的距離非常敏感：揮早了打不到、揮晚了只有桿子打到敵人。所以自古步兵就使用矛或是戟。戟是戈的前端安裝矛頭，雖然仍然具有砍擊的功能，但是

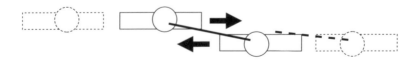

圖 1.7　騎兵刺槍示意圖

在實戰裡它實際是以刺擊為主的。

　　以軍事應用的角度來理解其選擇兵器的原則，其中殺敵效果是最重要的決定因素之一。從這段歷史的發展來確實的認清砍、刺兩類兵器的差異。認清這些差異對於正確的掌握大槍理論是極為關鍵的。

1.4 大槍的軍事價值

　　從古至今，選擇軍備武器離不開幾個原則：在經濟上要成本低廉，在效果上要殺傷力大，在訓練上要簡單易學，在保養上要簡易方便。從這幾個原則來看，大槍的確是冷兵器之中的極佳選擇。從古代兵書有關兵器配備的資料裡，我們可以深切的感受到歷代兵家對於大槍的重視。以下列舉七例：

1）《墨子・備城門》裡記載「置連梃、長斧、長椎各一物，槍二十枚。周置二步中」[34]

　　古代守城是取居高臨下的優勢，原則是在敵人抵達城牆根以前將其完全消滅。對於攻城的一方，城門是防禦力最薄弱的一個環節，所以守備城門就是城守的一個重點。文中提及防備城門的幾個必備的兵器：連梃、長斧、長椎都是順著城牆或者對著牆掃打的兵器，都是砍擊類別的兵器；只有槍可以以任何角度往下扎。當然其他設備還有很多，但是由槍器配置的數量

34　岑仲勉・墨子城守各篇簡註 [M]・北京：中華書局，1987：9。

上可以理解在城守方面，槍一定有其特別突出的重要性。

2)《呂氏春秋‧論威》：「鉏櫌白梴可以勝人之長銚利兵」[35]

　　鉏、櫌、白梴都是砍擊類別的兵器。櫌，就是錐；白梴就是無刃的棍、杖。銚就是長矛。古代近戰以大槍的攻擊距離最遠、殺傷力最強，所以其他的兵器都是以能對抗大槍為訓練的主要目標。這裡雖然說「鉏櫌白梴可以勝人之長銚利兵」，但是由這個論述的針對性來看，更能突顯大槍在當時軍備的重要性以及其指標地位。

3)《尉繚子‧制談》：「殺人於百步之外者，弓矢也。殺人於五十步之內者，矛戟也。」[36]

　　這段論述一方面說明遠射武器是以弓矢為主，而近戰的長兵器只有矛、戟兩種。然而自漢朝末期以後的軍隊裡即不再使用戟。數千年之後的明朝何良臣在《陣記‧卷二‧技用》裡說：「能殺人於二十步之外者，六合槍法也。」這裡證明了我國自漢朝之後的數千年來，軍隊的長兵類別就只有大槍一器。近代一般人誤以為棍也是長兵的一種，但是從古代兵書對兵器的論述裡，我們可以清楚的理解棍以其握把的方式以及打擊距離而被歸類為短兵類別。

4)《武經總要前集‧卷二‧教旗》：「凡步隊每隊五十人。其

35　呂不韋‧呂氏春秋 [J]‧中國兵書集成，1987，1：940。

36　尉繚子‧尉繚子 [J]‧中國兵書集成，1987，1：368。

執儀則隊頭一人、副一人、執旗一人（天旗）、慊旗二人
（詔旗）。其給器仗則槍十五根、通旗在內，弩五具，弓矢
十具，棒六具，陌刀五具，拍把四具，牌五具。凡騎隊五
十人，執儀如步隊。器仗則槍稍，弓箭自備……」[37]

　　從以上的記載裡，可以了解宋代的軍事裝備。步兵的裝
備：遠射武器為弓弩，佔全部的 30%；長兵以槍為主，佔全
員的 30%；剩下的 40% 分別是棒、陌刀、拍把、牌這些短兵
器。至於騎兵除了執儀五人與步兵相同而外，其餘都是以槍稍
為主要兵器。

5)《武經總要前集・卷六・營法》：「陣將鼓一百二十面，備
　　設疑警敵用。甲六分，七千五百領。戰袍四分，五千領。
　　槍十分，一萬兩千五百根，備揚兵及縛筏用…」[38]

　　此段文字特別在標題之下註明為「李靖法」。如果記載是
正確的，這篇「營法」應是宋代引用唐朝的兵制。文內記載一
軍的實際作戰人數為一萬兩千五百人。其中 60% 的戰士穿戰
甲，40% 的穿戰袍，槍的供給數量則是按每人一支的比列配
給。但是實際用槍作戰的戰士不應該是百分之百；因為配置的
槍數包括了備份的、以及可以一物兩用來做渡筏、拒馬之用的
部分。無論實際用槍作戰的兵士比例有多少，由此配給的數量
比例可以看出唐朝軍隊對於槍器的重視。

37　曾公亮・武經總要 [J]・中國兵書集成，1988，3~5：57。
38　曾公亮・武經總要 [J]・中國兵書集成，1988，3~5：220。

6）《武經總要前集・卷十二・守城》：「拐突槍，槍桿長二丈
五尺，上施四棱麥穗鐵刃，連夸長二尺，後有拐。抓槍長
二丈四尺，上施鐵刃長一尺，下有四逆須，連夸長二尺。
拐刃槍，槍桿長二丈五尺，刃連夸長二尺，後有拐長六
寸。」[39]

　　由《武經總要》裡的記載，我們可以理解宋朝的長兵的式
樣很多。但是都是在大槍的基礎上增加一些特別的功能。整體
來說，宋朝的武備比較龐雜，兵器的式樣繁多。而且由於必須
面對北方重裝甲騎兵的威脅，比較注重砍擊性的兵器，如鐧、
錘之類。但是長槍類或是由長槍衍生的兵器還是被軍隊大量的
使用。

7）宋朝《守城錄》：「羊馬牆腳去大城腳止於二丈，不令太
遠者。慮大城上拋擲磚石，難過牆外，反害牆內人。又不
令太近者慮其太窄，難以迴轉長槍……」[40]

　　此段文字說羊馬牆不能太近城牆。因為太近城牆就會使得
羊馬牆與城牆的距離太短，以至於在羊馬牆使用長槍的士兵沒
有足夠迴轉槍器的空間。由此看來，宋朝軍隊裡使用大槍的數
量必然非常之多，否則不會特別因為大槍的方便而考慮羊馬牆
與大城牆之間的距離。

39　曾公亮・武經總要 [J]・中國兵書集成，1988，3~5：585。
40　陳規，湯壽・守城錄 [J]・中國兵書集成，1991，7：140。

1.5 大槍的民族和文化性背景

1.5.1 我國各民族對大槍武藝的貢獻

　　我國是個多民族組成的國家，文化上是多源頭的、多樣性的，中華文化的偉大就在於它具備了求同存異的包容力，它把多元文化的差異結合起來，融匯成為一個整體的、屬於中國的特殊文化。從大槍技藝發展的歷史過程裡，我們同樣的可以體會到類此的多元性與統一性。

　　由於大槍槍器源自我國石器、青銅器的時代，自古以來軍隊均曾廣泛的使用大槍，或許我們會直觀的認為這是漢文化的特色。其實不然，從歷史的記載裡我們明確的理解到，無論是漢族、滿族、蒙族、藏族、回族或是其他的少數民族，都曾廣泛的使用大槍，也都有其突出的技術表現。

　　在清朝初葉，高宗皇帝命畫工做「功臣像」懸掛於紫禁城紫光閣，其中有郎世寧所繪的「那玉錫持矛蕩寇圖」[41]（見圖1.8）。此圖中，那玉錫頭戴單眼孔雀花翎軟帽、身披鐵網衫、下覆膝裙、騎在馬上作衝鋒狀，他手上拿的正是一桿長 3.8 米以上的大槍（按身材比例計算，假設身高為 1.6 米）。根據文獻記載：那玉錫是準葛爾部的回民，後來依附清廷。在平定伊犁回部的戰役中以武功出眾立下大功，被封為「散秩大臣喀喇

41　曾嘉寶．清高宗十全武功的圖像紀錄功臣圖與戰圖．故宮文物月刊 [J]．
　　1990，93．38~65。

巴圖魯」。另外，在明朝就已享有盛名的沙家槍法、馬家槍法，也是在回、漢兩族裡流傳甚廣的大槍法。在清高宗時代，畫工張廷彥所畫的「平定烏什戰圖」[42]（見圖 1.9）之中，畫師精準的描繪了正在縱馬攻城的八旗大軍，這支八旗軍都是手持長度大約在三米左右的大槍。可見大槍也是滿族常用的兵器。至於藏族，不但長槍的槍器保存了唐朝的形制，而且藏語

圖 1.8　那玉錫持矛蕩寇圖

圖 1.9　平定烏什戰圖（局部）

42　國立故宮博物院‧歷代畫馬特展 [M]‧台北：國立故宮博物院，1978：124。

稱呼大槍的發音為「龍」[43]；這一點與我國古代漢族稱呼大槍
為「龍」是完全一致的。直至今日，大槍的槍技名稱，如青龍
獻爪、騎龍扎、迴龍扎、青龍出水等等，還是把「龍」做為等
同於大槍的名稱。

　　至於蒙族，在元朝時期的蒙族是以部落為基礎，把生活與
戰鬥完全結合為一體的戰鬥組織，如十戶、百戶、千戶不但是
部落的生活組織，也是戰鬥的指揮體系。而狩獵的工具，如弓
箭，同樣也是戰鬥的武器。所以蒙古戰士的配備一般都是自備
的，雖然沒有統一的兵器，但是蒙古軍隊轉戰於歐、亞戰場，
卻能夠隨時適應當時、當地的需要而改變常用的兵器。例如蒙
古軍在歐洲戰場上的對手多半為重裝甲的騎兵，所以蒙古軍在
歐洲戰場的短兵器多半為斧、錘之類，但是弓箭與大槍則是一
直常備的兵器。圖 1.10 是歐洲人繪的蒙古軍隊戰鬥圖[44]。從此
圖裡顯示的蒙古軍人手持的是較短的槍。但是作者認為可能是
繪圖不夠精確所致。我們可以從蒙古套馬桿的長度來判斷，古

圖 1.10　歐洲人繪畫的蒙古軍隊戰鬥圖

43　作者於 2005 年在雲南中甸、2006 年於四川甘孜藏族自治州收集資料。

44　楊泓，李力‧文武之道 [M]‧香港：中華書局，1991：162。

代蒙古軍中應是有持大槍的。在歐洲對蒙古騎兵的文字記載也有「……使用槍矛、棍棒、戰斧、劍……」和「……他們身穿牛皮衣，以鐵製長矛為武器……。」[45] 在明末出版的《兵跡》對蒙古戰士的記載有：「……戰則擁盾而前，槍矢踵進……。」[46] 由此可見蒙古騎兵對於大槍絕對不會陌生。

漢族使用大槍的資料更多，在此僅舉一例：《明史·誌第六十八·兵四》：「洪武六年（西元 1373 年）命中書省、大都督府、御史台、六部議教練軍士律：『騎卒必善馳射、槍、刀，步兵必善弓弩、槍。……』」[47] 由此可見，無論騎兵、步兵，都要善於使用大槍，由此可以得知漢族對於大槍的重視於一般。

從以上的資料裡可以了解：在歷史上我國各個民族都曾經普遍的使用大槍，對於大槍的技巧也一定有相當程度的專精。最後由於練習者參加軍旅，為國家的統一與領土的完整而效力，以至於這些地區性、民族性發展的大槍技巧最終為國家所用。由於大槍在軍事的重要性，最後經由國家的力量把區域性發展的大槍技術做了去蕪存菁的過濾，然後藉著退伍還鄉的軍人而再帶動了民間的、區域性的發展。可以這麼說：在我國的歷史之中，大槍技巧在國家、民間、各民族、各地區之間呈現良性的互動過程。流傳到今日的大槍技術是我中華民族共同的

---

45 Jack Weatherford，黃中憲譯·成吉思汗：近代世界的創造者 [M]·台北：時報文化出版企業股份有限公司，2007：180~182。

46 魏僎·兵迹 [J]·中國兵書集成，1994，41：889。

47 張廷玉·明史 [M]·北京：中華書局，1984：2258。

文化財產。從這個角度回頭看我國民間武術承傳的門戶觀念，
就可以清楚理解門戶觀念的狹隘了。

1.5.2 其它文化和地區的大槍

　　至於其他地區、其他文化方面，大槍的歷史也是相當悠
久。在《史記‧大宛列傳》裡對大宛國的記載有：「大宛在匈
奴西南，在漢正西。去漢可萬里。其俗土著耕田。田稻麥，有
蒲陶酒。馬汗血。其先天馬子也。有城郭屋室。其屬邑大小七
十餘城。眾可數十萬。其兵弓矛騎射……」[48] 可以見得在我國
漢代，中亞地區的大宛國也有使用長槍。

　　再看看相當於我國戰國時期的希臘邦聯。當時希臘邦聯的
軍隊多半配備以盾牌、短劍與五尺長的短槍，而且希臘軍人持
短槍攻擊的時候是拇指朝後、倒拿著槍（以我國槍法的角度來
看）。後來馬其頓的腓利二世首先使用了三米到四米長的長
槍，列陣的時候，第一排的士兵手持長盾、短劍，排列而前；
其後第二排的士兵就雙手拿著大槍，從前排士兵的間隔之間探
出大槍。第一排的士兵主要的功能是阻擋並攻擊貼近的敵人，
第二排持長槍的的士兵專門負責刺殺較遠的敵人，使其無法接
近，最終馬其頓的腓利二世以其卓越的軍事指揮統一了希臘半
島（西元前 338 年）。當時馬其頓帝國的大槍的形制與持槍的
方式與我國的大槍非常的類似，之後亞歷山大大帝的軍隊橫掃
中亞西亞的波斯與埃及（西元前 334 年到 328 年），建立了馬

其頓帝國，大槍在馬其頓的軍事功勳裡可以說是具有相當關鍵的貢獻。至於中世紀之後歐洲重裝騎兵手持的大槍，其形制特別重大（見圖 1.11）[49]；而其用法是以正面突撞為主，與我國的騎兵大槍的用法很不一樣；然而 2005 年 9 月 28 日法新社報導西班牙托德西利亞斯鎮舉行源自 15 世紀的周年鬥牛活動（見圖 1.12）[50]，報導顯示

圖 1.11　中世紀歐洲騎士與大槍

圖 1.12　西班牙馬背上鬥牛

49　紐約大都會博物館藏品。

50　新聞及圖片從當日世界日報 http://www.worldjournal.com 網址下載。

村民單手持長矛，騎在馬背上與牛追逐搏鬥，他們使用的大槍
與我國的大槍在形制上非常接近，而且側面用槍的原則也與我
國的騎槍相同。我們知道西班牙的鬥牛遊戲原本是中世紀時期
寓軍事訓練於遊樂的手段，所以從這項馬背上鬥牛的活動中，
我們可以依稀看到中世紀時期西班牙地區輕裝騎兵的戰術與騎
槍的技巧。至於我國鄰近地區，如明朝時期朝鮮半島的李朝，
他們的步兵與騎兵使用的大
槍基本都是由明朝將士傳
授，所以與明朝大槍是完全
一致的（見圖 1.13）[51]。

　　由這些歷史的資料裡來
看，大槍在其他地區的文明
發展裡也扮演著相當重要的
角色，如果說我國傳統的大
槍技巧是來自全國各民族的
智慧與貢獻，是屬於我國各
個民族共同的文化財產，那
麼在某種層次上來看，大槍
更是全人類共同的文化遺
產。

圖 1.13　武藝圖譜通志·騎槍

51　李德懋，朴齊家，白東脩·武藝圖譜通志 [M]·朝鮮：學文閣刊，1790：
　　167。

1.5.3 我國傳統大槍武藝的特殊性

如前所述，世界許多的文化在歷史上都曾經有類似我國大槍的兵器。那麼我國大槍有何特殊性呢？如果沒有特殊之處，那麼值得我們去提倡、去推廣這門武藝嗎？這也是很多大槍學習者常問的兩個問題。作者曾做過長時間的資料收集以及分析比較，作者的結論是：

1）在槍器方面：我國大槍的槍器的確與許多國家的長槍非常類似，可以很肯定的說在槍器形制方面是沒有特殊之處的。

2）在技巧方面：我國大槍擺脫了本能式的砍劈動作，以類似圓形運動的槍圈理論豐富了技巧的變化、增加了技巧的內涵[52]。作者接觸過的一些西方冷兵器的研究者都盛讚這個槍圈理論的高妙，認為是我國古代智慧的象徵。

3）在戰術方面：大槍競賽是人與人之間非常激烈的衝突，然而中、西方文化在面對衝突的思維模式是非常不一樣的。簡言之，西方的思維是以更強的力去擊敗對方的力、以更快的速度去擊敗對方的速度；但是我國式的思維是在除了生理對抗以外，還增加了非常多的思考維度，例如說「以柔克剛」、「以慢制快」等等的戰術思維，這些戰術思維的總結就是「勢」[53]，「勢」是我國大槍武藝非常特殊的一面。

---

52 見本書 4.6 槍圈理論

53 見本書第九章大槍武藝的戰術：勢。

正是因為大槍武藝具備這些極為突出的特殊性，所以作者從未把大槍武藝當作一個純粹的生理運動，而是把它當作是一項文化的盛典，讓學習者從這項運動中感受到中華文化的奧妙；可惜的是，近代傳統武術的傳習是以「招式／動作」為核心，這樣的傳習非但降低了實用性，同時也流失了大量的文化內涵，這也是作者在此書裏力圖宣揚的重點。冀望讀者能心領神會！

1.6 大槍對於近代武術的影響

由於大槍體系經過歷史長時間的實戰檢驗而趨於相當完備的程度，所以大槍技巧與其原理始終潛移默化地影響到我國近代拳術的發展。近代拳術的很多理論，如「高不壓、低不挑、中間一點難招架」、「不招不架、就是一下，犯了招架就有十下」等等，都是從槍法理論逐漸轉而為拳術所用，由此可見，研究我國傳統大槍體系對於深化拳術理論也會有一定的幫助。

傳統八極拳的訓練強調「無槍不成拳，用拳如用槍」的原則，然而受到徒手武藝於今獨盛的環境影響，近代八極拳的傳習已經逐漸的淡化了「拳槍結合」的原則。先師劉公雲樵是河北滄州人，自幼師事近代八極拳的名人，神槍李書文。在其訓練過程之中，大槍對扎是每天必有的晨課。但是劉師中年客居台灣以後，首先受到居住環境的限制，在台灣，尤其是台北市，能有幾尺庭院已是奢侈。要找個足夠讓兩個人舞弄大槍的私人場地更是極為難得；其次還有器材的限制，早年好不容易

弄來幾支硬木的大槍，但是由於重量過重，所以劉老師難得碰一次，最常聽他批評這些大槍的用詞就是「死重」，他曾私下對我說這些大槍死重，拿來練力氣還可以，技巧是絕對做不出來的。在那樣的環境裡，大槍已經是學生練拳到了「行有餘力」才偶而點綴一下的餘興課目。很多學生不明究理，以至於誤以為大槍是老師壓箱底、藏私的玩意；也有誤以為拳法不到相當程度就不能學習大槍。絕大多數的學生沒見過劉老師教大槍、練大槍，以至於現在甚至有人懷疑他是否會大槍。

作者在赴美攻讀碩士之前的一年多，每天在老師家練拳。曾經有一次老師興起，就拿前面說過的死重的硬木大槍來做攔拿扎的技巧，那支死重的大槍竟然在槍身上出現了三個波形，老師在大槍上的深厚修為讓我留下極為深刻的印象。在那一年多期間，劉老師經常會拿出《手臂錄》，指定我當場研究其中的槍法技巧，對於一些他自己都有疑問的地方，劉老師也不忌諱的提出問題，並且提出他的理解。有時候我們師徒二人就拿掃帚柄權當大槍來演練。從這些地方來看，我們可以理解劉老師終其一生未曾稍稍忘情於大槍，也從未曾停止大槍的研究。作者深受影響，亦隨即買了《手臂錄》，之後數十年此書不曾一日離身。

在作者近四十多年的實踐中，稍稍的體會出一些八極拳與大槍密切結合之所在。首先，八極拳講究「橫抗八極」，以致「橫行」成為八極拳的特徵。這個橫行的特色與大槍側身用槍是完全一致的；八極拳除了提籠換步來做左右換勢而外，一貼身都是側身向前、而做左右橫向的移動。這個換勢的原則和唐

順之《武編》裡說的「長拳換勢、短拳不換勢」的理論是一致的。同樣是側身，八極拳的側身「橫行」和一般常見的側身「直行」的原則看似相同，而其實際則有極大的差別；其次，八極拳的主要技巧，無論崩、猛虎硬爬山、斜步斜捶、調步捶等等都是標準的用槍姿勢；而其應用的原則與子午槍、獻花扎、迴龍扎等等槍技相互對應、絕無二致；再者，在八極拳基礎訓練中因為與拳法較無直接關係而逐漸被人漠視的熊形訓練，其實原本就是大槍的身法和步法訓練。大槍裡所謂的鴨踏步、回馬步都包括在八極拳熊形訓練的內容之中。從這些理論、基礎訓練、技巧、發勁以至應用原則各個角度，足見八極拳「拳槍結合」的端倪。

在其他拳種中，形意拳術尊岳飛為始祖，而有「以槍創拳」的說法；發源於河南省的太極拳也同樣的重視大槍的練習，我們從溫縣《陳氏兩儀堂拳械譜》裡有關槍術的資料來看，陳氏太極拳早期的發展與大槍技術必然有著密切的關係。當然，大槍體系對於近代武術的影響絕對不止於此。但是由於作者對於武術的認識限於劉老師傳授的八極拳、劈掛掌、螳螂拳和八卦掌的範圍。所以對於其他武術的管窺之見就不在此獻醜了。

至於說近代武術器械對抗套路，只要有槍，多半為單刀進槍、雙刀進槍、藤牌刀進槍、棍對槍等等，這些套子或許是近代新編，但是「進槍」這個概念則來自明朝軍隊、特別是戚繼光的訓練體系，在《紀效新書》裏提到的武藝考核，除了狼筅不必比試以外、其它兵器都是以對抗大槍做為考核手段。由此

可見大槍對於近代武術深遠且無形的影響。

第二章

明朝槍法大觀

如前章所述，從春秋戰國時代開始一直到清朝初葉這麼個漫長的歷史裡，大槍在我國軍備裡始終維持著相當的重要性。在這樣綿延不斷長達數千年的歷史中，大槍技巧、理論以及其訓練體系經歷了不斷的累積和精煉而逐漸趨於完善。大約在明朝時期，大槍武藝達到了我國大槍體系的巔峰時期，但是隨著冷兵器被軍隊淘汰的時代趨勢，大槍武藝也開始步入衰頹的命運。那麼明朝時期的大槍武藝為什麼在數千年的大槍歷史裡佔據了這個制高點的位置呢？作者認為這與明朝時期兵槍和民間槍法兩個體系之間的密切交流有著重要的關係。在《手臂錄》裡就說：「槍本為戰陣而設，自為高人極深研幾，遂使戰陣之槍同於嚼蠟。」由此論述可見槍法原本就是為陣戰的需要而發展的，以此之故，兵槍注重實戰的殺敵效果；而民間槍法則側重於技巧的精妙，但是過分的強調技巧的精妙不免流於賣弄、華而不實。所幸的是當時名將如戚繼光將軍，能夠體認出兩者之間的優劣和互補的關係，所以在吸收民間大槍技巧以提升兵槍水平的過程中，還有去蕪存菁地篩選以確保大槍的實戰效果。

自從熱兵器主宰戰場以後，大槍武藝即失去了它的實戰平台，所以近代一般練習大槍者淡化了實用性，而著重在健身、練力、表演的功能。但是這樣的功能轉變能夠免除大槍武藝逐漸流失的命運嗎？答案是否定的。由於近代社會豐富的多樣性，以健身為目的的運動選項極多，以大槍運動做為健身的手段絕不是一般人的首選，甚至被遠遠的排除在健身運動排行榜的百名之外；至於用大槍做為表演項目更是勉為其難，因為練

習大槍是個吃功夫的苦活，也不可能有花俏的表演，所以大槍表演只會落得吃力而不討好；再加上生活環境的變遷，今天誰能輕易的攜帶三米長的大槍四處走動呢？由此之故，近代練習大槍的人口急速的縮減，以至於淪落到極為稀罕少見的地步，所以近代大槍體系的衰退是個必然的現象。基於大槍武藝目前的狀況，作者在立志研究大槍體系之初，就決定研究的範圍必須超脫目前尚存的、殘缺的大槍技藝，轉而以明朝大槍武藝做為研究的重心，而且研究的範圍不限於技巧而已，而把大槍理論、比試、戰術、心理素質、生存平台等等相關題目結合起來做為一個完整的研究體系。

2.1 明朝兵槍

自明朝初期以至中葉，東南沿海地區的倭患一直是主要的外患，其蔓延的區域主要包括廣東、福建、浙江等數個省份。以其用兵地域之廣、時間之長，所以當時名將，如譚綸、俞大猷、唐順之、戚繼光等等，都曾在我國東南地區用兵。這些將領裡並不完全是世襲的武人出身，有些是文人出身而能武事，如唐順之；武人出身而有文采，如戚繼光。相較於其他各朝代，這些將領們非常留意於兵士的戰技，再加上自己能文，所以明朝兵書不但出版多，而且記載武藝特別的詳盡。豐富的文字記載自然方便了作者的研究工作。

2.1.1 明朝時期有關大槍的兵書

1）戚繼光《紀效新書》

戚繼光[1]生於西元 1528 年，卒於 1588 年。他生在一個世襲的軍人家庭，少負奇氣、通經史大義，在文學方面也有很深的造詣。嘉靖年間，曾擔任浙西參將，組建戚家軍，平定東南地區擾亂多年的倭寇。後奉調督軍北疆，以都督同知總理薊州、昌平、保定三鎮練兵之事。累官至太子太保。戚繼光將軍不僅治軍嚴格，而且以善於練兵而聞名於當時。在《明史・卷九十二・誌第六十八・兵四》裡記載：「浙江參將戚繼光以善教士聞，嘗調士兵，制鴛鴦陣破倭。」[2]

戚繼光將軍非常重視兵士戰技的訓練，極力反對軍隊裡練習無用的花法。此書內對於軍隊戰技的記載很多，內容不僅豐富、實用，而且極有系統。這本軍事著作在 1560 年成書之後，廣為流傳，在海外，如朝鮮、日本諸國，都有翻版流傳。1560 年出版的是 18 卷的版本。戚繼光在 1584 年曾經再加以修改，出版了 14 卷的版本。

此書裡對於槍法有著相當系統化的說明，對於槍法理論也有詳盡的論述。由於此書裡記載的槍法體系完備，而且經歷過戰場實戰的驗證，並且在當時曾經以此教導過為數眾多的軍人，所以流傳甚廣，對於後代大槍體系有著非常深遠的影響。

1　張廷玉・明史 [M]・北京：中華書局，1984：5611。
2　張廷玉・明史 [M]・北京：中華書局，1984：2260。

《紀効新書》對於明代軍備的影響甚至遠達朝鮮、日本地區，特別對朝鮮李朝的影響尤為顯著。由於《紀効新書》是古代大槍體系最為完整的文字記載，所以本書介紹明朝兵槍體系即以《紀効新書》裡記載的內容為主。

2）唐順之《武編》

唐順之[3]，字應德，一字義修。江蘇武進人。生於正德二年（西元 1507 年）。嘉靖八年（西元 1529 年）會試第一，官編修。倭寇內侵，以郎中視師浙江，曾親自率兵泛海破倭寇，官至右僉都御史，鳳陽巡撫。唐順之先生的學問淵博，並且長於數學，古文的造詣深厚，著作非常豐富。《武編》一書在他生前一直沒有印行。一直到萬曆（自西元 1573 年至 1620 年）末年才得以刻印出版。所以這本書的印行時間要比《紀効新書》晚了將近五十年。

唐順之不是生於世襲的軍人家庭，本身也不是武科出身，所以他對大槍方面的修為極有可能是來自民間大槍的承傳。他雖然以文士之身而參與軍事，但是他在武藝方面的修養極高，甚至作戰時能親自在陣前參與作戰。在三沙之役，曾躍馬上陣，持刀殺至敵人陣前，可見他對於武藝的確能夠身體力行，造詣極佳。戚繼光將軍曾向唐順之請教大槍武藝，對於唐順之的大槍評價甚高。

《武編》對於大槍技藝的闡述是以散扎技巧為主，並輔以

3　張廷玉‧明史 [M]‧北京：中華書局，1984：5422。

「攻行守固」的理論以及閃賺理論的應用。其論述的方式充分的顯示了典型的民間武術傳授的方法；至於「攻行守固」的理論則強調了用槍者的心理控制。比較《武編》與《紀効新書》兩書，可以發現兩書闡述大槍的方法是截然不同、各異其趣的。但是這兩本書對於全面理解明朝時期大槍武藝的面貌具有非常的重要性。《武編》雖然是兵書，但是作者研究其槍法是以民間槍法視之，而不將其歸為兵槍類。

3）戚繼光《練兵實紀》

這本書是戚繼光將軍在防守薊州時期，針對了北邊作戰的實際情況而寫的軍事訓練的教材，第一次出版大約在西元1571 年。

由於戚繼光將軍訓練軍隊是針對敵人的狀態而調整，當他在南方對倭寇用兵時期，非常強調大槍的訓練與應用；然而在北方用兵的時期，他面對的是以騎戰為主的對手，所以他訓練軍隊的方法、以至軍隊武器的配置都與南方用兵時期不同。比較《紀効新書》與《練兵實紀》這兩本書裡對於大槍的論述，我們可以更進一步的理解大槍在古代戰場上扮演的角色，以及大槍在戰場上實際發揮的狀況。

4）何良臣《陣記》

何良臣，字際明，號惟聖，浙江餘姚人。年輕時期許身報國，所以棄文從軍。明朝嘉靖（1522 年到 1566 年）年間官拜薊鎮游擊將軍。他帶軍隊強調選練為先、親身實踐，所以《陣

記》一書裡的記載有很高的實用價值，其中《卷二‧技用》對於軍中使用的器械形制闡述很全面，但是比較缺乏技巧性的分析說明。

在《陣記‧技用》裡有：「學藝，先學拳，次學棍。拳、棍法明，則刀槍諸技特易耳。所以拳棍為諸藝之本源也。」[4] 這一點與戚繼光將軍的看法很不一樣。戚繼光將軍在《紀効新書‧拳經捷要篇》說：「此藝（拳法）不甚預於兵。能有餘力，則亦武門所當習。但眾之不能強者，亦聽其所便耳。」戚繼光將軍的觀點比較能夠反應軍事訓練的實際狀況，因為如果每一個新兵都要從拳法、棍法入手來訓練的話，那麼建立一支軍隊就會非常的費時以至於成本太高。作者認為這本兵書的價值在於反映出當時對於武藝訓練的不同觀點。《陣記》一書裡的觀點可能更貼切於民間武藝訓練的體系。

至於《陣記》裡有關槍技記載的內容比較精簡，原理和技巧上都沒有脫離《紀効新書》與《武編》的內容。

5）茅元儀《武備志》

茅元儀，字芷生，號石民。生於 1594 年，歿於 1630 年。茅元儀生於一個富有的家庭，而他樂善好施，自幼即喜好談兵農致用之學。他花了十五年的時間收集軍事書籍兩千餘冊，纂輯為《武備志》兩百四十卷，成書於萬曆 47 年（西元 1619 年），於天啟元年（西元 1621 年）出版。茅氏以一介書生研

4　何良臣‧陣記 [J]‧中國兵書集成，1994，25：719。

究兵法，資料收集的非常豐富，但是他在寫書的時期並未接觸到軍事實務，雖然他以此書見用於孫承宗將軍，並曾擔任孫承宗部的副總兵，但是時間很短暫，所以其思想多少都有點「文人論兵」的迂闊。

雖然茅氏強調「士不選則不可練也」、「士不練則不可陣」[5]，但是他本人在武藝方面的鍛煉可能有所欠缺，他記載的武藝差不多都是從戚繼光將軍的著作裡轉借而來，所以此書有關武藝的資料可以作為《紀効新書》的輔助資料。

6）王鳴鶴《登壇必究》

王鳴鶴，字羽卿，江蘇山陽人。明朝萬曆十四年（西元1587年）武進士，曾在軍隊裡擔任游擊、副將、總兵、驃騎將軍等職位，是一位具有實戰經驗的武將。這本《登壇必究》是在萬曆二十七年（西元1600年）編成，比《紀効新書》的刊印要整整晚了四十年。這本書裡講槍法完全是直接承襲了《紀効新書》的內容，但是其中「卷29·器圖」倒是有很多值得參考的資料。

7）鄭若曾《籌海圖編》

鄭若曾，字伯魯，號開陽，江蘇崑山人，明嘉靖初年貢生。他憤於倭寇對於我國東南沿海的侵擾，而潛心於江海防務，後為胡宗憲幕僚，參贊軍務。《籌海圖編》成書於嘉靖四

5　茅元儀·武備志 [J]·中國兵書集成，1987，27~36：2695。

十年（西元 1561 年），西元 1562 由胡宗憲主持刻印。這一本書對於武藝技巧部分的記載極少，只有引用戚繼光將軍對於大槍槍器的要求[6]，但是這本書裡記載的戰史如「直隸倭變記」、「倭患總編年表」以及「大捷考」等等都對當時的戰場的實況有很詳細的描述。從這些戰史資料，我們可以依稀見到大槍在戰場殺敵的出色表現，如「……數賊疾前來從上斫下，我兵用長槍，槍賊墜岩下，遂得登。」[7] 又如「……賊益急，已亂投刀槍諸物出中我。我兵槍筅林立，隨格之。不一中。」[8] 這些資料忠實的報導了大槍在戰場使用的實際狀況，可以幫助我們更深一層的理解大槍在戰場的威力。

8）徐光啟《兵機要訣》、《選練條格》

徐光啟生於 1562 年，歿於 1633 年。是明朝少數研究西方科學的學者，他也是直接參與軍事的軍事學家，特別注重選兵與練兵的事務。

在他著作的《兵機要訣》裡記載：「步兵禦步，利用槍筅。五人之中一筅居前、兩槍夾之，法兼攻守。兩短居後，以資救衛。此古今不易之法。內狼筅只要膽力堅定，鉤闌疾猛，不必比試。長槍設的、設限，進步捉拏、抵限籥槍。以中的多寡為賞罰。兩槍相拼，包尖施粉，以勝負為賞罰。積賞罰為升

6　鄭若曾‧籌海圖編 [J]‧中國兵書集成，1990，15~16：1316~1317。

7　鄭若曾‧籌海圖編 [J]‧中國兵書集成，1990，15~16：772。

8　鄭若曾‧籌海圖編 [J]‧中國兵書集成，1990，15~16：773。

降。若步兵禦騎，待諸器精熟之後，自生別法。」[9]這一段論述裡，把槍法的訓練、考核以及戰場應用說明得非常簡明扼要。在「選練條格」裡記載：「現有技藝者，就行試驗，分別等第。技之凡有五：曰遠、曰長、曰短、曰奇、曰騎。遠者弓矢、弩、銃。長者長槍。短者……凡藝俱要實法實步。一面擊刺，不用轉身倒頭、花舞打滾。……」[10]由這一段的論述裡可以看出他對實戰的認識非常精湛，不愧為一名學者型的軍事家。從他著作的兵書裡，也可以認識到大槍直到明朝末年仍然是最重要的長兵。

9）李德懋《武藝圖譜通志》

這本書是朝鮮李朝於 1790 年（清高宗乾隆時期）出版的。嚴格的來說，它不能說是明朝時期出版的兵書，但是這本書的內容是直接繼承了《紀効新書》與當時明朝軍隊的訓練，而這些明朝軍隊又是戚繼光的嫡系部隊。

明朝萬曆年間，提督李如松[11]率領明軍進入朝鮮，幫助朝鮮抵抗倭寇的侵略（明朝稱之為「萬曆平倭」、朝鮮稱之為「壬辰之亂」），於萬曆 21 年（1593 年）在平壤大破倭寇。戰後，明軍駐防於朝鮮，並且協助朝鮮李朝訓練軍隊、傳授武藝。期間，負責傳習武藝的主要人物包括駱尚志和游擊將軍許

9　徐光啟・兵機要訣 [J]・中國兵書集成，1994，40：288。

10　徐光啟・選練條格 [J]・中國兵書集成，1994，40：321。

11　張廷玉・明史 [M]・北京：中華書局，1984：6192。

國威諸位。當時李朝官員曾對明軍抗倭前敗後勝的原因提出疑問，提督李如松解釋：「前來北將恆習防胡，故戰不利。今來所用乃戚將軍《紀効新書》禦倭，所以全勝也。」[12] 可見當時在朝鮮的明軍是沿襲《紀効新書》記載的訓練方法。李朝擔任翻譯和撰寫訓練教材的是訓局郎韓嶠。韓嶠不僅向駐防的明軍學習，同時購買了《紀効新書》做為參考。李朝於 1598 年（萬曆 26 年）出版了包括了棍、棒、藤牌、狼筅、長槍、鑬鈀、雙手刀六技的《武藝諸譜》；之後在《武藝諸譜》的基礎上，於 1749 年再增加竹長槍、旗槍等 12 技，與《武藝諸譜》合編成《武藝新譜》；1790 年再補充了騎槍等四技而定名為《武藝圖譜通志》。由《武藝圖譜通志》成書的歷史，我們可以理解此書記載的武藝與明朝武藝、特別是《紀効新書》有一脈相承的密切關係。

　　然而從《武藝圖譜通志》的記載來看，在明朝萬曆年間的明朝軍隊對於《紀効新書》的大槍武藝已經存在了誤解和缺失的現象。在《武藝圖譜通志・技藝質疑》有「竊見今日教師之所傳只是十二勢。欠了一半，何也？」[13] 而書中記載的明軍教師的回答相當含混、搪塞，可見當時所傳的槍法已有缺失。在同段裡又說：「但戚子作圖必至於二十四。故連習恐無妨。未

12　李德懋，朴齊家，白東脩・武藝圖譜通志 [M]・朝鮮：學文閣刊，1790：
　　61。
13　李德懋，朴齊家，白東脩・武藝圖譜通志 [M]・朝鮮：學文閣刊，1790：
　　51。

知妄料太支離否？答曰非支離也！」[14] 這裡說的連習就是把二十四勢當做套路一樣的練習，所以《武藝圖譜通志》一書裡記載的槍法的確完全是套路的形式。這樣的套路練習正是《紀効新書》裡嚴詞斥責的花法，可見在距離《紀効新書》出書的1560 年才不到40 年的1598 年，明朝軍隊的大槍訓練已經走樣變形了。

　　由於《武藝圖譜通志》對於明朝晚期軍事武藝的內容有較為廣泛的記載，以及配以較為詳盡的繪圖，所以此書對於研究《紀効新書》的大槍體系提供了相當重要的旁證。

2.1.2 選兵與授器

　　根據《紀効新書》的記載，從新兵入伍一開始，戚繼光將軍就嚴格的依照體能、年歲、個性來區分士兵，然後按照兵器的特性來搭配。在《紀効新書・束伍篇・原授器》裏記載：「……乃將本隊長帶過。十二名內，先擇年力老大一人，付以長牌。長牌無甚花法，只欲有膽有力，賴之遮蔽其後兵前進耳。次將年少便捷、手足未硬一名為藤牌。藤牌如前說之謂也。次將年力健大、老成二人為狼筅。狼筅枝幹繁重，足以蔽身而壯膽，故用法明直易習，便於老成、手足已硬之人。次將有殺氣、有精神、三十上下、長健好漢四人為長槍手。又長槍之次者，二人為短兵。長槍用法多，習學非身手眼俱活者不可

14　李德懋，朴齊家，白東脩・武藝圖譜通志 [M]・朝鮮：學文閣刊，1790：52。

用。此器又專主於刺，故選授又貴於精中取精。」[15] 由此可見使用大槍的兵士是先把「手足已硬」的除去之後，將剩餘士兵裏「有殺氣、有精神、三十上下、長健好漢」，而且是「精中取精」選出做為長槍手。從選兵與授器這個標準來看，大槍這個兵器在明朝軍隊，特別是戚家軍裡受到非同等閒的重視。這段敘述裏「此器又專主於刺」短短七字就把大槍的特性說得清楚明白。

2.1.3 訓練原則

軍事訓練唯一的目的就在致用；但是以其訓練對象的品類複雜，所以訓練講究簡單、易學。至於其訓練原則，在《紀効新書・紀効或問》裡說：「長槍，單人用之，如圈串，是學手法；進退，是學步法、身法。除此復有所謂單舞者，皆是花法，不可學也。需兩槍對較，一照批迎。切磋捬擠，著拿大小門圈串，按一字對戳一槍，每一字經過，萬遍不失，字字對得過，乃為成藝，後方可隨意應敵，因敵制勝也。」[16]

由上段的記載，我們可以理解明朝軍隊大槍訓練分為單人與雙人兩大類別。單人練習的內容包括手法、步法、身法，這些都是個人生理的強化訓練。之後，就是雙人對練：兩個人按照槍法字訣，一招一勢的照著練習。而這個訓練的要求則是：「萬遍不失、字字對得過」，這裡所說的「字」就是字訣、或

15　戚繼光・紀効新書 [M]・北京：中華書局，1996：27。

16　戚繼光・紀効新書 [M]・北京：中華書局，1996：6。

是槍技的名稱。這樣的訓練過程即使置之於今日也是非常有效而合乎科學的。

　　至於文內所說的不可以學的花法，由於花法非但不能實用，在戰場上還可能誤事，所以戚繼光將軍一再的提醒，例如《紀効新書》卷首第一篇「紀効或問」裡開宗明義的就說：「長槍……。除此復有所謂單舞者，皆是花法，不可學也。」[17] 在同書《卷六比較武藝賞罰篇》有：「凡比較武藝，務要俱照示學習實敵本事真可對搏打者，不許仍學習花槍等法，徒支虛架，以圖人前美觀。」[18] 從這些一再的訓誡內容，我們可以確認《紀効新書》裡記載的槍技著重在實戰性，而這些實戰性從戚家軍在抗倭戰爭裡優異的戰績可以得到證實。

2.1.4 考核

　　考核是訓練過程裏相當重要的手段，在《紀効新書·比較武藝賞罰篇》裡記載大槍訓練的考核方法是：「先單槍試其手法、步法、身法、進退之法。復二槍對試，真正交鋒。復以二十步內立木靶一面，高五尺、闊八寸，上分目、喉、心、腰、足五孔，各安一寸木球在內。每一人執槍二十步外，聽擂鼓，擎槍作勢，飛身向前，戳去孔內圓木，懸於槍尖上。如此遍五孔，止。」[19]

17　戚繼光·紀効新書 [M]·北京：中華書局，1996：6。

18　戚繼光·紀効新書 [M]·北京：中華書局，1996：56。

19　戚繼光·紀効新書 [M]·北京：中華書局，1996：58。

　　從以上的記載裡可以了解戚繼光將軍考核槍技的方法有三：首先檢驗單人基礎訓練的成效，其次是兩槍實際的比賽，最後是非常有特色的短距離（二十步）衝鋒。這個二十步衝鋒的第一個特色就是攻擊的距離，在何良臣寫的《陣記・卷二・技用》裡說：「能殺人於二十步之外者，六合槍法也。」[20] 也就是說在遠於二十步的距離之外，要靠弓、弩這些遠射武器，在二十步左右的距離只有大槍才是絕對的攻擊主力，至於其他的武器則必須等到貼身的距離才能開始發揮作用；特色之二是攻擊完全是遵守了「不招不架就是一下」的原則。在二十步這種說近不近（短兵尚無法發揮）、說遠不遠（拉弓射箭又來不及）的距離，大槍可以藉著疾速搶進而一槍取敵性命。這種攻擊方法一般是將數支、甚至是數十支大槍排成一行，大家齊步衝鋒，除了精神上的巨大震撼而外，敵人難有時間冷靜思考應對、也無從選擇，足以讓敵人驚駭股慄。

2.1.5 陣法與大槍

　　在我國古代，至少在明朝，軍隊並不採用單兵各自為戰的作戰方式，而是將數名士兵結合成守望相助的一體、做協調一致的攻防，這就是我國陣法的基本概念，從陣法的運作更能充分理解每一種兵器的特色。戚家軍以伍為陣法最底層的建制，每兩伍結成一隊，四隊為一哨。在《紀効新書・束伍篇・原束伍》裡有說：「故營陣以伍法隊哨為首，……長牌一面，藤牌

一面，狼筅二把，長槍四支，短兵二件，火兵一名。」[21] 在這麼一隊裡，除了隊哨與火兵而外，有十人直接參與戰鬥，十人中拿長槍的就有四人，以人數比例來看是全隊戰鬥人員的40%，這是一個相當高的比例。

而每隊戰鬥時必須按照指揮排列成「陣」，利用「陣」把單兵做前後左右的縱橫連接。陣法的功能就是發揮集體作戰的優勢，而收到一加一大於二的效果。而戚繼光練兵、用兵最講究兩種陣法。我們可以從這兩種陣法的運作裡來理解大槍的作用：

1）鴛鴦陣

以現代的軍事術語來說，鴛鴦陣就是縱隊的隊形。至於每隊士兵的排列以及職守可見於《紀效新書·緊要操敵號令簡明條款篇第二》：「凡鴛鴦陣……今開式於後：二牌並列。狼筅各跟一牌，以防拿牌人後身。長槍每二支，各分管一牌、一筅。短兵防長槍進的老了，即便殺上」[22]。

從「圖 2.1 紀效新書的鴛鴦

圖 2.1　紀效新書的鴛鴦陣

21　戚繼光·紀效新書 [M]·北京：中華書局，1996：29。

22　戚繼光·紀效新書 [M]·北京：中華書局，1996：39。

「陣」可以看出：一般的鴛鴦陣是兩伍合併並列，然而在某些狀況下，這兩伍可以分開成兩個單獨的縱隊。

這種鴛鴦陣一般是使用在行軍，或是較遠距離的接敵過程。在遠距離接敵過程中，伍的功能尚未得以發揮，但是已經暴露在敵人槍砲、弓箭諸般遠射武器之下。這樣的情形，每伍的鴛鴦陣就依靠牌、筅的保護，然後儘快的進入近戰距離。在近戰距離之內，正兵（與敵人正面相對的）有以鴛鴦陣、或是三才陣對敵的。這要看主將臨場的指揮。但是做為伏兵的（在敵人兩側的）則一律是採用三才陣。

2）三才陣

三才陣以現代軍事的觀點來看就是具有縱深的橫隊隊形。也因為伍兵成為橫向的排列，所以它的接敵面較鴛鴦陣為寬廣，攻擊面較為大。但是除了正面的攻擊力而外，伍兵之間仍保持著左右橫向和前後縱深的相互支援的態勢。在《紀効新書、操練營陣旗鼓篇》裡對伍兵的職司有非常詳盡的

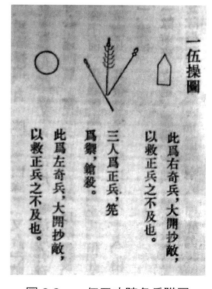

此爲右奇兵，大開抄敵，以救正兵之不及也。

三人爲正兵，筅爲禦，鎗殺。

此爲左奇兵，大開抄敵，以救正兵之不及也。

一伍操圖

圖2.2　一伍三才陣各兵職司

圖解：在「圖 2.2 一伍三才陣各兵職司」裡，牌兵與短兵是救正兵之不及的。正兵則是由筅與兩支長槍搭配組成。我們知道筅是防禦的兵器，所以在圖示裏特別說明：「筅為御，槍殺。」

雖然數量上，長槍只佔 40%（不包含隊長和伙夫），但是以攻防的角色來看，一伍裡的牌、筅、短兵都是保護長槍的，讓兩支長槍專司殺敵的功能，所以在《手臂錄·槍法微言》裡說：「戚公鴛鴦陣每隊用十二人，惟槍手四人，名曰『殺手』」[23]。由此可見槍手是每伍的攻擊主力。同樣的，槍手的防禦很大一部分是交給其他伍兵負責的，所以我們可以理解明朝兵槍訓練突出了攻擊技巧和積極的攻擊企圖心。

2.2 明朝時期的民間槍法

在我國大槍武藝數千年的基礎上，明朝時期的民間槍法非常普及而且技術水平高、體系完備。除了國人耳熟能詳的楊家槍而外，還有馬家槍、沙家竿子、少林槍、峨嵋槍等等諸家有名於世的槍法體系。然而因為各種原因，這些槍法系統的文字記載未能與其盛名相符，以至於後人很難得窺其全貌。幸好在明末清初時期有幾本這方面的專門著作而彌補了這個遺憾。從這些書裡，我們可以較為詳盡的理解明朝末年的民間大槍技藝。其中最為重要的有：

23　吳殳·增訂手臂錄 [M]·北京：北京師範大學出版社（孫國中校訂版），
　　1989：84。

2.2.1《手臂錄》

　　《手臂錄》的作者，吳殳（1611-1695），是江蘇太倉人。原是明末時期的讀書人，與當時很多讀書人一樣，吳殳是在從軍報國的思想影響下開始學習武藝，準備為國家的安定和統一做出貢獻。明崇禎六年（1633年）在江蘇婁江隨明將石敬巖學習槍、刀法，後又從漁陽老人學劍法，從項元池學雙刀，向鄭子華學馬家槍法，向倪近樓學楊家、沙家槍法，向朱熊佔學峨嵋槍法。他不但專精槍法而且廣為收集當時有關槍法的文獻資料，包括《耕餘剩技》、《夢錄堂槍法》、《峨嵋槍法》等等。在明亡之後，吳殳無意於仕途而轉以教書為業。然而在機緣湊巧下，他立志把當時流傳的大槍技巧整理成書，所以《手臂錄》裡記載了石敬巖的槍法，以及峨嵋槍、楊家槍、馬家槍、少林槍、沙家竿子諸家槍法，使得這些槍法的面貌得以保存至今，實為此書的第一功德。

　　此書除了豐富的資料而外，由於吳殳的學術修養、以及對於槍技的身體力行，這本書對於各家槍法提出公允而且實際的評論，其價值實難以估計。

　　對於理論方面，吳殳繼承了傳統的槍圈理論，並且自創了以革槍發勁部份為著眼點的月牙／覆瓦理論，這個理論解釋了槍圈裡最重要的革槍發勁的運動原理；其次他特別針對當時槍棍不分的現象，而強調「槍棍之別」，企圖以此純化槍法技巧。

2.2.2《耕餘剩技》

此書作者程沖斗是明末專精少林技擊而極為有名者，因為他生於富有的家庭，而且本身好武，所以能夠到處尋訪名師，並且了出版了相當數量、繪圖與印刷都非常精美的書籍。

在《耕餘剩技》這本書裡，程沖斗自言槍法學自河南李克復，而以「河南槍法」稱之；書內記載八鎗母、六合對槍的部分與《紀効新書》類似；除此而外再加上一些槍法理論。其書內的「散扎拔萃」部分不僅提到一些槍法理論、常識，更多的是解釋槍法技巧的應用。雖然吳殳批評「然少林尚剛柔相濟，不至以力降人。沖斗止學少林之法，去柔存剛，幾同牛鬥。」但是不可否認的，在做資料對比研究的時候，這本《耕餘剩技》是非常重要的。

2.2.3 小結

雖然在歷史上曾經有很多不同的槍法派別，但是仔細考查其間的差異，就能發現各個派別之間的差別主要源自槍器長短、軟硬的不同，由槍器的差異而產生了不同的應用原則，然而各個派別的技巧基本上都是一致的。我們今日研究大槍武藝不要被門派的狹隘觀念限制，特別是屬於國家軍備的兵槍更應該超越於門派觀念之上。我們研究、發展傳統大槍武藝，尤其是在面對世界來推廣大槍競賽運動時，必須打破門戶觀念，更要以整體中華文化做為我們的立足點，以此開闊我們的心胸和氣度。

2.3 從明朝兵槍看當時民間槍法的一些問題

　　民間槍法的分佈區域非常之廣，槍器規格也不統一，以至於民間槍法的內容非常的龐雜。把當時民間的槍法做相互的評比是一件有相當困難度、且不具太深意義的事。所以在此只以兵槍實戰的角度來分析明朝民間大槍存在的一些問題。

　　由於軍隊從民間招募士兵，有部分的新兵在入伍以前已經有些武藝的基礎。在戚繼光將軍訓練軍隊時就遭遇到這些士兵有痼習難改的問題，為了讓這些士兵理解其痼習所在、同時樂於接受正確的槍法，所以在《紀効新書・紀効或問》裡針對一般民間槍技的問題而特別指出：「又如長槍，近見浙江之習，皆學處州狼筅法，中分其半。官軍所傳之法，亦有迴轉，但大敵交鋒，與平日場上相對比不同。千百之人，簇擁而去，叢如麻蓬，豈能舞丈余長竿，迴轉走跳？若此則一二丈僅可布一人而已，不知有此陣否耶？至於中分其半。則又後尾垂帶，一為左右之挨擠，手中豈能出入？遂乃遇敵而敗。不曰習藝之非，制器之誤，乃曰槍不可恃。於槍何尤哉！」[24]

　　由以上的批評，我們可以把當時民間槍技的問題分類如下：

1）握把在槍器的中段

　　狼筅是比較笨重的兵器，技巧簡單而主於防禦、不利於攻

24　戚繼光・紀効新書 [M]・北京：中華書局，1996：20。

擊。以狼筅的持法來使用大槍的現象正好反應出當時一般民間對於槍法理解的淺薄。持槍在槍器中段，不僅槍戳到盔甲時會滑把、不能施全力；而且持槍在中段會嚴重的妨礙槍法技巧的發揮。最重要的，這樣持槍完全扼殺了大槍屬於長兵、遠距攻擊的特性。

　　這種手持槍器中段的問題，應該是與槍棍不分的錯誤認識有著極為密切的關係。何良臣寫的《陣記‧技用》有：「學藝，先學拳，次學棍。拳、棍法明，則刀槍諸技特易耳。所以拳棍為諸藝之本源也。」[25] 這個論述很能反映出當代對於槍棍之別的認識已然混淆不清的現象。對於這個問題，在本書的「4.3 槍棍之別」一節裡另有闡述。至於拳法訓練做為武藝之源的說法，可以簡單的說：拳法訓練可以幫助武藝的學習，但是武藝訓練不必一定需要拳法的基礎。所以戚繼光將軍說：「拳法似無預於大戰之技，然活動手足，慣勤肢體，此為初學入藝之門也。」[26] 即使拳法是「初學入藝之門」，他還要申明拳術與大戰之技也沒有多少關係。至於棍法、槍法更是各有特性，若是不能明白這些特性的差異，就很容易會把槍與棍混成同一類型的兵器了。

2）技巧有迴轉

　　我國古代的軍隊作戰講究的就是陣法，兵士拿著三米以上

25　何良臣‧陣記 [J]‧中國兵書集成，1994，25：719。

26　戚繼光‧紀効新書 [M]‧北京：中華書局，1996：165。

的大槍在行陣裡與拿著其他各色兵器的伍兵並排而站，狹窄的空間裡絕對沒有身法迴旋、揮舞槍器的可能性。當民間的武術家單獨練習槍技、同時場地夠寬的時候，或許可以演練出非常壯觀的迴旋揮舞的技巧；事實上即使以民間兩人對抗的角度來看，這些迴旋、揮舞的技巧也並不實用。當這些槍技再被引至軍隊裡做為戰場用途的時候，那就不僅是不實用的問題了，它還會破壞了軍隊陣法的整合。所以在《陣記・卷二・技用》裡就說：「……且如長短器械錯雜，陣頭一齊擁進。起手就戳便砍。雖轉手回頭尚不可得。豈容活潑動跳，做作進退身勢手法耶？」[27] 由此可見槍法無論兵槍或是遊槍都沒有迴轉的餘地。

3）後尾有垂帶

　　這個後尾垂帶的問題基本上是從「中分其半」的持槍法而衍生的問題。因為中分其半，所以後半截用不上；因為後半截用不上，所以繫上一根帶子做為裝飾之用、或者方便攜帶時把槍器綁在身上。這樣的垂帶對於單人練習倒不礙事，但是在戰場上相互擁擠的情形，這突出的後半截與垂帶就會礙手礙腳，若是因此耽誤而殺不得敵人，就會被敵人所殺。

　　由以上的資料來看，當時民間對槍法技巧的理解有一定程度的偏差，這種偏差已經讓士兵認為「槍不可恃」的程度。如果任憑這種錯誤的認識蔓延在軍隊裡，身為一伍裏攻擊主力的「殺手」對其裝備喪失了信心，那麼就會嚴重的影響到伍的殺

27　何良臣・陣記 [J]・中國兵書集成，1994，25：741。

敵能力。無怪乎戚繼光將軍在《紀効新書》裏特別強調要盡去這些民間的花法，希望「一一說破執迷之病，然後說我新制之利。」[28]

由《紀効新書》裏對當時民間槍法的論述，我們可以理解當時民間大槍技巧的發展雖然很普遍，但是部分地區的流傳有些認知上的錯誤，這些錯誤甚至使得大槍偏離了它原本應有的特性。基於這些問題，作者認為今日發展競技性大槍運動的起步時期應該從兵槍入手，如此才可以建立一個正確的觀念，收到正本清源的效果。如果從民間槍技入手來發展現代競賽運動的話，不但容易陷入無謂的門派紛爭，而且很難在眾說紛紜裏釐清一個正確的理論。如果全心致力於民間槍法去蕪存菁、正本清源的工作，那就是重複了戚繼光將軍在百年之前已經做過的工作了。

2.4 明朝大槍比試

明朝兵槍訓練，特別是戚繼光將軍訓練士兵，是以陣戰殺敵為唯一的目的。為了確保訓練的效果，所以技藝比試就成為訓練和考核手段中很重要的一部分。民間槍法訓練或許不必然完全以實戰為其著眼點，然而在明朝末年社會動亂的大環境中，也激發了部分民間槍法重視實用的精神，所以比試也是那個時代民間槍法訓練過程中常見的一部分。

28　戚繼光‧紀効新書 [M]‧北京：中華書局，1996：20。

2.4.1 兵槍比試

　　明代軍隊對於大槍的重視，從選兵、訓練、以至於考核都可以見到其用心之良苦。但是大槍比試在整個大槍訓練過程之中佔有一個什麼樣的地位呢？《明史・列傳第二十二・王銘》裡有記載：「洪武四年都試百戶諸善用槍者，率莫能與銘抗。」[29] 此段記載清楚的說明了洪武四年那場在首都舉辦的比賽，職位為百戶而且善用大槍的軍官都要參加大槍競賽；而且從「率莫能與銘抗」的文句裡看，這場比賽還是時間很長的循環賽。或許這次的比賽只是一次千古難逢的特殊比賽活動？事實上在古代軍事訓練裡，大槍比試是屬於一種常規性的項目，在《兵機要訣》裡有記載：「步兵禦步，利用槍筅。五人之中一筅居前、兩槍夾之，法兼攻守。兩短居後，以資救衛。此古今不易之法。內狼筅只要膽力堅定，鉤開闖疾猛，不必比試。長槍設的、設限，進步捉拏、抵限箭槍。以中的多寡為賞罰。兩槍相拼，包尖施粉，以勝負為賞罰。積賞罰為升降。」[30] 這段記載裡更進一步的說明：在步兵對抗步兵的戰術中，狼筅不必比試，但是強調了大槍比試除了單兵技能的考核，更有兩槍對抗的比試，甚至比試的勝負決定了賞罰、升降。這種比試就已具有現代競賽運動的意義。這些資料再再的顯示當時的大槍競賽在軍事訓練中應屬於常規性的活動。

　　但是由於文獻資料的限制，我們很難詳盡的理解當時比試

29　張廷玉・明史 [M]・北京：中華書局，1984：3905。

30　徐光啟・兵機要訣 [J]・中國兵書集成，1994，40：288。

大槍如何判決勝負，也無法知道比賽的規則，但是一般比試大槍應該是穿著全副的戰場用的盔甲以保障雙方的安全。在《紀效新書》裡規定：「凡官軍啟行，各須披甲、戴盔、執器械，庶幾臨敵輕便。不許並執肩縛。」[31] 平日行軍訓練尚且要求全副護具穿戴整齊，比試槍技的時候更是必不可少的得穿戴全套的盔甲。在槍器方面則是「包尖施粉」：以氈布把槍頭包起來，然後蘸粉。比賽之後，從衣服上沾粉的位置與數量多寡即可判斷勝負。

從「包尖施粉」的文字上無法斷然判定當時在包尖之前是否需要先把槍頭刃部除去，但是如果我們參考《水滸傳》這本成書於明朝的小說則可以一窺其大概：「話說當時周謹、楊志兩個，勒馬在於旗下，正欲出戰交鋒，只見兵馬都監聞達喝道：「且住。」自上廳來，稟復梁中書道：「復恩相，論這兩個比試武藝，雖然未見本事高低，槍刀本是無情之物，只宜殺賊剿寇。今日軍中自家比試，恐有傷損。輕則殘疾，重則致命。此乃於軍不利。可將兩根槍去了槍頭，各用氈片包裹，地下蘸了石灰，再各上馬，都與皂衫穿著。但是槍尖廝搠，如白點多者當輸。此理如何？」梁中書道：「言之極當。」隨即傳令下去。兩個領了言語，向這演武廳後去了槍尖，都用氈片包了，縛成骨朵。身上各換了皂衫，各用槍去石灰桶裡蘸了石灰，再各上馬，出到陣前。楊志橫槍立馬，看那周謹時，果是弓馬熟閒。怎生結束？頭戴皮盔，皂衫籠著一付熟銅甲，下穿

31　戚繼光‧紀效新書 [M]‧北京：中華書局，1996：65。

一對戰靴，系一條緋紅包肚，騎一匹鵝黃馬。那周謹躍馬挺槍，直取楊志。這楊志也拍戰馬，捻手中槍來戰周謹。兩個在陣前來來往往，番番復復，攪做一團，紐做一塊。鞍上人鬥人，座下馬鬥馬。兩個鬥了四五十合。看周謹時，恰似打翻了豆腐的，斑斑點點，約有三五十處。看楊志時，只有左肩胛上一點白。」[32]

從上述的參考資料裡，我們可以歸納出以下的結論：

1）軍中比賽依然重視安全問題，希望避免發生傷殘、致命的情形。

2）比試雙方除了穿戴盔甲而外。外面還罩著皂衫以顯示被戳中的地方。

3）槍器方面則是先除去槍頭，然後用氈片包裹成骨朵形；然後再蘸石灰。

4）勝負以皂衫上石灰斑點數量多寡來計算。

從《水滸傳》裡的這一段的資料裡，我們可以想像出明朝軍中比試大槍的一個大概的面貌，事實上，這樣的比試方法與今日的對抗競賽運動並無多大的差異。

2.4.2 民間槍法比試

由於文獻資料缺乏，我們很難得一窺明朝時期的民間槍法的比試方式。吳殳在《手臂錄・石敬巖槍法記》裡有提到當時

32　施耐庵・水滸傳 [M]・台北：三民書局，1976：116。

雙人對練的狀況：「……乃使善戳者如矢如電以戳焉。革稍不合法，則桿必及身，顛撲於地。桿以葦絮封其端；又厚縛紙竹於前脅。然猶左腕右臂青紫流血，恆不絕見。」[33] 這段文字雖然是描述當時兩人對練的情況，但是比試的狀況應不會有太大的差別。從這段文字裡我們可以理解：當時練習對槍是把沒槍刃的桿頭包扎起來，同時以紙、竹為材料做成護脅的護具，即便如此，還是有「桿必及身，顛撲於地」、「左腕右臂青紫流血，恆不絕見」的情形發生。由此可見當時練習大槍時全力以赴的那種求真、求實的精神。

另外據家師劉公雲樵所述：他在少年時期隨李公書文在滄州老家習武長達十數年。兩人大槍對扎幾乎是從無間斷的晨課。他們對扎大槍除了用沒槍刃的桿子而外，是沒有其它任何護具的。據劉師說：扎完大槍經常是前手虎口處一大片青紫。作者在與劉師練習大槍的時候，劉師點打虎口點得神準。而劉師教的一些大槍技巧也是以攻擊對方前手為主。或許這是一種以安全、低傷害為原則的大槍對練方式？

但是據蔡龍雲教授的陳述：民國初期的大槍練習、對抗的確沒有良善的護具；但是雙方攻擊的目標絕對不限於前手。也因為如此，經常發生受傷的情況。作者認為或許正是因為無法有效的保障選手安全、再加上大槍本身失去了時代賦予的實用價值，那麼比試大槍所冒的風險就沒有意義了，由是更加速了近代大槍技藝的衰落。

33　吳殳‧增訂手臂錄 [M]‧北京：北京師範大學出版社（孫國中校訂版），1989：90。

2.5 對待明代諸家槍法的正確態度

做為一本宏偉的明代民間槍法的鉅作，《手臂錄》這本書在保存當代各家槍法面貌這一方面的確有著無以倫比的貢獻；然而對各家槍法優劣的針砭，吳殳或對於峨嵋槍法極力讚揚、或對其師所傳授的石家槍法的曲意呵護、或對於馬家和楊家槍法的品頭論足、或是對於程氏少林槍法的厲言斥責，這些都是基於他的己見、成見。一個人對於某個課題越是深入，越會有他自己的想法，這是理所固然，我們不能苛責於吳殳。

但是在此書出版三百多年、在大槍武藝幾乎絕傳以後，作者突然發現一個奇怪的「對號入座」的現象。也就是現在練習所謂傳統武術的人喜歡在古籍裏找同名同姓的祖宗，無論有沒有實質性的關係，都來攀親認故。於是乎，對於此書內容的關注只限於這本書對我祖宗的評價，如果評價的高，那麼這本書就是寶書，他就沾沾自喜了；如果評價的不好，那就是毀謗我的名譽，非得把這本書鬥臭鬥爛方解心頭之恨。其實無論吳殳在書裡讚美某一流派、或者批評某一流派，問題是這些流派的技巧完整的流傳到今天了嗎？如果沒有，那麼何必在乎吳殳的評價呢？如果能流傳至今那代表它自有其價值。

上述「對號入座」的行為似乎還有一些潛在的道理和可以理解的理由；但是另外有類群眾就有點難以理喻了，這類人被作者稱為搖旗吶喊、幫腔做勢的類型，因為這類型的人不若前類有些似有若無的歷史牽連，他們與歷史上流傳的槍法派系也沒有任何的關係，但是對於吳殳的針砭特別在意，而極力為某

些槍法流派辯護。其實我們固然可以說吳殳對於某些流派的批評是基於他的己見和成見；但是我們今日對此提出的反駁與讚美不也是出於我們的己見和成見嗎？這一場橫跨數百年的文字辯論對於發展大槍武藝會有助益嗎？作者認為答案是否定的，而且是完全沒有必要的。

如果我們翻開《紀効新書》，這本書裡記載的槍法就完全跳離開了民間槍法的流派的侷限，只要是易學、好用的就吸收來訓練兵士，這是一種絕對超然的心態。事實上，《紀効新書》裡記載的武藝，無論是槍法、棍法還是拳法，對於近代武術的影響極為深遠。作者覺得這與戚繼光將軍在去蕪存菁這個過程裡的超然立場有著密切的關係。

那麼我們應該以什麼樣的心態來看待這些古籍裡、歷史上曾經存在的槍法呢？首先就要拒絕戴任何有色眼鏡，拿著平和、理性的眼光做自己的判斷；其次，要擺脫古人的評論，而選擇與自己體型、愛好相近的技巧來練習，古人的批評當然可以當做參考，但是一定要以自己的需要為出發點，不必盡然的遵循古人的意見。例如一個體型壯碩的人，無論別人怎麼批評程沖斗的少林槍法存在「尚力」的缺點，但是他生來就有力，為什麼不能選擇這類槍法作為自己的訓練重心呢？儘管吳殳批評楊、沙兩家多用步法以至於手上功夫不紮實，但是對於一個步法靈活的人，為什麼不可以選擇楊家槍、沙家槍法來發揮自己的特色呢？作者把此書定名為《大槍武藝》就是希望大家都能秉持著軍事武藝唯實戰效果為尚的態度來練習大槍，口頭論戰對於大槍武藝是完全沒有價值的。作者制定的競賽規則就是

在安全得以保障的情形之下，模擬古代的戰場實況，讓這個槍法競賽活動成為驗證技巧的最佳平台。如果大家都能有此認識，那麼我國傳統大槍武藝的復興就不遠了。

第三章

槍法基礎認識

3.1 大槍武藝的本質

　　大槍是什麼？不是什麼？大槍武藝是什麼？不是什麼？這些都是對大槍武藝的基礎認識。每個人對大槍武藝的認識可能與其他人不完全一致，但是這個認識決定了一個人練習大槍的方向。舉例來說：如果一個人認為大槍是用來練習力氣或者勁道的工具；另外一個人認為大槍只需要輕輕點擊對方就可以殺敵致勝。那麼這兩個人練習大槍的內容、方向、重心都會大相逕庭，這就是「認識」決定了練習的方向與內容。

　　其實，大槍或者大槍武藝本身就帶有它自己的本質，這個先天的本質並不會因為我們對它的認識而有所改變的。那麼大槍武藝的本質是從何而來的呢？它是從歷史賦予它的角色，一路經歷了數千百年而逐漸發展形成的。我們今天喜歡大槍武藝，其實是喜歡它經歷了數千百年歲月錘鍊而逐漸形成的武藝內涵。然而一般人對大槍的認識侷限於其技巧部分，但是技巧是非常表層的東西，我們只有完全理解大槍武藝的本質以後，才能真正的體會其內涵，進而完美的承接它的歷史角色、使其生命再度的發揮光與熱。如果有人不理解大槍武藝的本質、或者扭曲了大槍武藝的本質，那麼發展出來的內容絕對不會是歷史上曾經發光發熱的大槍，而是一項創新的、另起門戶的大槍，對於歷史上曾經的大槍武藝而言，那只是一種污衊與扭曲而已。現在有少數人在接觸大槍武藝以後，開始討論大槍要多長？要軟些好、還是硬些好？其實這些都是在數千年歷史裏已經驗證過、已經有定論的，同時這些都是決定大槍本質的重要

因素。如果更動這些因素，而去發展大槍，那麼就是典型的「借屍還魂」了：外表看起來很像，內涵完全扭曲！

那麼大槍武藝的本質到底是什麼？從它的歷史角色來看，它唯一的本質就是「戰場廝殺的軍事武藝」[1]，除此之外再無其它用途。從這個本質做為出發點，我們可以理解：

1）戰場上不能殺敵，必為敵所殺。所以它是一個極具攻擊意識的武器，不以防禦為能事。

2）它在攻擊時必須具備穿盔透甲的能力才能置敵於死。所以戳槍必須全身配合用力，不可能只用手力。

3）戰場上陳兵列陣幾無迴旋轉身的空間，再加上大槍槍器的重量，故而極為講究身法與手法的紮實，步法的閃躲是做為輔佐之用的。

4）在戰場上叢槍裏去、叢槍裏來，根本沒有空間將槍舉起而劈砍、或者大幅度的橫向掃打。而且這樣劈砍、掃打的力道絕對無法置敵於死，所以大槍是一個純粹的「刺兵」。

作者在本書裏所有的論證與敘述都是基於上述的本質。只有在我們都同意上述的本質、接受這個本質做為基礎以後，接下來「明朝大槍武藝走向現代化競賽運動」的一切努力，才會

1　記得年輕時在劉老師家裏練拳，老師曾經問過我：「什麼是真武術？什麼是假武術？」在我一番努力的回答以後，老師說：「只有能讓你拿著兵器、騎上馬為國家在戰場作戰的才是真武術！其餘的都是假武術！」老師這番話為我點明了一生練武的方向。

有正確而且齊一的方向。否則只會打造出一個與歷史無關、與傳統無關、非中非西的怪獸。

3.2 專用詞彙

大槍體系在其逐漸發展成型的過程中累積了一些特殊的專用詞彙，也就是一般所說的「行話」。這些詞彙或許在我們的日常生活裡極少使用，或許與我們平常習慣的理解有所出入，所以正確的理解這些專門詞彙絕對可以幫助我們在槍法方面的學習和交流，同時也反映出自身對於大槍武藝修為的高下。

同時，由於大槍武藝是一門非常特殊、是極富有中華傳統文化特殊性的體育活動，所以作者在此衷心的希望未來的大槍武藝的愛好者、推廣者們在面對外國學習者時，一定要堅持使用直接音譯的中文詞彙。一個屬於世界的文化，必然先要是屬於民族的文化。一個對自己文化都沒有信心、都沒有自尊的人，怎麼能得到別人的尊重？做為一名大槍武藝的練習者來說，文化的自信心與自尊心是極其重要的。

3.2.1 槍器部位名稱

槍器最主要的部分一般稱之為「槍桿」、「桿子」、「竿子」、「杆子」等等，作者建議使用「槍桿」這個稱呼。

槍桿較粗的一端被稱為「槍根」，那是後手握持之處；槍桿較細的一端被稱為「槍頭」。如果有槍桿有裝槍刃（包括真的利刃以及安全的比賽用刃）那麼「槍頭」就是專指刃部，如

果沒有裝槍刃，那麼「槍頭」就是指桿子前端 8～10 公分這一段。「槍尖」是指槍頭最前面的一點，也就是戳槍時最先接觸目標的一點。

「槍把」是指從後手握持槍根處到前手握槍桿的這一段，由於戳槍時兩手會匯在一處，所以槍把的長度是一個變數。

3.2.2 戳槍

戳槍是後手配合身體（主要是腰和腿）把槍往前快速推送，而以槍頭刺擊對方的動作。這是典型的大槍攻擊方法，也是大槍唯一的攻擊方法。在《紀效新書・束伍篇・原授器》裏就有記載：「此器又專主於刺」[2]，由此可見戳槍是大槍最主要的攻擊方法。

戳槍又被稱為扎槍、箚槍、送槍、刺槍、發槍、進槍等等，在本書中用戳槍、扎槍為主，偶爾也會使用其他稱呼，但是引用古籍文獻的記載時則一律使用原先文字。戳槍這個名稱絕對不能與「捅槍」混用。「捅」是兩手齊送（兩手之間的距離不縮短，或是有限度的縮短）。捅一般是用於棍法；而槍法的扎是以前手為管、後手快速的往前推送，典型的、標準的扎槍在扎到最後，兩手是重疊在一起的（見圖 4.5B 戳槍後的雙手姿勢）。在本書「4.3 槍棍之別」一節裡對於「捅棍」與「扎槍」的區別還有詳細的解釋。

扎槍的勁道除了手力而外，其實主要還是依賴腰力和腿力

2　戚繼光・紀效新書 [M]・北京：中華書局，1996：27。

的推送；在民間流傳的大槍偶見純用手力扎槍，這兩者扎槍的區別在於穿透力的強弱。民間玩槍如果擔心受傷，故而純用手力戳槍，那是可以理解的；而兵槍扎槍的對象是披甲的戰士，不用腰力、腿力配合扎槍就極難有穿甲的效果。很多練習者都認為用手力扎槍就有足夠的穿透力，為什麼一定要用腰腿力配合呢？對於這個疑問，作者在給初學者做大槍入門訓練時，會用手輕抓練習者的槍頭，用手輕抓的力量來代表槍戳到盔甲時受到的阻力，然後讓練習者分別先用手力扎槍，再用手、腰、腿配合的扎槍。從兩種扎槍的實際效果就可以不言而喻了！另外還有人認為純用手力戳槍的反應與戳的速度會更快，然而從運動生理學的角度無法找到足以支持這個說法的學理，作者對於這個說法真是無言以對，故以「迷思」稱之。

　　純用手力戳槍與正確的用腰腿力戳槍，看似除了穿透力、速度的差別而外，還有其它的差別嗎？有的！用槍者那種入虎穴、闖關破陣的氣勢就與正確的戳槍有極其密切的關聯，而現代化大槍競賽運動最重要的訓練目標就是建立這種氣勢、培養這種個性！

3.2.3 內門、外門／圈內、圈外

　　內門和外門是大槍最基礎的門戶觀念。如果我們以中平勢持槍，而且維持鼻尖、槍尖以及前腳腳尖形成一線的三尖對照的姿勢[3]。那麼以槍桿為分界線，胸面對的一邊就是內門／圈

3　參考本書「4.4 持槍勢和三尖對照」和「4.5 門戶觀念」。

內、另外的一邊就是外門／圈外。槍法技巧和內外門有極大的關係，幾乎所有的技巧解釋都要使用內外門的觀念。那麼為什麼不使用大家習以為常的左右觀念呢？如果對方扎我的胸口，我若是以左手在前持槍，那麼對方是扎我的右側；若是以右手在前持槍，那麼對方是扎我的左側。因為大家持槍的習慣不同，有時還會在對抗時左右換手持槍，所以若是用左右的觀念來解釋槍法技巧容易造成混淆。但是以內外門的觀念來解釋，那就和那隻手在前完全沒關係：胸口的一側就是內門／圈內；另外一側為外門／圈外。

在槍法文獻裡面，有時候把內門／圈內稱為大門、前門；把外門／圈外稱為小門、後門。由於門戶是槍法理論的基礎，為了避免混淆所以在本書裡統一稱為內門、外門／圈內、圈外。在古籍文獻裏，較多使用圈內／圈外的稱呼。但是相應於門戶的觀念，作者本人比較傾向於使用內門／外門的稱呼。在本書的「4.5 門戶觀念」對這個題目還有更多的敘述。

3.2.4 革槍

革槍就是槍法防禦技巧的統稱，當對方戳槍時，以我的槍桿打開他的槍，使其攻擊企圖落空。一般來說，革槍開始時是以我前手一尺左右的槍桿接觸對方槍頭後一尺左右的槍桿，然後開始進行革槍的細節動作時（見本書「4.6 槍圈理論」以及本書內有關革槍的說明），這個接觸點會沿著槍桿往前滑動，在革槍結束時則是我的槍頭後一尺接觸對方前手前一尺處，這種接觸點往前移動的現象被稱為「滑桿」。革槍時如果沒有滑

桿的動作，那麼只會有一個固定的接觸點，那就不是正確的「革」槍、而是橫力碰撞的「格」、「架」了！

但是從廣義的角度來看，以身法、步法閃躲對方的攻擊應該也算是防禦的一種方法，但是這種防禦沒有槍與槍的接觸，所以嚴格的說不能算是革槍。

革槍經常被稱為格、化、開、架、撥或者吃槍。有些人認為「革槍」是「格槍」的別字，因而認為應該是「格槍」、「架槍」才正確。其實從字義來看，格與架都是有阻擋的意思，例如格鬥、格架；而「革」則有去除的意思，例如革新、改革、革除、洗心革面等等。槍的攻擊正面只有槍尖一個點，所以根本不可能從正面阻擋；再以我國槍法強調以柔克剛的原理來看，防禦技巧主要著重在把對方的攻擊引到自己側方，所以「革槍」是一個非常精準而且典雅的名詞。故而作者強烈的認為應該保留「革槍」的名稱。

革槍絕對不是用槍桿去敲打對方的槍桿，而是用槍頭做一種類似圓形的運動來打開對方的槍，當對方的槍頭被革開的同時，我的槍頭會自然的回到中心線，於是有利於立即戳槍攻擊。有關革槍技巧的理論在本書「4.6 槍圈理論」裡有詳細的說明。革槍是槍法勝負的關鍵，也是槍法裡最難以精確掌握的技巧，所以吳殳在《手臂錄》裡強調「練革無終期，十年、二十年益善」[4]。

4　吳殳‧增訂手臂錄 [M]‧北京：北京師範大學出版社（孫國中校訂版），1989：90。

3.2.5 槍圈

槍圈是指革槍時槍頭形成的圓形運動軌跡，它是大槍非常獨特的、重要的技巧表現，可以這麼說：沒有槍圈就不是傳統的大槍武藝。槍圈理論是對革槍動作的學理解說，自古以來槍圈以及槍圈理論就受到大槍行家們極度的重視。與世界各地類似的槍器做比較，槍圈可以說是我國大槍武藝最獨特的部分。在本書「4.6 槍圈理論」一節對此有詳細的解釋。

3.2.6 攔、拿

攔拿是革槍最基礎的技巧：對方在我內門扎槍，我用拿槍革之；對方在我外門扎槍，我用攔槍革之。然而在槍法古籍文獻裡還經常使用「封閉」、「拏攔」做為「拿攔」的同義詞。由於近代談論槍法，普遍的承襲了「攔、拿、扎」的概念。所以本書決定使用攔拿，避免使用其它名稱。在本書第五章裡有對攔拿技巧做詳細的解釋。

3.2.7 行著

行著類似於我們一般說的招式，兩者的差別在於：招式是一個固定的動作；而行著是變動的、根據實際發生的狀況而可以變動的動作。近代武術喜歡用「招式」這個稱呼，而明代大槍古籍較常使用「行著」。這也凸顯在認識與觀念的大相逕庭。

在《手臂錄‧槍法微言》裡有：「……須兩年練戳革，一

年學行著……」[5]。按照此書的說法，槍法訓練分戳革和行著兩類：戳革是槍法技巧的基礎訓練；而行著是在戳革的基礎上，根據特定的實際狀況而發展出來的對應變化。此書也採用同樣的分類。

那麼近代以「招式」為基礎的訓練會有什麼問題呢？從作者的經驗來看，「招式」強調的是動作，而極少論及戰術。故而以招式為主的訓練會使得練習在實際對抗時無法掌握迅速變化的情勢，而陷溺於應該使用那個招式的迷思，以至於反應會慢半拍。雖然不是每一個人都會有這樣的問題，但是在作者接觸過的許多人都有同樣的問題。相對於以「招式」為主的訓練，作者提出的解決方案就是以「勢」來主導訓練的內容。作者從練槍、教槍、賽槍而得來的經驗顯示：學習大槍必須先全心全意的把基礎的戳槍、革槍練習紮實了，然後學習大槍的「勢」，先要理解兩人對抗時「勢」是如何主動或者被動形成的？然後再開始尋找相對應的行著，這樣的學習方法才符合古人訓練的原意。

3.2.8 連環

連環是古代大槍訓練一個非常重要的手段，其訓練方式是兩人交互的、連續的做槍法的戳革，而且這個過程是事先約定好的、固定的，所以連環訓練的本身不是真正意義上的對抗訓

5　吳殳．增訂手臂錄 [M]．北京：北京師範大學出版社（孫國中校訂版），1989：80。

練。

作者制定的訓練方法是先把連環訓練當做基礎的戳槍、革槍訓練，這就是比較傳統的連環訓練方法。但是作者在進階的連環訓練裏開始加入戰術應用，在使用某個戰術於連環訓練時，就會有相應的行著可以選擇使用。這樣的連環訓練就會有更多的不確定性、不規律性，從而更貼切於真實的對抗了。在本書第七章裡對此有進一步的說明。

3.2.9 上、下手

為了解釋槍法對抗的技巧，在古籍文獻裡就存在一套約定成俗的用詞：使用或者練習技巧的一方被稱為「上手」、或者「我」；而給上手餵招的一方則被稱為「下手」、「對方」、或者「你」。近代書籍也有用「甲方」代表「上手」、「乙方」代表「下手」的。本書在做技巧說明時，採用一般教學時講解說明的角度：以「上手」或者「我」做為示範技巧的一方，或者是要讀者學習模擬的一方；而以「下手」或者「對方」來稱呼餵招的一方。

在實施連環訓練的時候為了明確的區分上、下手的角色，作者要求上手的一方必須主動地採取「敗槍」的姿勢，也就是把槍頭放在側下方、把自己的上半身讓給對方攻擊。這樣的姿勢一方面明示自己準備採取上手的角色；另一方面也是禮貌的示意對方可以開始餵招，同時也可避免了雙方在每次做連環訓練之前，浪費時間在討論誰做上手？誰做下手？那時可以開始？

3.2.10 敗槍

戳槍時被對方革槍，以致於槍頭離開了中線、甚至槍頭跌落於地，此時自己門戶洞開，對方非常容易進行戳槍攻擊，這種狀態就被稱為「敗槍」。因為槍法對抗的過程之中不可能不發生敗槍的情形，所以對於敗槍的處理能力就成為槍法修為的一個重要指標。然而古籍文獻對敗槍處理少有著墨，少數記載的處理方法也未盡完善；近代的承傳更因為缺乏實戰經驗，基本上對敗槍的處理沒有認識，所以作者從訓練和比賽經驗總結出一個針對敗槍處理的訓練方法[6]，而且將之列入基礎的輔助訓練。

一位槍手如果不能有效的、從容的處理敗槍，那麼對抗時一被革槍就會慌亂，所以作者訓練學生革槍都要求從敗槍開始，以此建立處理敗槍的信心。一旦有了處理敗槍的能力之後，就會發現敗槍其實是大槍戰術非常關鍵的一環，而且大槍「心定、神靜、容安」[7]的內修也最容易在敗槍時表現出來。

3.2.11 還扎

還扎就是「吃槍還槍」的簡稱，也就是在革槍（吃槍）之後，立刻還手戳槍的意思；《手臂錄》裡記載的峨嵋槍法稱還扎為倒手。槍法對抗中雙方這樣的不停的在吃槍、還槍的狀況裡轉換是一種常態，這也是槍法連環訓練的立足點。

6　見本書「5.6 輔助訓練 2 —— 敗槍後恢復控制訓練」。
7　見本書「4.18 大槍武藝的內修「心定、神靜、容安」」。

　　槍法理論裡有「不招、不架，就是一下」的說法，也就是說不經過革槍直接戳槍還擊，它的理論雖然很好，但是實際應用的時候還是有其一定程度的困難性，偶一為之尚有出奇制勝的效果，若是持之以常則可能反而為對方所乘。其實在大槍對抗的過程中，最為常見、可靠的方法就是先把對方的槍革開，然後再還扎取勝。

　　在《武備志・陣練制》裡提到軍中考核大槍的標準：「二人相對，分槍即進者為上等。若槍分不知進，歇槍等他人者為下下等。」[8] 這裡所說的「分槍即進」就是革槍之後還扎的意思。若是革槍之後猶豫不決，那就是「歇槍」了，也就是槍法大病之一的「當扎不扎」，犯此錯誤則被考核評定為下下等。由此可見自古以來掌握還扎的時機是受到非比尋常的重視。

　　在我國俗諺裏有「往槍頭上撞」，那是形容一個人冒冒失失的自尋死路，就是來自沒有革開對方的槍而貿然往前衝、主動的撞上對方的槍頭。由這個俗諺可以理解大槍武藝曾經是深入到我們的生活層面的，同時我們也可以理解戳槍前先革槍是槍法的正理！

3.2.12 搭槍

　　革槍的基本要求是兩槍必須先有接觸點，沒接觸點就不可能進行革槍。建立革槍必要的接觸點，在槍法的行話來說就是「搭」或者「搭槍」。但是從槍法攻防兩方的角度來看，攻擊

8　茅元儀・武備志 [J]・中國兵書集成，1989，27~36：3732。

方絕對希望避免兩槍有接觸點；而防守的一方就必須想盡辦法在對方攻擊的過程裡建立搭槍。本書「4.6 槍圈理論」一節裡面提到的「建立兩槍交點的接觸運動部分」就是對搭槍的解說。

然而如同近代徒手對抗習慣於從雙方兩手相搭開始一樣，近代大槍的練習和對抗很多都是習以為常的以搭槍做為對抗的常態，甚至把瞬間的「搭」演變成常態的「粘」。作者非常反對這種觀念，事實上古代戰場的衝鋒陷陣不可能從兩槍相搭開始；革槍固然需要先搭槍，但是「搭」只是電光石火的一瞬間而已。即使是現代的競賽運動，主攻型的選手也不希望被規則限定搭槍而壓抑了其攻擊技巧的發揮。有關是否應該搭槍的進一步分析可參考附錄二的《大槍對抗搭槍與否的論證》。

如前所述，搭槍的目的是在於建立兩槍的接觸點以便進行革槍，那麼不同的革槍就需要有其特定的搭槍的角度和時機。基本上，搭得對就容易正確的做出想要施展的革槍技巧；反之，若是搭槍不對則無法做出意圖的革槍技巧。由於搭槍正確與否與接觸點的位置和方向有很大的關係，作者在解釋革槍時用革槍者的角度來看自己的槍桿，並且假設槍桿的剖面為鐘面，而以此鐘面的「幾點鐘」來說明兩槍接觸點的位置。除了作者自創的「鐘面」來解釋接觸點的位置而外，傳統大槍還有一個「拍位」理論對於革槍有極大的重要性。在本書「4.10 拍位」有詳細的說明。

雙人對槍練習的時候必須注意的就是革槍的搭槍與發力，雖然這是兩個過程，但是兩者是一個整體，必須一氣呵成。而

且由於對方戳槍快、回抽疾，所以革槍的時機是稍瞬即逝。一個成功的革槍除了上述的因素而外，還須要正確的戰術／勢來配合。

3.2.13 臨界距離

在大槍對抗的時候，如果雙方都是以中平勢相對，在槍尖距離對方身體正中線大約 90～120 公分時，作者將此時雙方的距離定名為「臨界距離」，在這個距離，只要有一方前腳上半步同時戳槍，就會扎中對方（假設對方不革槍、不閃躲）。在對抗時一切的攻防作為都是在這個臨界距離發生，而且攻防動作都是像電光石火那般迅速的發起和結束，所以大槍的練習者應該對這個距離有很敏銳的感覺，而且保持極高度的警覺。

如果有一方從臨界距離往後退一步，此時的距離就是作者稱的「安全距離」，也就是說，如果一方在這個距離發動攻擊，另外一方還會有較為充裕的時間做反應。所以一般在大槍對抗時，選手在感覺到需要鬆弛一下緊繃的狀態、或者想要重新佈置戰術、或者想要打斷對方的戰術佈局，就可以藉由退到安全距離之外而達成。

在古代的戰場上，持大槍的兵士大約在二十步外發動攻擊[9]，那是因為在戰場上還要講求心理震撼的衝擊壓力。在《紀効新書·紀効或問·對敵說》裏記載了：「再至十步之內，方才長牌聽鼓堵牆而進，鎗刀短棍，夾牌而入，大營相應

9　戚繼光·紀効新書 [M]·北京：中華書局，1996：58。

金鼓火炬，此節制正戰也。」[10] 可見十步開始就是戰場殺敵的距離了。《紀効新書》裏講述的這些距離都是以軍隊陣戰指揮而設定的，其實對於單兵來說，兵器搆不著敵人以前的都是虛張聲勢而已，真正拿兵器開始實際廝殺的距離還是作者之前界定的「臨界距離」。特別是在現代化的競賽場上，賽場不可能大到雙方相距 20 步之遙，雙方選手預備交手的距離已經是非常靠近「臨界距離」了，所以在賽場上更應該強調「分槍即進」[11]。

由於大槍真正可以使敵人死傷的只是前面槍頭的刃部，所以當雙方距離短於臨界距離時，戳槍的威力就會被打折扣；到了雙方距離短於大槍長度時，大槍基本上就作廢無用了。

在臨界距離做正確的戳槍，那麼在接觸到目標以後大約可以戳 8 到 10 公分左右的深度。如果在戰場上用真槍戳入這個深度就足以造成敵人的死亡，所以沒有必要再戳得更深，因為戳得太深就會使得拔槍比較困難，那麼在戰場上敵我混戰的情況下，就會令自己陷入失去防護能力的絕境。在大槍競賽場上正確的戳槍不但有利於設計安全的槍頭，也能保障選手的人身安全。

10　戚繼光‧紀効新書 [M]‧北京：中華書局，1996：14。

11　茅元儀‧武備志 [J]‧中國兵書集成，1989，27~36：3732。

3.3 圖解說明

　　為了幫助讀者清楚的理解大槍技巧，本書儘量使用圖片配合說明。為了方便讀者能夠更清楚地的觀察用槍者的姿態和動作，所以在繪圖時採取了用槍者／上手右側稍後的角度，如圖 3.1 所示。圖片裏左方為上手，或者使用槍技者；右方為下手，或者說餵招者。為了清楚表達動作的細節，所以繪圖時特別將無關技巧發揮的細節刪除，僅僅保留絕對必要的部分；肩部和胯部的動作對大槍武藝來說是極為重要的，所以在繪圖時特意的加強此兩部分的繪圖表達。

　　但是圖片只能顯示瞬間的姿勢。為了說明技巧動作，本書圖片儘量從雙方在啟動技巧之前的姿勢開始，而最後一張圖片為技巧完成時雙方的姿勢與位置，兩張圖片之間按需要可能會穿插一些過渡動作的圖片。這些圖片以英文字母按序做上下的排列。

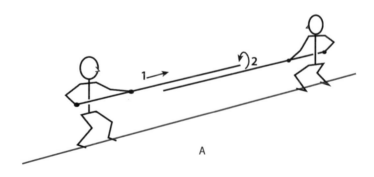

圖 3.1　本書繪圖的說明

　　每張圖片裏都是雙方開始的姿勢，然後把接下來要做的動作以箭頭標示。如果槍頭運動是不改變方向的，則以一個箭頭來表示；如果槍頭運動有改變方向，則以數個相接的箭頭來表示完整的動作。繪圖中儘量把的箭頭位置畫在靠近動作者的動作部位。在圖 3.1 裏，箭號 1 代表上手方的手部／槍頭的運動；箭號 2 代表下手方的手部／槍頭的運動。

　　箭頭的編號是按照雙方動作的先後順序來編號。如果兩個箭頭的編號相同，代表同時發生或者發生時間極為接近。在圖 3.1 裏的兩個箭號的編號不同，代表兩個動作發生的先後順序。

第四章

大槍理論

大槍的自然發展過程當然是先有需要，然後發展技巧，等到技巧內容豐富以後，從技巧的分類裡逐漸歸納出其中經常遵循的原則。而這些原則係源自於大槍應用於實戰時自然產生的法則，而不是刻意的創作，人們再將這些原則賦予學理的解說，就成為理論、或者說原理。張洪潭教授對於「原理」的論述可以借來做為大槍理論發展的解說。他說：「人的實踐活動客觀地有其內在規律在制導運作，它不以人的意志為轉移，人卻受到規律的嚴格束約。……人們將主觀認知的客觀規律完整的表述出來，就是原理。原理的本意就是探索和闡發客觀規律的觀點和命題。」[1] 大槍技巧一方面受到大槍形制的規範，其次受到自衛殺敵的要求的引導，所以它的發展自然的會遵循一定的規律性。這些規律的累積和對於這些規律性的認知最終形成了大槍的理論體系。

4.1 大槍槍式

槍式就是槍器的規格，包括了槍的材質、長度、重量等等。《手臂錄・槍式說》有「右軍大令之腕，亦須宣城諸筆，乃能相發。槍式，敬巖首務也。槍不合式，扎與封閉連環，皆入邪道。」[2] 這段話雖然是從石敬巖槍法的角度來說明槍式的重要性，但是無論任何槍法系統，槍式與槍法技巧之間存在直

---

1 張洪潭・體育基本理論研究 [M]・桂林：廣西師範大學出版社，2004：85。
2 吳殳・增訂手臂錄 [M]・北京：北京師範大學出版社（孫國中校訂版），1989：29。

接而且密切的關係。

在歷史中，由於大槍長短、軟硬的不同，而曾經發展出不同技巧、不同理論的大槍體系。在《手臂錄・馬沙楊三家用法說》裡就點明這種關係：「馬家槍短硬，其用在腕，臂以助腕，身以助臂，足以助身，以成全體。……所謂馬用在腕者，何也？馬家拿攔，兩腕之陰陽互轉，百變藏於其中。神妙莫測，實為槍之元神也。……沙家竿子長軟，其用在兩足，身以助足，臂以助身，腕以助臂，以成全體。……所謂沙家用足者，何也？竿子長軟，兩腕雖陰陽互換，但可以助順臂力，使無倔強而已。實不能用馬家之法。拿攔盡處，槍尖正搖，戳即斜去；搖定而戳，彼已走出……」[3] 這段文字記載就說明了幾家槍法與其槍器的相互關係。馬家槍的槍器較短而硬，利於表現出手上的細微變化，故而馬家槍法著重在手上轉陰陽的表現（但是手的力道來自「臂以助腕，身以助臂，足以助身，以成全體」）；而沙家槍的槍器長而軟，手上的動作很難以及時地傳達到槍頭上，所以沙家槍法注重步法。由此可見大槍的槍式決定了槍法技巧的取向。所以在研究大槍理論的時候，首先必須確認大槍的槍式，否則其他的理論都無從依附。由於本書闡述的槍法是以實戰價值做為導向的，所以此處說明的是以符合兵槍標準的槍式為原則。以下分別以大槍槍器的幾個特性提出說明：

3　吳殳・增訂手臂錄 [M]・北京：北京師範大學出版社（孫國中校訂版），1989：168~169。

1）長度

長度是大槍的特徵。在本書第一章裡說明春秋戰國時代的車戰五兵裡的兩種矛，長度分別是 4.6 公尺和 5.5 公尺。至於騎兵所用的大槍則稱之為矟、槊。《辭海》裡對「矟」的解釋為：「……或作槊，見集韻。《釋名・釋兵》：『矛長丈八曰矟。馬上所持。』」[4] 由這一段的說明可以理解：矛的長度到一丈八尺就被稱為矟、槊。如果以秦到宋這麼長的歷史裡，每尺最短的可以換算到今日的 0.231 公尺，最長（唐尺）可以換算到 0.302 公尺，那麼一丈八尺的大槍相當於今日 4.16 公尺到5.44 公尺。但是王鳴鶴在《登壇必究》裡曾說：「長槍乃矛之屬。今長不過一丈八尺，短止一丈五尺。大抵因人之身材三足矣。太長則難擊刺也。」[5] 王鳴鶴是明朝萬曆年間的武進士，而且是具有相當實戰經驗的名將，他認為身高三倍是大槍長度的極限，他建議大槍的長度應該介於 4.08 到 6.12 公尺[6] 之間。大槍固然有「一寸長、一寸強」的說法，但是過分的長也會妨礙到技巧的發揮。而且從木材的物理性質來看，槍桿若不加粗，那麼長度愈長則愈軟。

除了上述有關大槍長度的文字記載而外，我們可以從一些比較寫實的古畫裡探索古代大槍的長度：從前述的「那玉錫持矛蕩寇圖」（圖 1.1）中曾推算其大槍長度在 3.8 米左右；而

4　舒新城，沈頤，徐元誥，張相・辭海 [M]・香港：中華書局，1947：955。

5　王鳴鶴・登壇必究 [J]・中國兵書集成，1989，20~24：3887。

6　明尺相當於 0.34 米。

「明兵出陣抗倭圖」[7]（圖 4.1）裡顯示大槍的長度大約是人身高的兩倍多。若是假設明、清時代的平均身高為 1.65 公尺，那麼大槍的長度應該在 3.3 公尺以上。楊泓教授在《文武之道》一書裡提到：「僅以安徽舒城九里墩春秋墓為例，出土的一組車戰青銅兵器中包括遠射兵器和格鬥兵器，與它共同出土的車馬器有銜、⋯⋯。格鬥兵器有矛、戈、戟、殳。這些格鬥兵器分別放在墓內南北兩側，都安裝有三米長的柲（木柄）。」[8] 這些出土的春秋時代的古物也可以印證三公尺以上

圖 4.1　明兵出陣抗倭圖

7　楊泓，李力・文武之道 [M]・香港：中華書局，1991：191。

8　楊泓，李力・文武之道 [M]・香港：中華書局，1991：37。

長度的木桿應是合理、而且很普遍存在的。

　　從實際操作的角度來看，三公尺以上的槍由於重量較重的原因，不可能純以雙手的力氣來操作，而必須仰賴腰腿的力量來運轉槍器；這樣的運作方式完全能符合「槍是纏腰鎖」的原則；但是，如果大槍長度達到 4 公尺以上，甚至 5 公尺的時候，由於槍桿過於沉重，所以後手無法抓在槍根部，以至於需要保留一截在後手之後，此法固然是迫不得已，但是嚴重的影響到技巧發揮以及戳槍的力道，產生更多的負面影響。

　　反過來看，如果槍的長度短於三公尺，就有可能做輪轉、迴旋的動作，於是就方便了做出棍術裡的舞花、摔把、倒打的技巧。所以短槍槍法裏普遍的有「兼槍帶棍」的技巧。軍事用途的短槍槍桿比較粗、硬，民間常見的花槍也是屬於短槍類。清朝虎槍營使用的 2.66 公尺長的虎槍[9]（見圖 4.2）就是典型的軍用

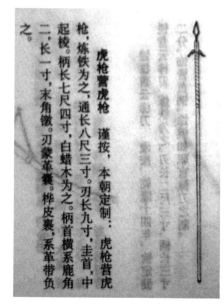

圖 4.2　清朝虎槍營虎槍

9　允祿‧皇朝禮器圖式 [M]‧揚州：廣陵書社，2004：703。

短槍。但是 3 公尺以上的大槍，對於一般身高的人來說，就不可能把槍桿拿來輪轉、揮舞，於是就難以摻雜棍法。

短槍除了棍法而外，其餘技巧上是與大槍相通的，例如革槍的攔與拿的技巧、戳槍的技巧都是一樣的。只是短槍的槍器輕巧，演練與使用的時候走的是輕靈、變化多端的路子。正因為其輕巧、變化多端，故而容易純以兩手來舞動；相對來說，大槍的槍器既長且重，走的是簡潔、穩重、兇猛的風格。操作大槍主要的是依靠腰、腿之力配合以手的轉陰陽，講求的是勁道雄厚。所以短槍與長槍雖然在外形上相當類似、最明顯的差別在於長度，但是這個差別使得短槍與長槍各自有其技巧與理論體系，幾乎是不相容的器械。我的老師，劉公雲樵，常常對我說：「大槍是野戰的兵器，攻擊距離遠、攻擊威力大，其力源自腰腿；而短槍屬於短兵交接的巷戰，用的是手上的力氣、講求的是變化多端。」

總結上述的幾項考慮，作者在研究大槍以及推廣大槍競賽運動時採用三公尺（不包括槍頭部分）做為大槍長度的基本要求，同時以此長度做為大槍與短槍的分界。

2）槍頭

槍頭就是大槍前端金屬材質的刃部。歷史上，槍頭的材質由青銅逐漸的轉換為鐵質，而槍頭的尺寸則隨著材質的改良而逐漸的變小。周緯先生在《中國兵器史稿》裡說明：「後漢已

廣用槍，但其刃銳長，尚未脫矛頭形也。」[10] 考其本意應為矛
與槍的分別在於刃部的長短。刃部較長、較大的稱為矛，否則
為槍。

　　相對於矛頭的尺寸，大槍槍頭則較為輕巧。《紀効新書、
比較武藝賞罰篇》裡說：「凡長槍，鋒要輕利，重不過
兩。」[11] 同書的《長兵短用說篇》裡再度強調：「槍頭重不可
過兩，至妙！至妙！」[12] 槍頭輕巧不但增強了戳槍的穿透性
能，同時有利於槍法技巧的變化，所以戚繼光將軍用「至妙！
至妙！」的讚美來強調槍頭輕巧的必要性。

　　歷史上，大槍形制最大的變化就在槍頭的部分。例如槍頭
成三角形錐狀的槍頭（利於穿透護體的鍊子甲）就被稱為線
槍、或是透甲槍；槍頭後面加一個倒鉤的被稱為鉤鐮槍；諸如
此類的槍頭是為了增加特殊的功能而在槍頭的形狀上增加一些
變化，在歷代軍備資料裏常見到不同形制的槍頭。但是這些槍
頭形制的變化會影響到大槍的基本功能，所以這類的變化或許
能應一時的、特定的需要，但是未被廣泛而持久的接受。劉雲
樵老師在教作者時，常常強調兵器的形制越簡單越好，因為越
是簡單的形制，其應用不受形制限制，所以變化就越多，當然
對於使用者技巧掌握的要求也更高。

10　周緯・中國兵器史稿 [M]・九龍：天下書業藝術公司，出版年不詳：207。

11　戚繼光・紀効新書 [M]・北京：中華書局・1996：56。

12　戚繼光・紀効新書 [M]・北京：中華書局・1996：115。

3）槍桿

在《紀効新書・卷十・長兵短用說》裡有：「右槍桿，椆木第一，杴木輕而稍軟，次之。要劈開者佳，鋸開則紋斜易折。攅竹腰軟，不可用。」[13] 再來看唐順之寫的《武編》：「槍桿蒺藜條為上，拓條次之，楓條又次之，餘木不可用。」[14] 吳殳在《手臂錄・卷一・槍式說》裡記載：「槍材，以徽州牛筋木者為上，劍脊木次之，紅綾勁且直，而易碎。白蠟軟，棍材也。」[15] 雖然各人講的材質不一樣，但是共同的特性都是以不易斷裂、木質堅硬結實做為選擇槍桿的標準。《手臂錄》裡曾引用石敬巖的話來說明硬槍的重要：「敬巖云：『槍桿重八斤，極硬，學成上陣，著著殺人，在遊場時，人不能用我槍。若以輕軟者來對，如飄蘆葦，何須更破。此實破虛，重破輕也。』」[16]

從上述的資料裡面我們可以得知：選擇槍桿材質是以堅硬與否做最主要的考量，並不強調其重量。作者對這兩個因素，堅硬與重量，有如下的分析：

A）槍器重，或許在戰場上有「重破輕」的優勢；但是以槍法技巧的角度來看，槍器重就難以施展精細的技

13　戚繼光・紀効新書 [M]・北京：中華書局・1996：116。

14　唐順之・武編 [J]・中國兵書集成，1989，13~14：794。

15　吳殳・增訂手臂錄 [M]・北京：北京師範大學出版社（孫國中校訂版），1989：29。

16　吳殳・增訂手臂錄 [M]・北京：北京師範大學出版社（孫國中校訂版），1989：75。

巧，反而有害於技巧的掌握。其實自古以來在戰場上更講究的是「快馬輕刀」、「軟弓長箭」，這些講究都突出了輕巧、使用不費力的特性，大槍亦不例外。若是從現代化競賽運動的角度來看，槍器重則容易造成雙方選手的傷害，如果一項運動無法保障選手的安全、技巧又很難以發揮，那麼這項運動的發展前景就很難以樂觀，所以作者主張槍器的重量應該適度的降低，當然也不能太輕以至於變相的鼓勵了舞弄的技巧。

B）槍器硬，絕對有助於使用者對於槍器的控制，幫助使用者確實的掌握技巧發揮的細節與時機。然而近代練習大槍的人對於槍器有一些偏差的要求，錯誤的認為槍桿軟就容易抖槍花，所以極力推崇材質較軟的白蠟桿。對於這個問題，吳殳一語道破的說：「白蠟軟，棍材也。」槍桿軟，首先革槍的力道從身手傳達到槍桿的接觸點會有時間的延遲，也就是說在革槍施力以前，自己的槍桿先要憋足了勁弄彎曲了，這才能傳達力道給對方的槍；其次戳槍的力道在傳送的過程中有損耗，不但在戳槍的過程槍桿會搖擺，同時在遇到阻礙時（如護體的甲冑）自己的桿子會彎曲，這些都會損耗戳槍的力道；第三，槍根不容易、甚至無法控制槍頭。雖然軟槍在單人演練時容易耍出漂亮的槍花來，但是這僅僅是為了舞弄的美觀而已，對於對抗來說則希望革槍後槍頭立刻對準目標、可以立即戳槍，

如果桿子軟、槍頭晃動非但無益於即時戳槍、反而有害。古代兵槍講究的是實用，所以《紀効新書》裏特別強調槍桿不能軟。作者早期舉辦的大槍比賽是使用手工製作的木質大槍。由於天然的木質軟硬不一，所以做出來的大槍在硬度方面有一定程度的差異。作者注意到選手在比賽之前都會精心的挑選合手的大槍，而所謂「合手」的大槍都是較硬的。

總而言之，大槍槍桿以輕、硬為上選，以利於技巧的發揮。一般來說，天然生成的木材很難完全的符合這些特性。而且根據作者自己動手製作大槍的經驗，天然木材的硬度具有方向性，也就是說在橫切面上，不同的角度有不同的硬度。用這樣的木材製作出來的大槍極不稱手，這也是作者轉而設計用碳纖維來製作大槍的原因之一。

4）槍身重心

《手臂錄・卷一・槍式說》有：「搦於根前三尺，衡之正平，居重禦輕，用之乃得靈便。」[17] 這一段記載裡的「根前三尺」對於一般身材的人來說就差不多在前手握槍的地方，這一點明確的說明了槍的重心最好正在前手握槍的地方。由於重心在前手，後手就能輕易的控制槍頭的變化；如果槍器的重心在前手之前，就會有壓手的感覺，槍器一旦壓手，在做圈串技巧

17　吳殳・增訂手臂錄 [M]・北京：北京師範大學出版社（孫國中校訂版），1989：29。

的時候就會發現槍頭沈重而難以控制。

　　由於槍桿重心對於槍法技巧的發揮有極大的影響，所以在後面「槍桿長度的物理原理」一節裡就根據槍桿重心位置來分析最有可能、最理想的大槍長度。

5）槍把的尺寸

　　《紀効新書》裡記載：「若後手如細，則掌把不壯，後手要粗可盈把，庶有力。」[18] 這裡所說的「盈把」就是滿把的意思，也就是在握槍時拇指尖接觸或者快要接觸到食指的指尖，近代武術家們稱這樣的握把尺寸為「一握」。如果槍把過細，握持時很費力而不能握得牢靠，以至握把的把位容易滑動、無法有效的施力。如果握把太粗，後手無法牢固的抓緊槍桿，在撞擊目標時後手容易滑動、甚至使得槍器脫手。

6）槍鐏

　　槍鐏就是槍根包覆的金屬帽。鐏的功能有二：一方面做為保護槍桿之用，另方面可以調整槍器的重心。

　　現在的人把「鐏」與「鐏」當作同意字，而相互引用。在《說文解字》一書裡記載：「鐏，柲下銅也。」[19] 柲就是用以手持的桿部；孫希旦在《禮記集解》裏進一步的解釋：「戈之底銳，謂之鐏。矛、戟之底平，謂之鐏。」[20] 由此，我們可以

18　戚繼光・紀効新書 [M]・北京：中華書局，1996：115。

19　許慎・說文解字 [M]・北京：中華書局，1998：297。

20　舒新城，沈頤，徐元誥，張相・辭海 [M]・香港：中華書局，1947：1393。

很清楚的理解：古代的鐓與鐏是代表兩種不同的東西，鐓的底部是鈍的，而鐏的底部是銳利的。

為什麼槍、矛與戟的底部必須用鈍的的鐓？而戈就可以用銳利的鐏呢？這就必須從握持的方式才能理解：戈是砍擊的兵器，雙手施力的方向與握持的柄是成直角、不會握在柄的末端，所以柄末的利刃不會影響握持，也不會威脅到自己的安全，當揮舞用力過度而且沒有打中目標的時候，由於戈頭的重量，很難及時地把戈的頭部回抽到原來的位置，這種情形之下，柄部末端銳利的鐏則可以拿來做救急之用；至於矛、戟的功能在於頭部利刃往前戳刺，而最佳的施力方法就是後手小臂與槍桿成一直線，所以要求把槍根置於掌心，如此一來槍根包覆的鐓就不可能有刃了。從以上的理解來看，《武編》裡記載：「槍制，木桿、上刃、下鐏。」[21] 就是錯誤的了。

7）槍桿長度的物理原理

前面的論述裡提到自古以來的大槍可以從 3 公尺到 5.5 公尺之間，但是槍的長度還要受到槍桿木料的物理性質的限制。從槍桿木料的物理性質來分析，即可客觀推算大槍的合理長度。為了做此項分析，作者假設：

1. 槍的根部不加鐓
2. 槍桿（不含槍頭）的重心在前手握把處
3. 握把末端的半徑，r3，為 2.5 公分（直徑為 5 公分）

---

21 唐順之‧武編 [J]‧中國兵書集成，1989，13~14：794。

4. 前手握把處的半徑為 r2

5. 槍桿前端的半徑 r1 應不小於 1 公分、直徑為 2 公分，以方便安裝槍頭

6. 握把的長度 H（前後手持槍的距離，H 值為 90 公分)

7. 槍桿的木質平均（密度保持一致，硬木材質的密度基本上都可以保持在一定的標準之內），木質密度為 ρ

8. 假設槍桿總長為 L

9. 槍桿是由槍根往槍頭逐漸削細而形成細長的圓錐體

　　由上述的假設裡，基本上我們可以在前手握把的位置把槍桿鋸開。而鋸開的兩個圓錐體應該是接近等重的。而圓錐體的重量計算公式[22] 如下：

$$1/3 * \pi * H * (R_1{}^2 + R_2{}^2 + R_1 * R_2) * \rho$$

H：圓錐體高度（在此為兩節槍桿的各自長度）

R_1：圓錐體頂端的半徑

R_2：圓錐體底端的半徑

　　以前述假設裡的數據代入數學公式裡，經過計算的結果，槍桿長度應該是 2.85 公尺。這個物理性質的計算證明了：沒有加槍鐏與槍頭的槍桿在長度為 2.85 公尺時，有可能符合上述槍制的要求。這個計算也印證了前述出土實物的尺寸。如果有加槍鐏來調整重心的話，槍桿的長度自然可以再長。

22　Beyer William・Standard Mathematical Tables [M]・24th ed・USA: CRC Press, 1976: 16。

對於槍器的要求，《紀効新書》裡總結的說：「桿要梢輕、腰硬、根粗」[23]，這是非常簡明扼要的結論：梢輕，則槍不壓手；腰硬，則利於控制槍頭、發揮技巧；根粗（以一握為度），則利於後手握把堅實。總結大槍槍式的所有要求，可以說從天然生成的木材裡非常難以找到合適的槍桿。為了克服這種器材方面的限制，目前作者推廣的大槍比賽決定使用碳纖維的材質來製作大槍。這種以現代科技製作的大槍，能夠嚴格的控制大槍槍器的性能參數。一方面確實能夠做出更為接近理想的槍器；另方面把槍器之間的差異減到最小，以落實比賽的公平性。

4.2 握槍法

大槍技巧都是經由身體的動作來控制槍桿的運動，或者更精確的說，控制槍頭的運動。而身體與槍器的緊密結合就是依賴握槍的兩手，所以兩手持槍的方法就很有講究。

1）後手握槍根的方法

在《手臂錄・槍法微言》裡有：「持棍後手宜留三四寸，以便換手。持槍必須盡根。余謂槍根當在掌心中（見圖4.3A），與臂骨直對，則靈活而長。」[24] 在《手臂錄・槍式說》

23　戚繼光・紀効新書 [M]・北京：中華書局，1996：56。

24　吳殳・增訂手臂錄 [M]・北京：北京師範大學出版社（孫國中校訂版），1989：79。

裡又說：「握槍欲根與臂骨對。」[25] 這些說法都非常的一致，清楚的點明了正確握槍的方法就是將槍根置於掌心。

將槍根置於掌心這樣握槍，其實只有後手的前三指能夠握住槍根、後兩指只是依附在槍根的底部而已。這樣的握槍根的方法有兩個好處：

1）　在做槍技變換的時候，槍根不會勾掛到自己的衣服，或者打擊到自己。

2）　在戳槍的時候槍桿與小臂對直（見圖 4.3B），手臂的力道能完全的貫穿到槍頭，而且不會有脫把、滑把的

圖 4.3A　槍根在掌心的位置

圖 4.3B　後手小臂與槍桿成一直線

25　吳殳‧增訂手臂錄 [M]‧北京：北京師範大學出版社（孫國中校訂版），1989：30。

情形發生。

要驗證這兩個優點、尤其是第二個優點，只要用前述的握槍法拿著槍去戳樹。握槍根於掌心的方法在槍頭接觸到目標時，小臂會頂著槍根，非常容易把力量順著槍桿傳到槍頭；但是如果握法是槍根與拳尾齊平、或是槍根超出拳尾數寸，這樣的握法只要槍頭受到目標的抗力就會很容易造成後手往前滑的現象。

這種槍根握於掌心的方法與前面說到的槍鐏無刃的說法也能相互的呼應。但是不可否認，《紀効新書》裡有關槍技的圖示，槍根都不在掌心，而是超出後手一尺有餘。考其本意當是通權達變之舉，因為兵槍訓練主要著重在戳槍殺敵，至於防守功能還可以依賴同伍的其他士兵來幫助。以攻擊效果的角度來看，當然是「一寸長、一寸強」，最好在敵人能接觸到我之前、先把敵人殺了。在這種戰技思想的指導下，明朝的軍用大槍可以長到將近四公尺甚至到五公尺，如果掌心握住槍根，槍的重心位置會超出前手很多，這樣就很難長久的端著槍而不疲勞，所以一般是後手留一尺長，等需要戳槍的時候，後手偷偷的往後一滑、抓到槍根就戳槍。這樣的用槍是給兵士做為通權達變的方法，但是絕對不能以此為能。在《練兵實紀》裡戚繼光將軍自己也特別說：「……有若長槍，手握於根。而倭則持槍中截。」[26] 由此可見戚繼光將軍教導兵士用槍，還是以手握槍根為標準的。

26　戚繼光‧紀効新書 [M]‧北京：中華書局，1996：492。

2）前手握槍的方法

　　前手的掌心必須從槍桿的左側貼住、輕輕的握住，這樣的握槍在做攔、拿的革槍時容易「轉陰陽」。一般常見的錯誤有兩種：一是掌心向下握住槍桿，這樣的握法會使得手肘壓住槍頭，非但革槍之後槍頭無法返上而錯失還扎的機會，還無法正確的做內門的拿槍；第二種錯誤是掌心朝上托著槍桿，這樣的握槍很難做外門的攔槍，以至於前側肋骨部分容易被對方戳中。

3）雙手的配合

　　後手握槍根以後，後手就必須附在後腰的拳窩[27]之處，而把槍桿貼在小腹。至於前手則以虎口朝前、從左往右輕輕的握住槍桿（見圖 4.4），使得左右手的掌心相對，這是最自然、也最常見的握法。在近代傳習的大槍技巧稱這種立掌的掌形、掌心相對、掌背各朝左右的握槍法為「半陰半陽」，它既方便轉成前手為陰的圈內拿槍，同時也適合轉變為前手陽掌的圈外攔槍，所以練習大槍一般都是從這種握槍法入手。作者在學習大槍時，劉師雲樵特別強調前手握槍的方法和其變化應用。對於一些人前手掌心向上托著大槍的握法，劉師是相當不以為然的。

27　傳統武術裏說的拳窩是指：腰側肋骨以下、胯骨以上的柔軟部位。

圖 4.4　雙手握槍的姿勢

4.3 槍棍之別

在本書「1.3 從戈而大槍的演變」一節裡，說明了古代由戈、戟類的砍擊兵器往槍類的刺擊兵器轉變的肇因。但是近代以來，一般人基本上都把棍與槍混為長兵類，而不加以區別。在這種錯誤觀念影響下最直接的問題就是誤以棍法為槍法，最終使得槍法技巧被嚴重的扭曲。為了提倡純正的大槍技巧，自古以來就有武術家疾呼認清槍棍之別以及槍法提純的重要性。

吳殳在《手臂錄‧槍法微言》裏就說：「初學須先知棍與槍之辨，次須知馬、沙、楊之辨，則不惑於邪說。」[28] 按此來說槍棍不分就是槍法的邪說了。

　　針對一般人槍棍不分的嚴重誤解，吳殳在《手臂錄‧槍棍辨》裡有特別詳盡的闡述：「長棍七尺五寸，短槍九尺七寸，其體相近，其用天淵。棍重三斤，槍重十斤，一也。棍用打，槍用扎，二也。棍打一大片，有定向；槍扎一條線，無定方，三也。打大易見易革，扎小難見難革，四也。棍之打與勾扳，舉手即是。槍之扎革，苟完亦須二年之工，五也。用棍，手與身足，其功正均，須有架勢；槍之用處，全在乎手，身與足成就其手而已，不須架勢，六也。打之鋒影作人字形；封閉之鋒影作圓相形，七也。有此七件，所以棍易會，槍難能，世乃有兼槍帶棍之語。人情之樂易畏難、猶水之避高趨下也。兼槍者固棍也；帶棍則槍亦必盡入棍矣，槍安在哉？」[29]

　　以上的論述裡列出了七點槍、棍的區別。其目的主要在於闡明槍法技巧裡不可以摻雜棍法；由於人情的樂易畏難，一旦槍法裡摻雜棍法，那麼就會以棍法為槍法，最後造成槍法不存的危機。不過反過來說，棍法裡面的確可以摻雜槍法，所以有兼槍帶棍的說法。如果以劉雲樵老師傳授的捽把棍法來說，也強調「三分棍、七分槍」的說法。由於古人對此有著非常強烈

28　吳殳‧增訂手臂錄 [M]‧北京：北京師範大學出版社（孫國中校訂版），
　　1989：73。

29　吳殳‧增訂手臂錄 [M]‧北京：北京師範大學出版社（孫國中校訂版），
　　1989：30。

的論述，所以有必要進一步的分析與比較槍、棍的區別，由此
來理解槍法原理與技巧的真意。為了補強《手臂錄·槍棍辨》
的說法，作者以殺傷力、施力方法、打擊面、握把的應用以及
刺擊的分別，五個不同的角度來更進一步的說明這兩種兵器的
差別：

1）殺傷力的區別

　　首先從兵器的功能，也就是殺傷力的角度來看。棍的殺傷
力主要在於棍的頭與桿對於目標的劈打。這種擊打的威力與棍
體的質量與揮舞的速度有著正比例的關係。古代軍事用途的棍
器常有在棍的兩頭包鐵，就是為了增加棍體的質量；而棍術技
巧強調的大幅度的揮舞就是為了增加棍在接觸打擊目標時的速
度／動能。所謂的「杖殺」全倚賴棍的重量、特別是棍頭的
重量以及大幅度揮舞產生的動能。

　　而槍器的殺傷力來自於槍頭對於目標的正面穿刺的深度。
為了增加穿刺的深度，一般都是採用輕巧的槍頭。在《手臂
錄·槍根說》裡說：「器制者，根重大、而頭輕細。」[30] 因為
槍頭輕細，若是以槍器做類似棍術的劈打只能造成輕度傷害，
而且槍器本身也容易折斷。

　　各類兵器的打擊方法必然是按照其最大殺傷力來決定。故
而自古以來棍就與戈、殳等被歸類為砍擊類兵器；而槍被歸類

30　吳殳·增訂手臂錄 [M]·北京：北京師範大學出版社（孫國中校訂版），
　　1989：27。

為截然不同的「刺兵」類。

2）施力方法的區別

　　由於決定棍器殺傷力的因素之一是對目標劈打的速度，為了加快劈打的速度，一般是兩手分開大約與肩同寬的方式來握持棍體；用力的方法是兩手與棍體成直角的方式來揮舞，在接觸目標時的砍劈力道也是與棍體形成九十度夾角。這種砍劈的方式會產生反作用力，所以棍可以用較軟的白蠟桿；如果棍用極硬的材質，那麼砍劈的反作用力就會震到自己的前手產生酸麻的問題。

　　至於槍的威力在於對於目標的穿刺，所以兩手握槍的時候，後手要包覆槍根。後手推送槍器做扎槍的技巧時，後手的小臂要與槍桿成為一直線。所以槍的戳刺，後手的推送力是沿著槍桿的中軸線。

　　如果從防禦技巧的施力來看：棍的防禦動作，如《紀効新書》裡說的當、頓等等技巧，這些防禦技巧的用力方法與攻擊時的用力方法完全一致，也就是說防禦施力也是與棍體成直角；而槍法的防禦技巧，如封、閉（拿、攔）等等，是利用槍頭的圓形槍圈，這種施力的方法非常複雜而精密，不僅僅與扎槍不同，與棍法的力道更是完全不一樣。革槍勁道如果不經過特別的訓練是很難掌握的，一般人會很容易錯誤的拿棍法的勁道來做革槍，這就是槍法大忌的「橫力革槍」。從這裡就可以理解《手臂錄・槍棍辯》裡說：「所以棍易會，槍難能，世乃有兼槍帶棍之語。人情之樂易畏難、猶水之避高趨下也。兼槍

者固棍也；帶棍則槍亦必盡入棍矣，槍安在哉？」[31] 由此可見，棍法與槍法的勁道差異極大、難易也相當不同。

3）打擊面的區別

棍的揮擊對於被攻擊者來說，棍是成一條直線的打來；而扎槍對於被攻擊者來說只是一個點。所以諺語說：「棍打一大片，槍扎一條線。」

由於一條直線與一個點的區別，防禦棍的攻擊可以迎門直上的去格架。只要在對方棍打來的那條線上找到接觸點就可以成功的防禦；而防禦槍扎則必須從對方槍頭的那個點的後方找接觸點來革槍。所以防禦棍的劈打比較容易、而防禦槍扎則極為困難。

在技巧變化的角度來看，棍被對方格架以後，由於棍頭重所以很難把同一端的棍頭抽回之後再接連著攻擊。所以一般要用換把的技巧換另外一頭來攻擊；但是槍頭被革以後可以立刻轉向接著攻擊，不能、也不需要換另一頭來攻擊，所以大槍技巧裡沒有類似棍法換把的技巧。

4）握把把位的區別

前面說過棍的攻擊是一條直線容易被格架，而且由於棍頭重所以不適宜使用同一棍頭做連續性的往復攻擊。如果利用同

31　吳殳‧增訂手臂錄 [M]‧北京：北京師範大學出版社（孫國中校訂版），
　　1989：30。

一棍頭做連續性的攻擊，就必須將棍頭抬高、再劈打，這樣因為棍頭的往復運動而減低了攻擊的頻率；如果急著連續攻擊勢必縮短抬高的距離而降低了砍劈的力道。也因為這些的原因，棍法裡講究交互的使用棍的兩頭做連續的攻擊，所以棍法裡很多捽把、倒打這類的換把技巧。

在大槍技巧裡完全沒有揮舞槍器而用槍柄去打擊對方的技巧，若是拿槍的根部去打對方，而自己抓著槍頭，那就成了「授人以柄」的笑話了；雖然短槍的套路演練裡有類似棍法穿梭、倒打的技巧，但是那是把短槍當做棍來使用，而不是槍法本來的技巧，所以把大槍當棍來使用絕對是不明智的。

也正是由於棍法講究換把，一般持棍的後手都留有逾尺的棍長。這樣的握棍，幾乎是握在棍的中段了，前端最長不逾4、5尺。所以歷代兵書都把棍列入短兵類；而一般兵槍較棍為長，再加上持槍的後手則是抓在槍根處，所以把大槍列為長兵類。

5）刺擊的分別

槍與棍最容易令人產生誤會的就是這兩種兵器的刺非常的類似，都是直直的對著目標的正面刺過去。其實這兩個兵器的刺是相當的不同。

槍的刺被稱為戳、扎或是箚（見圖4.5A），兩手是要併攏在一起的（見圖4.5B）。雖然說兩手併攏極度的影響到對槍器的控制能力，但是由於槍頭輕，很容易使用圈串類的技巧調轉槍頭、繼續攻擊，或是快速的抽回槍桿、恢復對槍器的控制。

圖 4.5A　戳槍姿勢

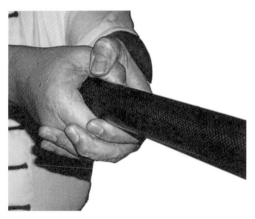

圖 4.5B　戳槍後的雙手姿勢

這樣的變化就是槍法的基礎、槍法的特色。

　　用棍做刺的攻擊動作時就必須考慮對方打歪了我棍頭的可能性。因為棍頭重、一旦被對方打歪，既難以調轉棍頭、又難以抽回，所以很難恢復對棍頭的控制。在《紀効新書》裏論棍法時特別說到：「何嘗叫人勿打？要哄他棍來就我打。若打他棍著響一聲，便可進殺。」[32] 這裡說的「打」是指用棍打對方的棍；用棍打人則是「殺」。這段話的意思就是：「什麼時候說過不可以打對方的棍呢？只要騙對方把棍伸出來，我就可以打。只要打到對方的棍而有響聲，就可以進去殺」。為什麼要哄對方把棍伸出來呢？那是由於棍頭重，對方的棍若是伸出來（離開他身體較遠），一旦被我敲打正著，棍頭就會被打偏以致空門大開，此時我就可以安心的進殺。也因為這個原因，所以一般用棍做刺、或者其他的攻擊動作，都不把兩手併攏，而是兩手之間保持了一段相當的距離。這個兩手之間的距離就是自己控制棍體的把手。在北方這種棍刺的技巧被稱為「捅」、「捅棍」[33]（見圖 4.6）。這也是《紀効新書・短兵長用說》裏講的「直符送書」[34]。

　　從上述的五個說明裏，我們可以總結的說：槍與棍各有其獨特的巧妙之處，必須掌握各別的特殊性才能專精。尤其是槍法技巧不能與棍法混雜了。如果有心要學習槍法技巧，就必須

32　戚繼光・紀効新書 [M]・北京：中華書局，1996：143。

33　此為劉雲樵老師傳授的滄州民間流傳的棍法。

34　戚繼光・紀効新書 [M]・北京：中華書局，1996：139~156。

圖 4.6　捅棍姿勢

先徹底的除去棍法的觀念，而完全從槍法的理論來體會槍法的
奧妙。

4.4 持槍勢和三尖對照

使用大槍時有三種基本的持槍姿勢，在《紀効新書》裡稱
之為指南針勢、四夷賓服勢與十面埋伏勢（見本書 7.6《紀効
新書》二十四槍勢解析）。但是一般常用的相應稱呼則是上平
勢、中平勢與下平勢。這三種持槍的共同原則就是槍桿水平、
槍頭直指著對方；而其差別在於槍尖的高低而已（上平勢身體
直立，中平勢半蹲，下平勢蹲極低）。槍法的基礎理論要求把
自己的鼻尖、槍尖以及前腳腳尖連成一條直線，然後把這條線
直指著對方。槍法理論裡把這三尖連成一條直線的原則稱之為

「三尖對照」、或者「三尖對」。而這條線就是槍技攻防的無形的、三度空間的基本坐標，用以分別左右、上下的中心線。整個的槍法技巧都是循著這個坐標建立起來的，所以學習槍法首先就要建立起三尖對照與中心線的觀念。

　　使用三尖對照的原則必須儘量把自己身體的側面對著對方，這樣就可以把自己被攻擊的面積減到最小，非常有利於防守。在《手臂錄‧身法說》裡說：「敬巖曰：『身法宜側而忌平，宜蹲而忌立。平則闊，立則長，所備者多。側則狹，蹲則短，所備者少也。』」[35] 除了在防守上的優點而外，側身持槍還有利於將槍器與身體做充分的結合，把身體的重量以及腰腿的力量傳導至槍器。

　　由於側身持槍可以將被攻擊的面積減少，如果再配合三尖對照的原則，就可以降低對方攻擊成功的可能性，所以在槍法對抗之時，爭奪中心線的控制權（守護自己的中心線、破壞對方的中心線）就成了勝負的關鍵。一般來說，在爭取中心線的過程裡經常使用串槍、雙頭槍、抽拔扎、螣蛇扎這些技巧來迷惑對方，強迫對方因為應付我的攻擊而將其大槍偏離了中心線，以至於他的身體暴露在我的攻擊威脅之下。

　　近代傳習的武術無論是器械或者徒手對抗，都喜歡把兵器或者手放在中心線上以保證自己能夠做到「三尖對照」的原則。這種單純的遵循「三尖對照」的原則無異於書呆子帶兵打

35　吳殳‧增訂手臂錄 [M]‧北京：北京師範大學出版社（孫國中校訂版），1989：51。

仗，在敵我強弱尚未分曉之際就把全部的兵力送到決戰的戰場。如果雙方都死守自己的中心線就會造成徒以蠻力拚鬥的「狹路相逢勇者勝」的局面。武術的對抗如同兵法，在實力之外還要講究戰術的運用。既然三尖對照和中心線是雙方對抗的必然，那麼心存這種必然而死守這個原則，是否就會產生思維的僵化、造成防禦的弱點呢？對於一個想要在大槍武藝有所造就的人，應當深入的思考「三尖對照」這個原則是否有可能是動態的呢？是否有可能是無形的呢？

4.5 門戶觀念

我國武藝非常的注重攻防的門戶觀念。在《手臂錄·劍訣》裡記載的劍術理論有「劍術三門左右中，右虎中蛇左曰龍。……虎躍不入龍，龍翻不入虎。龍騰虎躍皆蛇門，直進當胸不可阻。」[36] 從以上的記載裡，我們可以明白劍術三門影響到劍術技巧應用的變化，成為主宰劍術變化的原則。

槍術的門戶觀念與劍術基本上是一致的。槍術的門戶以前述的三尖對照及中心線為界線，中心線就是中門；胸部面對的一側為內門；另外一側則為外門。內門又被稱為圈內、大門；外門又被稱為圈外、小門。大槍以中門、內門、外門來對應劍的蛇門、龍門與虎門。由於槍器重大，應用時槍尖的運動幅度

---

36 吳殳·增訂手臂錄 [M]·北京：北京師範大學出版社（孫國中校訂版），1989：151。

極小，所以大槍的中門極為狹窄，幾乎就是中心線的一線寬度，所以一般談論大槍，都只說內、外門，也就是圈內、圈外了。

以大槍技術的角度來看，某些特定的技巧必須在特定的門戶才能使用。例如騎龍扎是以後足往前側方搶進，所以必然是在對方的外門搶攻（假設雙方都是左手在前的持槍），不可能在對方的內門用騎龍扎；若是要用蒼龍擺尾這個槍技，那麼自己的槍必須由對方的外門轉到其內門；如果由對方的內門轉外門，那只有可能是白猿拖刀的槍技了。由此可見，門戶觀念與槍法技巧之間有著非常密切的關係，是屬於槍法的基礎理論之一。

為什麼大槍武藝使用門戶觀念，而不是使用日常生活裏司空見慣的左右呢？我們知道一般人是左手在前持槍，但是也有少數人習慣以右手在前持槍，再加上練習大槍是要求左右均衡的練習的。那麼以拿槍這個技巧做為例子，對左手在前持槍者來說，拿槍是往右革槍；而右手在前持槍則是往左做拿槍，所以如果拋棄左右觀念，改為使用門戶觀念，那麼無論什麼手在前，拿槍一定往內門革槍、攔槍一定是往外門革槍，就避免了左右造成的混淆。

4.6 槍圈理論

槍圈指的是槍尖的圓形運動軌跡。雖然這個圓形的運動軌跡是由槍尖表現出來，但是它是全身配合運作而產生的一種非

常特殊的運動現象。槍圈的基本概念可以從《紀効新書‧長兵短用說》的記載裡來了解：「巡撫荊川唐公於西興江樓自持槍教余。繼光請曰：『每見他人用槍，圈串大可五尺。公獨主圈一尺，何也？』荊翁曰：『人身側形只有七八寸，槍圈但拏開他槍一尺，即不及我身膊可矣。圈拏既大，彼槍開遠，亦與我無益，而我之力盡。』此說極得其精。光又問曰：『如此一圈，其工何如？』荊翁曰：『功夫十年矣。』時有龍溪王公、龍川徐公，皆嘆服。一藝之精，其難如此！」[37]

由以上的記載，我們可以理解：

1）　槍圈的應用是在防禦對方的攻擊。

2）　槍圈的大小以能遮蓋自己身體的側形為標準。從「每見他人用槍，圈串大可五尺」來看，一般人對槍圈的理解是「大可五尺」的；從「公獨主圈一尺」來看，當時真正理解槍圈奧妙的人並不多見。

3）　革槍需要較長時間的訓練才能掌握。唐順之將軍自稱對這個槍圈下了十年的功夫。吳殳在《手臂錄‧石敬巖槍法記》裡也說：「練革無終期，十年、二十年益善。」[38]

從上述的分析裡，我們可以理解槍圈的大致面貌，同時能理解槍圈訓練在整體大槍訓練過程裡是極為重要的。槍法古籍

37　戚繼光‧紀効新書 [M]‧北京：中華書局，1996：116。

38　吳殳‧增訂手臂錄 [M]‧北京：北京師範大學出版社（孫國中校訂版），1989：90。

裡對於槍圈的論述很多，但是槍圈理論的傳統論述都侷限於二度空間的圓形概念，比較不同的論述只有明末吳殳提出的以發勁為著眼點的「月牙形」槍圈理論。但是所有的傳統論述都未觸及槍圈形成的原因以及對槍圈全面的分析。由於槍圈理論的重要性，作者試圖使用了運動力學的方法對於槍圈理論提出了更進一步的論證與分析：

1）三種不同用途的槍圈

古文獻裏基本上把槍圈做為革槍技巧的應用，所以有「槍圈但拏開他槍一尺，即不及我身膊可矣」的解說。但是作者從親身體驗的經驗裡總結，槍圈除了革槍槍圈而外還有兩種不同功能的槍圈：

1）　纏槍的槍圈：纏槍就是儘量使槍粘住、或者跟隨著對方的槍，隨著對方的槍而轉動。等到適合革槍的時候再下手革槍。槍法技巧裡的纏拿、纏攔就是這類槍圈的典型應用。纏槍之後雖然可以很快的接著做革槍，但是嚴格的說，纏槍本身不屬於革槍。由於纏槍不發勁做革槍，所以它的槍圈形狀更接近一個完整的圓。

2）　圈串應用的槍圈：圈串是用於在對方槍器兩側轉換門戶的，它沒有革槍的意義；使用圈串時槍器要避免與對方槍器接觸，所以它也不同於前類的纏槍。

雖然槍法古籍文獻裡並不區分革槍、纏槍與串槍這三種槍圈，但是由於這三種槍圈看似類似，但是內涵和用途是截然不

同的，所以作者認為有必要做區分而分別的探討。總的來說，
槍圈理論只適用於革槍的槍圈的解說。

2）革槍槍圈的三個組成部分

　　一般講槍圈都是強調要「圓」，其實這是望文生義，由圈
而想到圓，進而一再的強調圓的特質，以至於產生了「不圓就
不算是圈」的誤解。作者在 1990 年曾經使用高速錄影及數學
分析的方法來研究槍圈裏特殊的纏絲勁。之後在 1991 年第一
屆世界武術論文比賽發表了《纏絲勁的數學模式》的論文[39]。
這一篇論文提出「槍圈的運動軌跡是類似 6 字形的曲線」的結
論，而這個概念推翻了槍圈必需愈圓愈好的迷思。圖 4.7 平面
槍圈圖是典型的拿槍的槍圈（從持槍者的角度看）。在這麼一
個近似圓形的平面槍圈之中，作者再按照功能細分為三個部
分：

A）建立兩槍交點的接觸運動部分

　　革槍之前必須先搭槍，也就是先建立兩槍的接觸點。所以
在槍法競技的過程中，防守方的首要任務就是先建立兩槍的接
觸點，然後才能進行革槍。相對而言，攻擊方多採用中平槍，
而且儘量的避免兩槍有任何的接觸點。一般來說，只要防守方
把槍頭微微的抬高，使得兩槍交叉就可以建立接觸點。古籍裡
有以「X」的符號來表示這種交叉的狀況。

39　郭肖波‧纏絲勁的數學分析 [A]‧見：中國武術協會‧第一屆世界武術錦標
　　賽論文報告會論文選編 [C]‧北京：中國武術協會，1991：81~88。

　　然而一開始接觸（在圖4.7中的 A 點位置），兩槍之間的交叉只發生在水平面，在垂直面上兩槍還是平行的，也因為如此兩槍之間沒有建立足夠的抗力，如果這時候就立刻開始發勁進行革槍，革槍勁道施展不到對方的槍桿，兩支槍桿只會淺淺的一滑而過，以至於革槍沒有效果。在我國傳統的革槍技巧裡，從兩槍建立接觸到真正施力革槍之間有個非常細微的過程，這個過程就是「擠」對方的槍（從圖4.7中 A 點位置移動到 B 點）。這樣一來，兩支槍在垂直面上建立交叉，同時增加了兩支槍在接觸點的抗力、也會逼對方的槍頭離開中心線，確保自己的安全。一般說兩槍的交叉只談到左右方向的交叉，然而垂直面上的些微交叉確是革槍成功的一個極為重要的保證（也有例外的技巧）。如果兩槍僅僅在水平面建立交叉、而沒

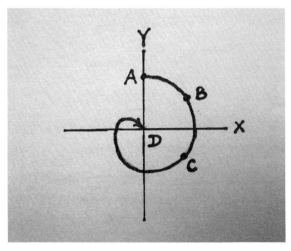

圖 4.7　平面槍圈圖

有在垂直面上建立交叉角的話，那麼革槍很容易輕輕的滑過而無法打開對方的槍。相信很多練習大槍的人都有過這種經驗。

在圖 4.7 平面的槍圈圖裡，A 是兩槍開始接觸的位置。接觸點在用槍者的 3 點鐘位置（左右方向的交叉）；A 到 B 的槍圈部分就是建立兩槍垂直交叉的部分。兩槍的接觸點已經從 3 點鐘位置轉移到 4、5 點鐘的位置。作者稱這個部分為「擠」，這個「擠」的過程非常細微而難以察覺。但是如果過分的強調「擠」的動作、或者這個動作變成了直線而非弧線的運動了，那就就犯「橫力」革槍的嚴重錯誤。橫力革槍固然可以強迫對方的槍頭離開中心線；但是我的槍頭也隨之離開中心線，以致增加了還扎的困難。

在作者推廣大槍競賽的經驗裡，每每看到學習者由於無法理解這個「擠」的細微動作，以至於革槍技巧走上歧路，甚感可惜！想要突破這個瓶頸，唯一的方法就是放下急欲比試的心，耐心的捉摸這個細節。一旦突破了這個瓶頸，就能掌握革槍的技巧了。

B）革槍的發勁部分

當兩槍建立接觸點並且有適當的抗力以後，就可以真正的進行革槍的主要部分，也就是革槍發勁的部分。在圖 4.7 平面的槍圈圖裡 B 到 C 的部分就是革槍發勁的槍圈片段。如果僅僅看 B 到 C 的槍圈片段，這就是吳殳在《手臂錄》裡提出的「一圈分用」的月牙形。以《手臂錄·一圈分形入用說》的部

分說明為例：「右偃月形也，凡迎、砑、跌落金錢。」[40] 這裡
說的「右偃月形」（圖 4.8）就是圖 4.7 中 B 到 C 的弧線部分。
而迎、砑、跌落金錢這些槍技都是使用同樣的弧線來做革槍的
發勁。不同的革槍技巧自有其特定的發勁方法與其獨特的發勁
弧線。正因為如此，所以《手臂錄》裡用仰月形、纖月形等等
多種不同的弧線來說明革槍發勁的圖形。在吳殳以前，傳統的
槍圈理論強調的是一個完整的圈。而吳殳從這一整個圈裡看出
了革槍發勁的專屬片
段，所以能夠從一整
個圈的運動軌跡裏，
挑出月牙形的片段來
解釋革槍的真意，所
以這個「一圈分形入
用說」的理論是吳殳
獨到的創見。

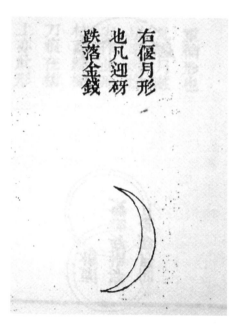

　　革槍發勁的時候
兩手要有擰轉的動
作，這個動作在古籍
裡稱為「轉陰陽」。
這個兩手的擰轉動
作，使得槍圈的旋轉

圖 4.8　右偃月形槍圈

40　吳殳・增訂手臂錄 [M]・北京：北京師範大學出版社（孫國中校訂版），
　　1989：9。

半徑急速的縮短、槍頭急速的往圓心回歸，於是形成了 6 字形的槍圈。由於旋轉半徑的急速縮短，產生了極大的離心力作用在對方的槍桿；如果兩手沒有擰轉的勁道，槍圈就成為纏槍槍圈的正圓形，如此一來革槍的勁道就完全不對了。關於兩手擰轉對革槍勁道的影響，作者在「纏絲勁的數學模式」一文裡有詳細的分析。「轉陰陽」是整個革槍過程中唯一的手部動作，其餘的革槍動作都源自於腰胯的運動。

革槍時兩手轉陰陽的時機寧可晚些、不可以早。有關這個時機的掌握會在本章「見肉貼桿」一節裡會有說明。作者在分析「轉陰陽」的細節時還創建了一個「偏心軸旋轉」的理論，當然那是給更深研究之用的。

C) 革槍之後的慣性運動部分

當革槍發勁結束以後，對方的槍已經被革到偏離中線。自己的槍頭就藉著發勁的餘力、延續原來的圓形運動而做慣性運動的部分（圖 4.7 中 C 到 D 的部分）。這個槍頭的慣性運動會在革槍以後把自己的槍頭迅速的帶回到中心線，這就是《手臂錄・槍法元神空中鳥跡圖》非常強調的「返上之機」[41]。所謂的「返上之機」其實說穿了就是：整個的革槍動作，除了開始和結束這兩個位置而外，是沒有「零速度點／轉折點」的。

棍法的劈砍是個直勁，劈到底以後必須停止劈的慣性，於是在結束位置會有一個「零速度點」。如果要把棍再拉回到中

41　吳殳・增訂手臂錄 [M]・北京：北京師範大學出版社（孫國中校訂版），
　　1989：12。

心線，就必須從「零速度點」重新啟動加速。所以大槍用槍圈來革槍，每一次革槍都只有在起迄位置上各有一個零速度點，如果大槍用橫力的砍劈來打開對方的槍，那就會在革槍過程中多了一個零速度點，如此以來不但減慢了還扎的反應，同時還大幅度的增加了控制的難度。以大槍理論來看，直劈的棍就沒有返上之機，這也是槍法與棍法主要差異之一。若是與世界其他國家的大槍技巧做比較，這個革槍過程中沒有「零速度點」的特性正是我國大槍技巧的獨特之處。

3）革槍槍圈的起迄間距

如前所述，如果對方扎槍時，我本來或是中平勢、或是敗勢，但是我都必須先建立接觸點。此時槍頭可能因為抬高而沒有指向對手（圖 4.7 的 A 點）。然而由於革槍發勁與發勁之後的慣性運動，使得我的槍頭很自然的回到原來中平勢的姿態，於是我立刻恢復到攻擊位置，可以立即還槍。所以槍圈不可能是正圓形的，而是成 6 字形（如圖 4.7）。所以革槍槍頭的開始與結束位置之間必然有段距離（圖 4.7 中 A 到 D 的距離），作者將之定名為革槍的「起迄間距」。槍法技巧以其發勁、應用的不同狀況，而有其特殊的起迄間距。在深入研究槍法技巧變化的時候，掌握這個起迄間距也是一個非常重要的課題。

4）革槍槍圈與脫槍角度

古人說明槍圈理論的時候，都是以自己槍頭的運動做為討論的內容；而沒有討論到對方被革槍以後槍頭脫離的方向。把

對方的槍革離開了中線，當然創造了我還手攻擊的機會，但是能夠控制對方槍頭被革開的角度，就能夠更進一步的掌握對方接下來防守或攻擊的可能選擇，所以理解脫槍角度絕對有助於掌握大槍的戰術／勢。

　　作者以幾何學與力學的角度來分析，發現對方槍頭被革開的角度正是槍圈發勁部分，特別是開始發勁處（兩手轉陰陽）的切線方向。我們試著拿一個典型的槍圈來做分析（見圖4.9），而選擇在 A、B、C、D 四個點做革槍發勁的位置：

1）　如果發勁的位置是 A 點（接觸點在 3 點鐘位置），那麼對方的槍頭必然水平的往側方脫離，如 1 號箭頭所示。此類革槍最典型的就是截槍扎（見本書 6.14 截槍扎）。

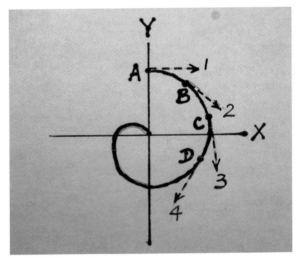

圖 4.9　脫槍的角度

2）如果發勁的位置是 B 點（接觸點在 4、5 點鐘位置），
那麼對方的槍頭必然是以斜角的方向往側方脫離，如
2 號箭頭所示。一般革槍，如攔槍、拿槍，都是這樣
的脫離角度。

3）如果發勁的位置是 C 點（接觸點大約在 5、6 點鐘位
置），那麼對方的槍頭多半是幾乎垂直的往下脫離，
如 3 號箭頭所示。砑扎的脫離角度屬於此類（見本書
6.10 砑扎）。

4）如果發勁的位置是 D 點（接觸點大約在 6、7 點鐘位
置），那麼對方的槍頭必然以斜角往內側下方脫離，
如 4 號箭頭所示。以作者的實際經驗來看，曾經在做
纏槍時做出過這樣的脫離角度，但是一般很難刻意去
做。

上述的四種革槍發勁的弧線是完全符合《手臂錄・一圈分
形入用說》[42] 裡的覆瓦形解說。而接觸點位置以及脫槍角度則
是作者首創的解說。

5）立體的槍圈

傳統的槍法古籍裡都是論述平面的槍圈（如圖 4.10 投影
在 X-Y 平面的實線圖形）。事實上，在革槍的時候會有同時進
槍的情形，例如迎槍扎；也有在革槍的同時抽槍回身，例如砑

42　吳殳・增訂手臂錄 [M]・北京：北京師範大學出版社（孫國中校訂版），
1989：3。

收。所以這個槍圈就成了一個三維空間的立體槍圈了（如圖 4.10 的 a 到 b1 的虛線圖形）。再加上革槍的時機，也就是革槍時間的取決，這麼一來槍圈實際上是個四維空間的軌跡了。

在圖 4.11 立體槍圈開槍角度圖裡（視角是從下手看上手的槍頭），我們假設上手做拿槍，發勁部分是在 C 點的位置，在平面的槍圈上，下手的槍是依照 1 線的角度往側面脫離；離心力只是在 X-Y 的平面上發生。對於被革槍的一方來說，只有感覺到他的槍頭被迫往側方打開；然而在立體的槍圈上，下手的槍是沿著 2 線的角度被打開；離心力會在 Z 軸的方向產生分力，以致於下手的槍頭不但會往側下方打開，而且會感覺到被往回擠壓或者拉扯，被迫露出更大的空門給對方攻擊（沿 Z 軸的力道來自腿部的動作，如圖 4.12 中的 3 號箭頭）。

據家師劉公雲樵所述，清末民初在我國北方很出名的大槍名家，神槍李書文，就是以矸收為其絕技之一，當李書文做矸收時，甚至可以拉扯對方的大槍以致於讓其脫手。作者一向有喜歡細究故事真偽的習慣，這個「立體槍圈開槍角度」的理論就是針對這個傳說的學理驗證。

立體槍圈沿著 Z 軸往前移動槍頭是革槍非常重要的一個關鍵。如果雙方大槍的接觸點都在槍頭部位，那麼我的槍頭橫移一寸，對方的槍頭自然也橫移一寸。但是如果我的槍頭接觸到對方的前手處，我的槍頭橫移一寸，對方的槍頭就要橫移幾尺了，這是很簡單的槓桿原理。所以無論革槍開始的接觸點在那裡，在革槍的過程裡必須把槍頭儘量往對方的前手搶進，這就自然形成了立體的、三維空間的槍圈了。而且這種沿 Z 軸

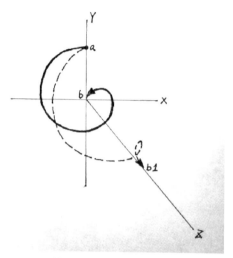

圖 4.10 立體的槍圈

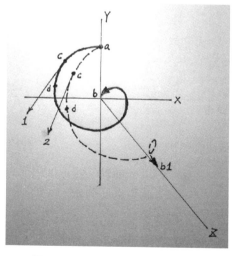

圖 4.11 立體槍圈的開槍角度

圖 4.12　革槍槍圈的形成

移動的革槍法還關係到「槍制」的理論；現今大槍傳習還在強
調的「滑桿」也是這個意思。

6）革槍槍圈的生理運動

　　以上談論的革槍槍圈都是從槍頭的運動軌跡、以及槍圈內
隱藏的幾個不同功能來做分解說明，但是沒有論述到槍圈是如
何形成的。雖然槍圈就是槍頭的一個圓運動，但是要把槍圈做
得正確的確不是一件容易的事，因為槍圈的形成除了兩手做明

顯的「轉陰陽」的動作而外，還必須全身做適當的配合。以下就槍器與全身有關各部位的動作加以分析解說：

A）槍器與腰的相對關係

古人論說槍法首先就指明「槍是纏腰鎖／索」，意思就是後手握槍根必須貼在後腰的拳窩之處；然後小腹貼住槍的握把。這樣的握槍就使得槍器與身體結合成為一個整體，才能把全身每一個細部的動作有效的傳達到槍頭。

古人講究槍技，除了滴水、顛提這些槍技不得不把槍根抬高而外，絕對不輕易的讓槍根離開腰側，因為一旦槍根離開了身體，整個槍器就會虛浮而無根，不但自己身上的力道難以傳送到槍器，對方也很容易就把我的槍器革開，所以講槍圈，首先要確定槍根正確的附在後腰的拳窩處（胯骨上方、肋骨下方的柔軟處）。大槍與花槍／短槍最明顯的區別也就在於槍根是否緊靠在後腰拳窩[43]。

B）兩手運動

在整個的槍圈之中，兩手只做「轉陰陽」發勁這個動作，前手的動作就是如圖 4.12 的 1 號箭頭所示；或是掌心內旋的覆掌（陰掌）、或是掌心外旋的仰掌（陽掌）。由於握槍的時候兩手是掌心相對的，所以前手覆則後手仰、前手仰則後手覆。

如前所述，在發勁的瞬間，由於兩手「轉陰陽」使得槍器

43　見本書「10.7 用槍握把的探討」。

沿著槍身的軸線做自轉的運動，這個自轉使得槍圈的半徑急速的縮小、槍頭急速的回歸中心線，以至於產生極大的離心力來革開對方的槍器。

C）腿部運動

在革槍的時候，腿部的動作有兩種：一種是圖 4.12 的 2 號箭頭所示的垂直的蹲與立；第二種就是 3 號箭頭所示的進擠與退收的水平移動。

腿部的動作主要是要把身體的重量移轉到槍頭，加大了槍頭能表現出來的力道。如果要分解這些腿部的動作，可以大要的解釋為：

1）在革槍發勁的時候腿部要往下蹲，使得身體的重量變成槍頭的沉勁。

2）在槍頭做慣性運動時腿部要往上起立，使得槍頭更迅速的回歸到還槍攻擊的位置。

3）在做迎槍扎類型的槍技時腿部往前擠進，使得槍頭有往前的推力。

4）在做砑收類型的槍技時腿部要往後收退，使得槍頭有抽拉的勁道。

D）胯部運動

槍圈的胯部運動如圖 4.12 裡的 4 號箭頭所示，是左右的旋轉動作。但是腰胯旋轉的角度與時機非常的複雜，很難以言傳。作者試著從拿槍槍圈的三大部分來說明：

1）建立兩槍交點的接觸運動部分：腰部往右旋轉帶動槍頭往右，以便把對方槍頭微微的擠開，同時增強兩槍的接觸抗力。

2）革槍的發勁部分：這一部分的腰部運動是配合革槍技巧的需要的，仍然要往右微微旋轉。

3）革槍後的慣性運動：這一部分腰部往左旋轉，帶動槍頭往左；當槍頭回歸中心線的時候，腰部必須微微的往右迴旋。

以上是以革槍時腰胯發勁的角度來分析胯部的運動。由於槍根緊附在後腰的拳窩，所以腰胯的任何細微動作都會影響槍頭的運動軌跡。可以這麼說：槍頭的巨觀槍圈運動主要是源自腰胯的動作，由此可見腰胯控制對於大槍技巧的重要性。

E）上身運動

上身的運動完全是配合革槍發勁的需要而做俯、仰的動作，如圖 4.12 的 5 號箭頭所示。例如做圈內的拿槍，那麼上身就要往圈內的方向做俯壓的動作；但是做圈外的攔槍動作則需要上身往左側做仰壓的動作。

由以上對於革槍時全身各個部位的分析，我們可以理解：革槍勁道是來自兩手、腰胯、腿部與上身的全身配合。至於身體每一部位配合的時機與實際動作，則必須依照槍圈的需要來決定。這個全身整合的訓練是槍法非常重要的基礎，其中的細節只能意會、很難言傳。在槍法古籍裡沒有見到全面的說明。這裡的論述是作者累積了多年練習與教學的經驗，逐漸形成的

一個理論。對於一位進階的練習者來說，還需要研究如何的使得槍圈變得更為緊小，換句話說就是減小「起迄間距」。

4.6.1 槍圈理論小結

槍圈理論是槍法最基礎、也是最重要的理論。《手臂錄·一圈分形入用說》有段結論正好為此做了最佳的註解：「知此則知槍之萬變不出於圈。圈則槍之自下而上者，還自上而下；自上而下者，還自下而上；自左而右者，還自右而左；自右而左者，還自左而右。如轉圓石於萬仞之山，以守以攻，惟我所欲。棍以劈打為用，一直向下，無返上之機，不能發扎，非槍法也。」[44]

槍圈理論不但構成我國大槍技巧最重要的基礎，同時也凸顯出我國大槍技巧的特殊性。可以說如果離開了、違背了槍圈理論，就不能稱之為大槍武藝了。槍圈的重要性絕對不只是因為其為槍法的基礎，它更是提升槍法的關鍵。在《手臂錄·脫化說》裡記載：「敬巖貴輕虛，真如貴緊小，皆以圈為脫化之門。」[45] 而在同書裏論述身、手法時又說：「身法手法其變何窮？彼此相制，實無終極。但以熟制生、以正制邪。而必皆以圓機為本。」[46] 這些論述再再的指明了槍圈的重要性，這也是

44　吳殳·增訂手臂錄 [M]·北京：北京師範大學出版社（孫國中校訂版），1989：12。

45　吳殳·增訂手臂錄 [M]·北京：北京師範大學出版社（孫國中校訂版），1989：34。

46　吳殳·增訂手臂錄 [M]·北京：北京師範大學出版社（孫國中校訂版），1989：3。

作者以大篇幅來細說槍圈理論的本意。

4.7 見肉貼桿

「見肉貼桿」四字是「見肉分槍、貼桿深入」的簡說。吳殳在《手臂錄・閃賺顛提說》裏特別強調「槍之實際，守則見肉分槍；攻則貼桿深入。見肉貼桿。四字心傳也，失此即為偽學。」[47] 從這段論述可以知道「見肉貼桿」被奉為大槍技巧的「正法眼藏」，沒有遵守這四個字就是大槍的「偽學」，所以「見肉貼桿」對於大槍來說也是一個重中之重的理論。

首先我們分析「見肉分槍」，從字面去理解就是必須等到對方的槍頭快要扎到我的身體了，這才去革他的槍。「見肉分槍」的重要性可由下述的兩點來理解：

1）降低對方對其槍器的控制能力

用槍者對其槍器的控制都必須透過槍的握把來實施。在沒有扎槍之前，握把最長，所以對槍器的控制能力最大；但是隨著扎槍的進行，留在自己手中的握把就愈來愈短了。當對方的槍頭快要扎到我時，他手上的把手只剩下極短的幾寸長度，再加上槍桿的重心往前移，此時只要輕輕的一革他的槍，他必然難以控制。所以越是延遲革槍的時機，革槍的效果也越好。

---

47 吳殳・增訂手臂錄 [M]・北京：北京師範大學出版社（孫國中校訂版），1989：32。

2）防止對方的二次變化

　　槍法的一個典型特色就是扎槍的過程之中可以改變攻擊的路線（見本章「4.15 二次攻擊」）。所以如果革槍太早，對方在手上的握把仍然夠長，那麼他就有能力做「二次攻擊」；如果能夠遵守「見肉分槍」的原則，對方都快扎到盡頭，就很難改變攻擊路線了，所以「見肉分槍」還能夠防止對方做二次攻擊的變化。《紀效新書・短兵長用說》裡說的「轉陰陽不可太早」以及本章 4.10 節談及的「拍位」都與「見肉分槍」的理論息息相關。

　　「見肉分槍」的實踐不僅僅是技術上的表現，更是堅定的心理與判斷能力的卓越表現。在《手臂錄・峨嵋槍法》裏有「治心篇」就是強調在面對攻擊時要沉得住氣、冷靜分析對方的意圖，以掌握見肉分槍的最佳時機。

　　從上述的分析裡，可以理解「見肉分槍」是革槍的指導理論；而「貼桿深入」則是攻擊的指導理論。貼桿的方法就是兩槍保持平行、而且非常貼近的狀態。這樣的扎槍攻擊有三個關鍵性的優點：

1）　因為兩槍平行，所以沒有交點；如此一來，對於戳槍一方極為有利、對於革槍者來說必須先迅速的建立兩槍的交點才能革槍。然而兩槍平行極難建立交點，以至於嚴重的壓縮了革槍的時間，甚至會因此造成防禦方手忙腳亂的情況。

2）　兩槍非常貼近，革槍者很難使力。因為兩支槍一接觸

就要立刻進行革槍，沒有施力的準備距離與時間；相反的，若是兩槍之間有段距離，即使不會革槍的人至少也會用力敲打。

3） 使用貼桿深入的戳槍在遇到對方革槍的時候，可以較容易用極小的槍圈做快速的二次攻擊。

以上所說「貼桿深入」的前兩個優點是不利於對方革槍的；第三個優點是利於自己做二次攻擊變化的，綜合這三點，「貼桿深入」是極為重要的攻擊指導原則。

4.8 閃賺、顛提

在《手臂錄・閃賺顛提說》裡解釋：「槍之實際，守則見肉分槍，攻則貼桿深入。見肉貼桿，四字心傳也，失此即為偽學。然此正法也，正而無變，其用不神。故閃賺顛提貴焉。變而貼桿者，閃賺、圈手、螣蛇等是也。變而不貼桿者，顛提、滴水、認針等是也。更有大遠於桿者，則為拖刀、騎龍等。……」[48] 這一段文字闡述我國槍法的應用變化，是一篇非常重要的經典之作。這一段文字裡除了強調「見肉貼桿」的重要性，同時強調「閃賺顛提」對槍技提升的關鍵地位。如果更具體一點的說：「見肉貼桿」是大槍技巧的正法眼藏，沒有具備「見肉貼桿」的能力就無法跨入大槍武藝的門；而「閃賺顛提」

48　吳殳・增訂手臂錄 [M]・北京：北京師範大學出版社（孫國中校訂版），1989：32。

是大槍應用必須具備的變化能力，沒有「閃賺顛提」的素養就是照本宣科、是缺乏靈性的機械式操作。

「閃賺顛提」可以按照變化之後貼桿與否而分為：貼桿的閃賺與不貼桿的顛提類兩類。第一類的閃賺因為槍圈很小、動作緊密，變化之後槍頭又回到中心線，故而回到貼桿的狀態，這一類型的變化可以用串槍做為經典性的代表；至於第二類型的顛提是變化以後兩支槍成為距離較遠的分離狀態，自然無法貼桿了。

我們知道持槍最常見的就是中平勢，此勢的目的就是嚴密的防護自己的中門。如果一方使用顛提類的變化，那麼變化之後的槍頭就沒有回到中門，也就是說放棄了自己的三尖對照的原則，讓對方可以長驅直入的攻擊。當然這樣做法是有一定的風險，但是風險正是啟動戰術應用的契機，因為甘冒這個風險會讓對方產生一定會戳槍得手的錯誤自信、降低了警覺心、加深戳槍攻擊的深度。在對方以為一定得手的心態之下，自己只要能夠迅速、及時的把槍由側方帶回中門，由於自己的槍頭從外側趕回中線革槍，在速度、力道方面都會經過一個較長時間的加速過程，革槍的勁道也會相對的大很多，所以顛提類的槍技一旦革槍得手，經常會使得對方的槍器被革的遠離中線。不過如果心理素質不夠硬，高漲的危機意識容易驅使閃賺後的革槍變成橫力革槍的錯誤，所以要注意在閃賺之後一定要迅速的把槍根放回拳窩，這樣才能正確的使用腰力革槍。

從槍圈的角度來看閃賺與顛提：閃賺的槍圈緊密而快；顛提的槍圈因疏闊而慢。但是《手臂錄・遊場扎法》就有「梨花

三擺頭：指其圈裡，即扎其圈外。非擺尾不能革之。」[49] 梨花
三擺頭原本是閃賺槍法裏相當高深的技巧，以其快速、緊密，
所以非常難以防禦，但是這裡居然建議用疏闊的擺尾槍技來對
付。以常理判斷自然是快打慢、密制疏，但是這裡違反常理的
逆勢操作，反而以慢制快、以大制小。而這種邏輯正是我中華
哲學思想對於自然法則裡「非絕對性」的一種闡釋，非常具有
我國的文化色彩。

　　但是這種顛提的槍技不能做為一種恆常的技巧，而是隨
機、突發的應用。所以在《手臂錄・閃賺顛提說》裡就說：
「夫以大破小，須於彼此皆小時，忽然用大，乃勝。若執大為
門牆，恃為長技，即沖斗矣。」[50] 由這一段話裡，我們可以清
楚的了解槍法應用是以閃賺類型的小圈為常規，而在雙方對抗
的過程裡突然的用大槍圈的顛提，如此可以打破對抗的節奏、
技巧的規律性，就可以創造勝利的機會。

4.9 圈串

　　「圈串」是一個非常重要的大槍手法，例如《紀効新書・
紀効或問》裡說：「長槍，單人用之，如圈串，是學手法；進
退，是學步法、身法。……」[51] 而且圈串這個手法被廣泛的使

49　吳殳・增訂手臂錄 [M]・北京：北京師範大學出版社（孫國中校訂版），
　　1989：57。

50　吳殳・增訂手臂錄 [M]・北京：北京師範大學出版社（孫國中校訂版），
　　1989：33。

51　戚繼光・紀効新書 [M]・北京：中華書局，1996：6。

用在許多不同的大槍技巧裡，大槍技藝之被稱為「遊龍」，這個美譽很大一部分歸功於圈串的應用變化。它不僅僅是避開對方的革槍，從而達到「引進落空」的效果；它同時也是扎槍攻擊過程裡的粘合劑，使得數個單獨的攻擊技巧得以黏合成為一個綿綿不斷的攻擊鏈，將一個平淡無奇的扎槍改變成晴天霹靂式的突襲，本章「4.15 二次攻擊」內說的二次攻擊原則就是依賴圈串的應用。正因為圈串在槍法裡的重要性，作者特別把圈串從實際手法類歸類為槍法理論之一，並且以此理論來解釋閃賺的應用。

1）圈串的形成條件

在本章「4.4 持槍勢和三尖對照」一節裡曾說明使用大槍時的三種基本的持槍勢：上平、中平、下平。如果對槍的雙方都採用這三種之一的持槍法、同時掌握三尖對照的原則，從敵對的角度來看，雙方的槍器就只有槍尖的那一點的大小了（見圖 4.13）。正因為整

圖 4.13　中平勢的前視圖

支的大槍只有一點是正對著對方，所以彼此扎槍的時候可以在對方槍尖的左、右、中、上、下各個部位進行攻擊，也因為攻擊多樣性的特色造成了槍法豐富的變化，所以槍法的古論裡就有「中平六路總、變化有多般」[52]。

當我扎槍攻擊的時候，對方做為防禦的一方，必須移動他的槍頭，使得他的槍桿在我的槍尖之後的槍桿建立接觸點，然後才能夠進行革槍的動作。對方想要革槍，我自然不希望被革，所以會在對方的槍桿下逃脫、轉到接觸點的另外一側而發動另一輪的攻擊。這種從對方槍桿的下方轉換到另外一側的動作就是「圈串」。我們可以為圈串理論做以下的定義：「圈串是把自己的槍頭在對方的槍桿的下方做圈內、外的游動；其目的在於鑽空子，找尋並攻擊對方的空門。」由上述的分析來看，圈串包含了兩個唇齒相依、相輔相成的目的：被動的逃避對方的革槍，以及主動的選擇新的攻擊目標。

從槍技對抗的角度來看，整個的對抗過程基本上不外乎：不斷的在扎槍攻擊與革槍防禦兩個狀態間轉換，這兩個過程是槍法競技的必然法則。但是如果競賽的雙方謹守著這個法則，那麼就成了千篇一律的機械化的運動了。而圈串理論的應用就是用來打破這種規律性，使得對抗過程之中不斷的添加一些突如其來的二次變化的攻擊，使得槍法對抗更具有變化性、趣味性與技巧性。作者認為槍技的高下有很大一部分取決於圈

52　吳殳·增訂手臂錄 [M]·北京：北京師範大學出版社（孫國中校訂版），1989：142。

串原理的掌握和運用。

2）圈串的基本應用技巧

參考《手臂錄・一圈分形入用說》的說明：「仰月形（見圖 4.14），凡穿指、穿袖、雙頭槍。」[53] 在同書的「針度篇」裡有：「穿指：於圈外進而於圈裡著。穿袖：於圈裡進而於圈外著，有口授。二法真如名串。」[54] 這裡說的「穿指」、「穿袖」即是圈串理論最直接、最基本的應用。因為圈串的動作必須避開對方的槍桿，從對方槍桿的下方來轉換門戶，所以槍頭運動的軌跡是呈

圖 4.14　仰月形槍圈

53　吳殳・增訂手臂錄 [M]・北京：北京師範大學出版社（孫國中校訂版），1989：16。

54　吳殳・增訂手臂錄 [M]・北京：北京師範大學出版社（孫國中校訂版），1989：42~43。

仰月形的弧線。

3）由圈串引申的變化技巧

前面一節所說的只是圈串原理最基本的應用，在較為進階的槍法技巧裡，圈串仍然扮演著相當關鍵性的角色。以下分別列出一些進階的槍技，並且分析圈串的特性：

A）串扎

串扎就是在穿指或者穿袖之後立即扎槍。一般來說，在對方靜止不動的時候，我最好不要做圈串。因為對方靜止不動之時，他的三尖對必然守護著中心線，在這種情形下做圈串，由於對方沒有革槍，所以此時做圈串就不具備逃避對方革槍的意義；由於對方守護著中心線、尚未露出空門，所以此時做圈串也沒有主動掌握對方空門的意義。我認為這種情形之下的圈串是一種盲動，反而容易把自己的空門暴露給對方。在《手臂錄·卷二·遊場扎法》就提到「虛串，用而亡精。」[55] 這裡說的虛串就是指這種沒有意義的串槍。

如果對方是一個守株待兔型的用槍者，那麼就必須主動的創造使用串扎的必要條件。在作者的經驗裡，如果用槍桿去敲擊或者去壓擠對方的槍桿，一般來說對方會加以抵抗，那麼我就可以立即使用串扎；如果對方不抵抗，那麼我立刻扎槍攻

55　吳殳·增訂手臂錄 [M]·北京：北京師範大學出版社（孫國中校訂版），
　　1989：55。

擊；如果對方想要使用同樣的手段，用敲打或壓我的槍桿來強迫我抵抗，這時候如果能夠識破對方的意圖，而夠迅速的使用圈串逃避對方的攻擊繼而扎槍，那麼這就是較為具有技巧性的串扎應用了。

B）雙頭槍

雙頭槍是個非常重要的扎槍技巧，在《手臂錄·革法說》裡面說「雙頭槍極難革，只以封閉革之。能革雙頭槍，封閉方小成也。」[56] 這裡說明雙頭槍難革，所以能革雙頭槍就算革槍有了小成；反過來說，正因為雙頭槍難革，所以在對槍的時候雙頭槍是取勝的重要技巧之一。

在《手臂錄·戳法》裡解釋雙頭槍：「敬巖名圈手、真如名虛扎。」[57] 在同書「遊場扎法」裡又說：「雙頭槍：串，力在前手，此在後手。有右無左，亦名圈手。又名蜈蚣鑽板。」[58] 串扎的槍頭變化是用前手來控制，而雙頭槍槍頭轉換門戶是用後手來控制，但是變化原則是一致的，所以都屬於圈串原理的變化。

C）梨花三擺頭

在《手臂錄·遊場扎法》對梨花三擺頭的說明為：「先用

---

56 吳殳·增訂手臂錄 [M]·北京：北京師範大學出版社（孫國中校訂版），1989：47。

57 吳殳·增訂手臂錄 [M]·北京：北京師範大學出版社（孫國中校訂版），1989：43。

58 吳殳·增訂手臂錄 [M]·北京：北京師範大學出版社（孫國中校訂版），1989：58。

串後用圈也，三擺頭之輕者。」[59] 這裡說明了先用串、緊接著用圈的技巧就是梨花三擺頭。

從雙頭槍、串槍以及梨花三擺頭這些槍技變化的共同性來看，都是利用圈串的理論把兩或三個攻擊的扎槍結合起來形成一個整體的攻擊。

D）虛扎

《手臂錄·遊場扎法》裡說：「虛扎：串之無形者，即敬巖之雙頭槍。」[60] 串之可以達到無形的境界，就是因為槍頭圈串動作幅度極小、轉換速度極快的緣故。

E）鎖槍

在《手臂錄·遊場扎法》裡說：「鎖槍：側用雙頭槍之手法。」[61] 由此可見鎖槍也是利用圈串的原理，但卻是上下方向的圈串，這與左右方向圈串的串槍是不太一樣的。

F）月牙扎

在《手臂錄·遊場扎法》裡說：「月牙扎：串而子午也。近敬巖之疊串。兩手細微功夫。」[62] 無可疑義的，月牙扎也是

59　吳殳·增訂手臂錄 [M]·北京：北京師範大學出版社（孫國中校訂版），1989：58。

60　吳殳·增訂手臂錄 [M]·北京：北京師範大學出版社（孫國中校訂版），1989：59。

61　吳殳·增訂手臂錄 [M]·北京：北京師範大學出版社（孫國中校訂版），1989：58。

62　吳殳·增訂手臂錄 [M]·北京：北京師範大學出版社（孫國中校訂版），1989：59。

建立在圈串的基礎上。

G）反捲

在《手臂錄・革法》裡面說：「反捲：敬巖妙法也。彼槍圈裡來，我偷槍於其槍之右大開之，必飛去數尺。」[63] 這裡說的「偷」就是圈串的應用，只是特別強調做得小巧，讓對方不知不覺而已。

由以上這些非常實用的槍法攻防技巧裡，可以明白的看到「圈串」所扮演的關鍵性角色。作者把「圈串」的應用特性總結為二：

A）圈串是扎槍技巧的粘合劑。如果沒有圈串做為轉換、接合的工具，這些攻擊的技巧就無法結合成為一個連續的、綿密的攻擊網，以至於變得支離破碎。

B）圈串是「出其不意、攻其不備」的奇兵。當對方的思維定格在某一個固定的攻防節奏後，圈串就針對著對方思維呆滯的狀態而加以出其不意的攻擊。

在《手臂錄・槍分五品說》[64] 裡把雙頭槍（蜈蚣鑽板）、三擺頭、月牙這些以圈串理論為基礎的槍技列為五品中的第二品，所謂的「在堂上者」，也就是槍法技巧已經達到登堂入室

63　吳殳・增訂手臂錄 [M]・北京：北京師範大學出版社（孫國中校訂版），1989：49。

64　吳殳・增訂手臂錄 [M]・北京：北京師範大學出版社（孫國中校訂版），1989：31。

的程度了，並且建議學者「宜致力焉」，由此可見圈串理論對於槍法的提升是具有相當的關鍵性。

從一個「圈串」理論就可以引伸論述出如此眾多的技巧，所以作者在教學時不建議從技巧學習入手，因為一旦著眼於技巧，就會被這些細微的差異迷惑而拘泥，以致於應用時發生呆滯的情形。作者認為正確的大槍教學應該是著從大槍的原理入手學習，只要能掌握原理，在對抗過程中會自然而然的因應實際狀況而做出各種同類型的技巧。

4.10 拍位

在《紀効新書》裡說「鉤、刀、槍、棍，千步萬步俱是乘人舊力略過，新力未發，而急進壓殺焉。……前言拍位，都是此理。」[65] 從他的話裡可以理解拍位在武藝應用裏的重要性。其實拍位代表了兩個不同的概念：「拍」是節拍、節奏，換句話說就是時機；「位」就是位置。所以拍位就是武術應用時對於「時機與位置的掌握原則」，拍位的產生一般是對抗雙方在攻防轉換中自然產生的，但是也可以是由一方刻意主導而創造的。無論拍位是如何產生的，能夠即時發現拍位的規律性、然後打破這個規律性的一方，就會有更高的勝算。在教學中作者更強調「主動創造、立而速破」的原則。

總的來說，由於人們在做重複動作之時會不知不覺的產生

65　戚繼光・紀効新書 [M]・北京：中華書局，1996：150。

一種特殊的節奏。以大槍對抗來說：對方戳槍來，我革槍後還扎；對方見我戳槍，也革槍後還扎，這樣就會自然形成一個節奏的「拍」，這樣的「拍」是自然產生的，所以一般來說很難以被對抗的雙方察覺。傳統武藝裡所謂的「拍」就是對這種節拍的即時認知與積極的利用。而最常見的積極利用就是打破原先建立的節奏，當然這是一種難度高但是非常有效的戰術。而「位」就是利用雙方的相對位置關係而取得對抗的優勢，例如在本章「4.12 槍制」[66] 裏講的勢制和身制就是「位」的一種應用。絕大多數的時候「位」與「拍」是密切相關、互為因果的。

　　每個槍技都有其特定的拍位。如果從槍法防禦的角度來看拍位：例如雙方在建立了戳革的連環規律時，我突然延遲革槍的時間，也就是藉此把原先建立的節奏拉長，這樣就會達到「見肉分槍」的效果，容易把對方的槍革得大開。

　　若以槍法攻擊的角度來看拍位，我們可以拿串扎應用做例子，串扎就是在我戳對方內門到一半時，對方開始革槍、但是尚未接觸到我槍的那一瞬間，我突然調轉槍頭讓對方的革槍落空，以至對方無法及時收回槍頭而產生了所謂的「舊力略過，新力未發」的空檔時段，我就利用這個空檔在對方的外門繼續戳槍。這個串扎成功完全靠掌握拍與位的精準程度，因為串的時機過早，對方就不會受騙而革槍；串的時機晚了，就會被對方革到；而串的位置也非常重要，串得太早根本無法串到對方

66　見本書 4.12 槍制。

的外門；串得太晚則雙手難以施展串的動作。那麼從對手的角度來看串扎，他只需要延遲他的革槍時間，結合了拍與位的應用，就可以破滅我做串扎的企圖。

　　至於槍法對抗的「以快制慢、以慢制快」戰術也可以用拍位的觀念來理解。因為雙方在連續的攻防對抗過程中的節奏是不自覺而產生的。這種節奏會無形的麻痺雙方的思維反應。如果我們能夠體認出這種狀況而突然放慢或加快自己的節奏，那麼就很容易戳槍得手。

　　如前所述，「拍」和「位」雖然是兩個概念，但是彼此卻是息息相關的。在實際應用之時必須理解特定技巧的需要，而靈活的掌握「拍」和「位」，例如我戳槍時，對方採用見肉分槍的原則，也就是說他選擇了在我攻擊節奏的尾段革槍。這種情形之下，我戳槍太長，已經過了雙頭槍、或者串扎要求的「位」，此時勉強使用雙頭槍或串槍很難成功，但是這種情形之下依然可以使用抽拔扎。由這個例子，我們可以理解「不同的槍法技巧之間存在某些拍位互補的關係」，這是深研大槍武藝非常重要的課題，由於理論深、變化多，而且需要對大槍技巧有很全面的認識，所以在本書中對此課題不做更多的論述。

4.11 槍法的勁道

　　槍法的勁道粗略的區分有兩種：戳槍的「直勁」與革槍的「圓勁」（或者更準確的說「螺旋勁」）。戳槍的時候要求槍桿與小臂對直，如果小臂與槍桿不能對齊成一直線，那麼手的力

量就會產生垂直於槍桿的分力，這樣戳槍對於目標的穿透能力就會嚴重的減低。至於戳槍送力的原則是以後腿的蹬力配合腰胯的旋轉（圖4.12裡的4號箭頭所顯示的動作），當腿與腰胯開始往前推送槍桿直刺以後，這才用後手將槍送出達到最長的戳擊距離。戳槍時後腿的膝與腳必須自然的配合胯部的旋轉而往內旋轉、同時往前推送，後腿蹬的動作不但可以增加戳槍的勁道，而且可以讓胯部充分的旋轉。戳槍時要求要反應快、送槍疾、勁道直而無分力。

相對於戳槍勁道的簡單，革槍的勁道則非常的複雜。革槍的全身配合在本章「4.6槍圈理論」以及「圖4.12革槍槍圈的形成」裡已經有詳細的說明。這種勁道被作者稱為「間接施力」；一般施力的方法可以簡單的論述為「直接施力法」，例如手舉木棒以格架對方的攻擊，手上舉的力量就是格架的力量，只是這個力量利用木棒做為傳導媒介而已；而大槍革槍屬於「間接施力」的方法，革槍的全身施力只是使得槍頭畫一個「6」字形的槍圈，經由這個圓形運動而衍生離心力，再用這個離心力使得對方的大槍沿著圓運動的切線方向打開。大槍革槍的這種間接施力是一種非常特殊的施力方法，也是大槍勁道的特色，切實掌握革槍勁道是學習大槍技巧的必須，也是最困難的地方。

4.12 槍制

大槍槍技除了插花扎、鴛鴦扎這類「不招、不架，就是一

下」的技巧以外，都是先有一個革槍的過程，把對方的槍打開到了某個程度了，然後才還手戳槍。這種革槍之後戳槍的過程是大槍對抗的一種常見的規律。在《手臂錄・峨眉槍法・倒手篇》裡稱之為「倒手」[67]，而不稱之為革槍，就是凸顯革槍是為戳槍做準備這個法則。

但是要革槍就必須建立兩槍的接觸點，那麼如何透過接觸點把革槍力道有效的傳遞到對方的大槍呢？大槍的「槍制」理論就是針對這個問題而建立的。槍制理論可以分為三個要項來探討：

1）器制

器制是指槍器形制的講求而有助於槍法技巧的發揮。《手臂錄・槍根說》裡說：「敬巖之法，用我之槍根以制我之槍頭。乃用我之槍頭以制彼之槍根。千變萬化盡於此矣。……器制者，根重大、而頭輕細，其身鐵硬，故運用如彈丸之脫手。」[68] 這就是器制最佳的說明。從這段話裡，我們可以理解大槍規格直接影響到大槍技巧的發揮，這也是本書「4.1 大槍槍式」裡對於大槍規格一再強調的原因。首先「根重大、而頭輕細」就是要將槍器的重心放前手，以便於控制；其次「其身鐵硬」就是把身體產生的力量及時而且有效地傳達到槍頭；槍

67　吳殳・增訂手臂錄 [M]・北京：北京師範大學出版社（孫國中校訂版），1989：161。

68　吳殳・增訂手臂錄 [M]・北京：北京師範大學出版社（孫國中校訂版），1989：27。

身軟就會在革槍的時候在槍身產生阻尼作用，不但延緩也會減少了力量的傳達，所以槍身軟是槍法的大忌。

2）勢制

勢制就是用槍者透過槍法技巧而展現的控制能力。在《手臂錄·槍根說》裡有詳細的說明：「勢制者，如頭在上，則根在下。頭在左，則根在右。其易知者也。唯頭在中而根在下，其理元微，何也？來槍中平，變態繁多。我革之也，必使槍根略低，令槍脅著彼槍脅，而下槍頭直壓其前手，則彼無能變換，此敬巖、真如心血也。」[69]。這一段論述基本上是強調頭上根下、頭左根右這種持槍的方式。「頭上根下」使得槍身的正面從一個點變成一條線，如此以來對方戳槍時必然會與我的槍有交叉，而方便我進行革槍；而「頭左根右」類似「3.2.10 敗槍」一節裡說的敗槍，是把自己的中門暴露給對方，這樣做不單是引誘對方攻擊中門，同時也可以減少對方的攻擊變化。在「7.6.2《紀效新書》中記載的二十四槍勢」裏提到的如拖刀勢、跨劍勢等等都是以勢制的理論做為基礎的。

我們理解中平槍的變化多，所以是最難防守的。然而在《手臂錄·槍根說》裏建議：後手略低於正常的中平勢的位置，槍桿中段貼著對方的槍桿中段，然後把槍頭往下壓在對方的前手處，以此來控制對方的中平槍。分析其原理：首先槍根

---

69 吳殳·增訂手臂錄 [M]·北京：北京師範大學出版社（孫國中校訂版），1989：28。

低於槍頭，容易把身體的力量傳到槍頭；其次，順著對方的槍桿中段往下滑到對方的前手，這個動作可以把對方的槍頭「擠」離開中門；其三，槍頭壓著對方的前手處，對方很難控制槍頭做細微的變化。這種勢制的原理與本章在闡述立體槍圈時說的接觸點往前移動是同一個道理。

3）身制

上述的兩種方法，器制與勢制，都是從技巧發揮為著眼的理論，但是如果技巧裡沒有足夠的重量含量，僅憑著槍器本身的重量，槍器很容易被對方稍微一碰就被打開了。那麼除了槍器本身重量而外，如何可以增加其有效重量呢？一般最簡單的就是用手力強壓在槍桿上。但是用手力，首先就必須手上有力氣。施展手力固然容易，但是極難以控制，施力稍微過頭就會發生空門大開的危險情形，特別是對方反應快而且善於圈串的時候，所以大槍技巧要求絕對避免僅僅使用手力。

正確的身制是用自己身體的重量，其操作的方法就是在本章「4.6 槍圈理論」裡所說的革槍槍圈的生理運動。這種身制的好處很多：首先，手臂肌肉不易疲勞；其次，利用身體的重量會給對方極大的壓迫；第三，如果對方使用串槍逃避，由於身制是利用身體和兩腿來施力，所以不容易像用手力一下子被放空，所以不容易露出空門。總的來說，槍制理論是主宰勝負一個很重要的因素，是槍法裏一個非常重要的理論。

從這個槍制理論可以回頭分析槍器的彈性、或者軟硬的問題：一般人喜歡槍器有些彈性。所謂的彈性就是在抖動槍根的

時候，槍體會有較大幅度的擺動。如果以應用力學的角度來看，這種容易擺動的槍桿彈性係數小、自振頻率低、振幅大，換句話說就是槍身「軟」。如果彈性係數大的話，槍體自振頻率高、振幅小，所以不會有肉眼可以看到的擺動，換句話說就是槍身「硬」。在《手臂錄・槍根說》裡對於軟槍有著非常中肯的批評：「楊家槍長、沙家槍長而又軟，不能壓其頭，器制之道先失；則勢制之道無所託以行之。是以粗浮不足觀也。」[70] 這個批評指明楊家槍過長、沙家槍長且軟，這兩家槍法的問題就是先失器制、再失勢制，所以無法把勁道傳達到槍頭。作者從 1999 年到 2002 年舉辦的大槍比賽都是使用木槍，有趣的現象就是選手在賽前都會精心的挑選（每支槍都有記號）較硬的槍，原因就是他們在實際對抗中體驗到軟槍存在的問題，所以自然而然的趨向於選擇硬槍。

　　以上所述的三種槍制都還是屬於生理性的或是技巧性的控制，作者從親身實戰的體會裏提出「心制」的理論。心制就是在生理性的、技巧性的層次之上還有一種無形的、心理的、或者說屬於戰術性的控制方法。這種「心制」可以拿《孫子兵法・勢篇》裡說的來解釋：「故善動敵者，形之，敵必從之；予之，敵必取之」[71]。也就是用「勇怯、強弱」的相對態勢來迷惑對方，透過對對方心理的控制來達到控制其生理的目的。

70　吳殳・增訂手臂錄 [M]・北京：北京師範大學出版社（孫國中校訂版），
　　1989：28。

71　曹操，杜牧，張預等・十一家注孫子 [M]・香港：中華書局香港分局，
　　1974：76。

這種「心制」的理解和應用對於提升槍法有著非常重要的影響。但是「心制」是屬於一種形而上的東西，必須靠著老師的口傳心授，很難用文字來說明它，作者在本書第九章對此有些嘗試性的解說。

4.13 身法

　　《紀効新書‧紀効或問》裡說：「長槍，單人用之，如圈串，是學手法；進退，是學步法、身法。……」[72] 我們再看《紀効新書、比較武藝賞罰篇》：「一。比槍：先單槍試其手法、步法、身法、進退之法。復兩槍對試……。」[73] 同樣的在《陣記》一書裡也說「學槍先以進退身法步法與大小門圈串手法演熟，繼以六直、八母、二十四勢的廝殺……。」[74] 這裡都是把身法、步法做為單人練習的課目。但是這幾本兵書裡並沒有對身法、步法提出實際的訓練內容，也沒有突出身法的重要性。

　　為了補充這方面的資料，作者借用《手臂錄》裡的敘述做為藍本而提出一些補充說明。在《手臂錄‧峨眉槍法‧身手法篇》裡強調身法的重要有：「身法乃藝之門戶。進退盤旋皆由身法。身法既正，則十八倒手、十八扎法，無不應心矣。」[75]

72　戚繼光‧紀効新書 [M]‧北京：中華書局，1996：6。

73　戚繼光‧紀効新書 [M]‧北京：中華書局，1996：58。

74　何良臣‧陣記 [J]‧中國兵書集成，1994，25：722。

75　吳殳‧增訂手臂錄 [M]‧北京：北京師範大學出版社（孫國中校訂版），1989：164。

這裡強調一切的槍法技巧築基於身法。由此可見身法的重要性。

如果細分身法的內容，我們可以分兩類來看：

1）靜態的身法

靜態的身法主要是在施展槍技前後的對峙階段。在《手臂錄‧身法說》裡記載：「敬巖曰：『身法宜側而忌平，宜蹲而忌立。平則闊、立則長，所備者多。側則狹，蹲則短，所備者少也。』」[76] 這段話說明靜態持槍的時候要側身對著對方，而且要蹲低，這樣的身法可以減少被攻擊的面積；所以對方發動攻擊的時候，他攻擊的方向、角度也會受到非常大的限制，如此以有利於我的防守。這種側身站立持槍的特色，在宋朝的《翠微先生北征錄》就有說：「造甲之法，……槍手則欲其窄，其用不同，其製亦異。……」[77] 這是因為側身持槍被攻擊的面相對較窄，甲不需要太寬；而且撐腰戳槍之時兩肩必然會向內擠壓，如果身甲寬就會妨礙戳槍，由槍手之甲要窄的要求來看，可以旁證自古持槍就強調要側身。

但是從實際的槍技對抗的體驗，作者認為靜態持槍的身法不適宜經常取蹲低的姿勢，因為蹲得低固然減少被攻擊的面積，但是也限制了步法的機動性，同時在「革槍槍圈的生理運

76　吳殳‧增訂手臂錄 [M]‧北京：北京師範大學出版社（孫國中校訂版），1989：51。

77　華岳‧翠微先生北征錄 [J]‧中國兵書集成，1991，6：673。

動」裡強調腿部有上下的運動。若是一開始就蹲得很低，那麼身形往下的動作就會受到很大的限制，反而不利於革槍。

2）動態的身法

　　動態的身法就是在施展槍法技巧時身體的配合，在本章「革槍槍圈的生理運動」一節就是闡述在革槍時的身法運用。一般簡單的革槍技巧，如拿槍，必須身體前俯、配合腿的蹲坐來加強革槍的勁道；如攔槍，就要用身體向後仰、再加上蹲坐。至於較為複雜的槍技，如蒼龍擺尾，就必須利用身體的後退避開對方的攻擊、同時利用腰胯的旋轉將槍頭由圈內轉到圈外，最後拿槍時除了一般拿槍的身法而外，還另外加上身體往前的移動。作者訓練選手時，除了強調「革槍槍圈的生理運動」而外，也會針對特定技巧所需要的身法再予以加強。

　　以上所說的身法，靜態的身法比較容易，但是動態的身法就要看槍法技巧的需要而做適度的配合。所以身法訓練沒有一定的手段，完全看技巧的需要而定，或許從這可以理解為什麼在《紀効新書》裡雖然強調、但是沒有論述身法的原因。

　　即使靜態的身法也要靈活運用，不能死守著上述的原則。在對抗時有時候可以故意的把身體正面對著對方，配合以槍頭適當的放低，以此來引誘對方攻擊我的上半身，如果對方攻擊了我故意暴露的目標，那麼我的防守就會相對的有利，這就是本書第九章裡所說的戰術應用了。

4.14 步法

　　與前述的身法一樣，步法也不能單獨練習，而必須配合槍法技巧的需要。一般來說，練習革槍不需要、也不能用步法來配合，在《手臂錄·步法說》裏特別說明：「足要早動，封閉必不熟。初練時，坐地置身後[78]，至子午、雙頭、月牙等槍，革之泰然，則身手相應，足自隨身。何步法之有哉？」[79] 這一段的論述清楚的說明了學習革槍一個非常關鍵性的要求：練習革槍不能移動腳步。因為革槍需要腿、腰以及上身的配合，如果革槍時移動腳，那麼手上革槍的功夫就不紮實了。

　　在做纏槍、鴛鴦扎這些槍技的時候，身體必須往側方移動，這時候就必須使用槍法裡最為特殊的「鴨踏步」。在《手臂錄·步法說》裡解釋鴨踏步為：「蹲坐而行，其形如鴨」[80]。因為大槍的槍器很重，所以移動步子的時候會自然的把體重全部放在落地的那隻腳，如此身體自然就會有左右晃動的形態出來，這種形態的確像鴨子走路。但是這種形態是因為大槍的重量而自然產生的，如果刻意的模仿鴨子走路那是無法體會鴨踏步的真意的。

　　除了鴨踏步而外，其他的步法與一般徒手拳術的步法都是

78　原文「坐地置后」。後腳本來就在後面，如何「置後」？必然是置之身後，以防身體後退。

79　吳殳·增訂手臂錄 [M]·北京：北京師範大學出版社（孫國中校訂版），1989：52。

80　吳殳·增訂手臂錄 [M]·北京：北京師範大學出版社（孫國中校訂版），1989：52。

一樣的。作者認為只要能夠配合槍技的需要而移動，即不需要單獨的練習大槍的步法。

　　從多年的教學以及舉辦比賽的經驗裏，作者觀察到很多的選手在危急之時會不自覺的往回退、甚至往回跑。姑且不談這樣的退卻是否能成功的逃脫眼前的威脅，但是一旦退卻，手上防禦的功能就大打折扣，無法正確的做出標準革槍的動作。就算能在退卻中隨手發扎，但是那完全是沒有殺傷力的手力送槍[81]。在大槍對抗時當然講究進退，但是進退是在雙方實際接觸之前的距離調整。一旦開始進入攻防的階段，用步法微調距離是可以的，大幅度的步法變化就不適合了。由於大槍在實際戰場上有這樣的特性，所以用槍者不能心存僥倖，必須要有「狹路相逢、勇者勝」、「置之死地而後生」放手一搏的心理鍛鍊。

　　作者早年在我國刀槍劍棍裏尋找研究、推廣的目標時，正是因為練習大槍必須具備這樣直面生死的心理素質，所以作者決心以大槍競賽運動來改良我們積弱的民族性。作者認為我們有很多苟且的人生態度需要更正，例如：我們喜歡說「留得青山在、不怕沒柴燒」，或許青山可以被保留，但是那柴只是給勝利者燒的；我們喜歡說「犧牲不到最後關頭、絕不輕言犧牲」，問題在於一再退讓，何時才是最後關頭？就算到了最後關頭了，可能早被打趴了、無力還手了；練武人喜歡說「讓一、讓二、不讓三」，但是除非實力遠遠超過對手，把「讓」

81　在作者制定的競賽規則裏是不計分的，而且對方可以繼續攻擊。

當作戰術應用來變相的鼓勵對手輕敵，否則根本就沒有「讓」的本錢，可能不到「讓三」就已經被擊垮了。而大槍競賽運動在維持「真槍精神」的情形下，選手必須直面生死而無所退卻、無法逃避，所以會培養出積極的、主動的、旺盛的攻擊精神。

4.15 二次攻擊

大槍之所以被稱為百兵之王除了它戳槍的殺傷力而外，還有一個很重要的原因，就是戳槍的變化多端。戳槍的動作看似非常簡單，然而在戳槍的過程裡經常會突然轉向攻擊第二個目標、甚至第三個目標，這種攻擊變化極難以防禦，所以成為我國傳統大槍非常突出的攻擊特性，甚至因此而有「遊龍」的美稱。作者特別把這種攻擊變化定名為槍法的「二次攻擊」原則。這個「二次攻擊」特性造就了大槍在戰場上殺敵致勝的威力。但是如果大槍重量太重、或者重心偏前，就是所謂的「死重」[82]，出槍一半之後必然壓手，那麼就會無法施展二次攻擊的變化了。

在本書第六章裡介紹的雙頭槍、圈手都是在一個戳槍動作裡連續的攻擊兩個目標；梨花三擺頭則是一次攻擊之中涵蓋了三個連續的目標。這些技巧在《手臂錄》裡都被列為「在堂上

82　「死重」為先師劉公雲樵之用語。意指大槍重到技術無法發揮。技術無法發揮謂之「死」，所以稱之為「死重」。古代戰場上因為體力因素，所以要求「快馬輕刀」、「軟弓長箭」，都是強調兵器的輕巧易用。

者」的妙品，而有「學者宜致力焉」[83] 的勉勵語，由此可見，想要提升槍法修為則必須掌握槍法二次攻擊的原則。

我們可以從「二次攻擊」的角度回頭看大槍槍桿軟硬的問題：「二次攻擊」能夠成功施展的一個先決條件就是突然轉向，此時若是槍桿較軟就會發生槍頭跟不上手的變化，而發生了「不聽使喚」的延遲，也就無法施展「二次攻擊」了。這個「二次攻擊」的理論也更加支持了古籍文獻裏說的「十二分硬槍」。

4.16 我國兵學思想對槍技的影響

戰爭裡使用的戰略、戰術的手段都是屬於軍事哲學的範疇，也稱為兵學。我國歷史中兵學的著作極多，然而其中最為後人津津樂道、而被全世界奉為兵學典範的當屬《孫子兵法》。

在《孫子兵法》的第一章裡就強調「兵者詭道也。故能而示之不能，用而示之不用，近而示之遠，遠而示之近。利而誘之，亂而取之，實而備之，強而避之，怒而擾之，卑而驕之，逸而勞之，親而離之。攻其不備，出其不意。此兵家之勝不可先傳也。」[84] 如果我們仔細分析主宰大槍對抗勝負的因素，我

83　吳殳．增訂手臂錄 [M]．北京：北京師範大學出版社（孫國中校訂版），1989：32。

84　曹操，杜牧，張預等．十一家注孫子 [M]．香港：中華書局香港分局，1974：12~18。

們可以發現這些兵法的哲學竟然在大槍的對抗裡得以實踐，其實這個發現並不令人感到訝異。本書第九章「大槍武藝的戰術：勢」對大槍戰術和兵法的關係有進一步的說明。

4.17 我國哲學思想對槍技的影響

與世界其他地區形狀類似的大槍相比較，我國的大槍武藝具有相當的特殊性。而這些特殊性在極大程度上是受到我國文化、特別是哲學思想的無形影響。雖然歷代練習大槍的兵家或是武藝家不必然具有某種程度的哲學修養，但是他們的思維方式無法自外於我國文化與哲學思維的模式，所以從大槍技巧、理論來仔細分析，自然可以呈現出其中蘊藏的哲學思想。作者在大槍教學時，經常對學生說「我教的不只是大槍；我教的是為什麼你是中國人的根本所在」。這個「根本所在」就是大槍武藝裏蘊藏的中國式的哲學思維，特別是在激烈衝突狀態下的思維模式。

誠如近代哲學大師馮友蘭教授在《中國哲學簡史・自序》裡所說，我國的哲學體系的論述方式與西洋的哲學體系的論述方式是截然不同的。西洋哲學的論述是條理井然有序，不容許讀者臆測或解說；而我國的哲學論述則是採用「意在言外」的方式。這種我國特有的哲學論述方式，在馮友蘭教授的演講裡很清楚的指出：「這是中國哲學家慣於用名言雋語、比喻例證的形式表達自己的思想。……名言雋語一定很簡短；比喻例證一定無聯繫。因而名言雋語、比喻例證就不夠明晰。它們明晰

不足而暗示有餘，……正因為中國哲學家的言論、文章不很明晰，所以它們所暗示的幾乎是無窮的。」[85] 正因為我國哲學特殊的隱晦式的論述方式，再加上大槍是一門應用科學，所以很難把哲學理論與槍法理論做出一對一的對應。

在這種情況之下，我們唯一可以做的就是把大槍應用的方法、原則列舉出來，讓其中蘊藏的哲學思想自然的呈現。

1）相生相剋的原則

大槍對抗的時候經常採用相生相剋的原則。如果對方動作快，而我要比他更快，那麼勝負就要決定於雙方的生理極限了。事實上，大槍對抗的時候經常採取與對方背道而馳的方法：對方以快取勝，我就以慢應之；對方想要以力壓我，我就以柔化之，這就是把兩種截然不同的因素拿來做為相剋的應用。但是這些相對立的因素也有相生的作用：例如我先以速度來快攻對方，突然一放慢使得對方做出過度的反應，此時就很容易取勝。

所以大槍對抗的時候經常在快慢、進退、大小、剛柔、和暴這些對立的因素裡求取平衡。這種思維非常的合乎我國陰陽、五行的學說，這些哲學思想著重在事物的相對性，而非絕對性，例如在《老子》一書裡說「禍兮福之所倚，福兮禍之所伏」[86]、「曲則全，枉則直，窪則盈，敝則新，少則得、多則

85　馮友蘭‧中國哲學簡史 [M]‧北京：北京大學出版社，1985：16~18。

86　余培林‧新譯老子讀本 [M]‧台北：三民書局，1975：94。

惑」[87]，這些思維的方法都是從事物的表象洞察到隱伏其內的反面契機。這種思維方式不僅僅主宰了我國代代人的人生哲學，同樣也主宰了大槍對抗的變化原則。

2）以內修提升槍法的修養

在《手臂錄・峨嵋槍法》[88] 裡不但提到槍法訓練的《治身篇》，還特別強調所謂的《治心篇》。而且在《治心篇》裡一開始就闡明「用技易、治心難。手足運用莫不由心。」這就是說大槍武藝生理表現的增強必須從心理的調理來入手。這就是我國哲學裡非常強調的內修的修養。儒家己立而立人的手段就是《大學》裡說的「格物、致知、誠意、正心、修身、齊家、治國、平天下」[89]，這裡說的「格、致、誠、正、修」就是內修的要領。大槍訓練的理念繼承了這種文化的深度，強調了大槍技巧的發揮不能僅僅的靠生理上的訓練，而必須調整心理的素質。

3）以動靜為體、以變化為用的思維

槍法對抗的時候，革槍與戳槍都是對抗過程裡的「動」態，如果雙方都只採用這種動態做對抗，那麼對抗就成為一種往復不停的機械運動了。而我國大槍應用的精神是「以動靜為

87　余培林・新譯老子讀本 [M]・台北：三民書局，1975：48。

88　吳殳・增訂手臂錄 [M]・北京：北京師範大學出版社（孫國中校訂版），1989：155。

89　謝冰瑩・新譯四書讀本 [M]・台北：三民書局，1973：1。

體」的，用我的戳槍強迫對方革槍、或者以我暴露的目標來吸引對方攻擊。總之要自己儘量保持靜的狀態、讓對方動起來，然後在對方動的意圖、動的過程裡尋找對方的破綻，當對方的破綻一旦顯露，我則立刻轉換到了動的狀態予以攻擊。這種轉換不僅僅是生理的應變，同時更是思維的審時度勢、臨機應變，這就是「以變為用」的原則。這種從轉變中尋找消長的契機，從而取得勝利，正是我國「易學」的精髓。

4）天人合一的境界

　　我國的哲學強調「天人合一」的修養。要達到這個境界就必須看破生理的、物質的限制，從而在精神上達到人與自然的統一。作者在 1996 年完成八極拳的學習時，劉師雲樵對作者提示了一句「不學無體、不忘無用！」做為作者未來努力的方向。作者當時是百思不解，一直到很多年以後才理解：「學」是個過程，在這個過程裡為了要充實自己，所以必須得學。但是學習到一個程度以後，就得把學習的內容結合成為自身的一部分，這就是「忘」的功夫。這與嬰兒學習走路一樣，等他會走路以後還會在乎每一步要怎麼走嗎？不會！一切盡在自身，細節早就忘了。大槍武藝一樣，修煉到了某程度之後，就必須把槍器、槍法技巧統統丟掉。這裡說的「丟掉」倒不是真的把這些訓練都給忘了，而是利用槍法的理論來統一槍法技巧的個別差異，最後達到融會貫通的程度，使得人與槍器、思維與動作、戰術與技巧、甚至敵我雙方結合成為一體。在《手臂錄‧石敬巖槍法記》裡就有對槍法大師石敬巖的描述：「石師交

手，意思安閒，如不欲戰。俄焉槍注人喉，不敢動而罷。微乎！微乎！近於道矣。」[90]，以及「敬巖對之，不立一勢，不施一法。忽焉刃注其喉。」[91] 這些文字都很具體的描述了「人槍合一、天人合一」的槍法境界。

5）追求自然、精簡的美學思想

我國美學思想受到崇尚自然的哲學影響，所以講究神似、而不以形似來標榜所能。為了避免用有形、有限的現實來闡釋無形、無限的自然，所以形成了儘量減少個人偏執描述的原則。這種思維最終形成一種以精簡為尚的美學思想，很多時候佈白之處就是筆未到、而神已達的表現方式。作者有一位藝術家朋友，他接受過很正規的西洋藝術訓練，同時對於中國的藝術也有相當深厚的修養。在一次大學會議的演講裡，他說：「西洋藝術家的藝術表現是把自己的思想強烈的呈現給觀眾，讓觀眾來試圖體會藝術家想要體現的思想。而傳統的中國藝術家以最精簡的筆觸、無限的留白，讓觀眾們自己去意會、去思考。經過這種思維的激盪，藝術家就與觀眾產生了超越時空的對話。」這種藝術的表現與前面說的我國哲學的論述方式具有「無窮暗示」是完全一致的。

槍法雖然是一項體育運動，但是我國哲學強調「技近乎

90　吳殳．增訂手臂錄 [M]．北京：北京師範大學出版社（孫國中校訂版），1989：90。

91　吳殳．增訂手臂錄 [M]．北京：北京師範大學出版社（孫國中校訂版），1989：85。

道」，也就是說技巧的高妙必然有合乎道的成份。槍法技巧達到某種程度以後，表現出來的人槍合一、寓動於靜、動微而勝速的風格，都是與我國美學思想互為表裡的。一位藝術家在創作慾望強盛的時候，會拿起畫筆；而一位專精大槍的武術家，在同樣的情形之下就可能拿起大槍做槍舞。在《手臂錄·舞槍勢說》裡就記載了舞槍的藝術境界：「舞與歌同類，安責其實。用鐃歌為軍中之樂，則器舞亦軍中事也。而其合手法、步法、身法、行著以為一敘，習之則技自精熟，以此不為剩技。然非精妙之極者，舞必不佳。予不知真如槍舞云，而敬巖曾於婁之海寧寺，一見其舞。又於斗室中以短杖作三四轉身。六十老翁，白須如帚，赭面長身。平日有戚施之誚。及乎作舞，竊疑衛叔寶、王衛尉無此俊美也。……」[92] 這一段文字裡不但肯定了槍舞是屬於軍中的活動而外，也說明了在槍技修為到了很高的境界時，一舉一動不但合於槍法的規矩，同時會自然表現出內蘊的藝術價值。當然這種把槍技提升到藝術表現的境界並不是我們自我陶醉、自我膨脹，在唐朝時期就曾把裴度將軍的劍舞和李白的詩、張旭的狂草共稱為「三絕」，可見得我國傳統文化始終承認武學的藝術表現與文學、美學是能夠相通的。

　　當然這種槍舞的藝術表現一定是築基在槍法高妙的修為。但是我們必須也意識到這種槍舞必然有些部分是與實際應用是脫節的。這些脫節的部分，就是所謂的「虛處」。虛處一般是

92　吳殳·增訂手臂錄 [M]·北京：北京師範大學出版社（孫國中校訂版），
　　1989：86。

做為接合劑把本來無法相連接的技巧很自然的結合起來。《手臂錄・舞槍勢說》裏特別提到「夫舞字之轉換處，寂寥處須有虛勢以濟之。不可兼貴實用。沖斗於諸舞勢，曲為之說，以致疏舛。」凡是套路都不免有「虛勢」，如果不理解虛勢，而妄自加以應用的解說就犯了「疏舛」的錯誤了。這一段文字對於我們理解槍舞、或是其他套路訓練無疑的起了一盞明燈的作用。

　　一般人講到藝術、談到美感，都不免有幾分造作、幾分勉強，如果這種造作多了，武術的實用價值就相對的減少。作者一生以「拙樸」作為自己的座右銘，透過對於拙樸的實踐，希望讓武術的實用價值、藝術美感得以自然而然的呈現出來。當然，「拙樸」只是作者個人對於武術的闡釋，在此謹提供給讀者作為參考。

4.18 大槍武藝的內修「心定、神靜、容安」

　　作者早歲接受劉雲樵老師的教導，劉老師教授武藝很強調「內修」的功夫，這影響了作者之後數十年的練武的方向。一般來說，徒手對抗都處在一個恆動的狀態，內心的動靜在外形上比較難以界定和察覺；而大槍屬於重兵器，不能長久保持在一個恆動的狀態，所以一般用槍在外形來看是靜多而動少，但是一旦動起來就像驚雷一般的山崩石裂，這種外形動靜的轉換很明顯的是出自於內心的變化。《手臂錄・峨嵋槍法・治心篇》說：「用技易，治心難。手足運用莫不由心。心火不熾，四大

自靜。」[93] 這段話就點明了練習大槍的難處不在技巧、而在「治心」，治心就是武術內修的功夫了。

治心雖然是內修的功夫，但是修煉不一定完全從內心入手。《手臂錄・峨嵋槍法・治身篇》說：「持龍之道，身心為本。身法不正，則心無主而手足失措，持龍不固，進退無節，機局荒唐矣。故曰：『心動神離殼，神疲氣必虛。』」[94] 可見身與心是相互影響的，內修的功夫必須是從內、外兩個方向一起修練的。

民間槍法如此的講求內修的功夫，那麼以陣戰殺敵為目的的兵槍也講求內修嗎？我們看《紀効新書・長槍總說》：「熟則心能忘手，手能忘槍，圓神而不滯，又莫貴於靜也。靜則心不妄動，而處之裕如，變化莫測，神化無窮，後世鮮有得其奧者。」[95] 原來兵槍必須在戰場上面對自己的生與死，更需要從「靜」來取得心不妄動的效果。

那麼「內修」很玄嗎？有途徑可以遵循嗎？以作者有限的經驗來看，內修是一門實學，它是有方法鍛鍊的、可以真正實踐的。作者將自己鍛鍊的內容歸納為「心定、神靜、容安」三個條目。

作者將「心」解釋為潛意識。潛意識是在危急狀態時，生

93　吳殳・增訂手臂錄 [M]・北京：北京師範大學出版社（孫國中校訂版），1989：156。

94　吳殳・增訂手臂錄 [M]・北京：北京師範大學出版社（孫國中校訂版），1989：157。

95　戚繼光・紀効新書 [M]・北京：中華書局，1996：112。

理本能式的反射反應。大槍對抗過程中一定會經常不斷的被逼入危急的狀態，如果任由潛意識做直覺式的反射反應就很容易陷入被對方牽著鼻子走的被動困境，唯有按耐住自己直覺的衝動，才會有理性的對抗作為，所以作者認為大槍的內修的首要就是「心定」，心定就會取得不躁動、不妄動的效果。

「神」就是意識、也就是邏輯思維的能力。在武術對抗中，判斷對方意圖、思考正確對應都需要意識的活動。如果神亂了，那麼就不可能維持思維活動，只能讓潛意識做本能式的反應。所以「神靜」就是穩定的掌握住自己的意識活動，在被動方面要避免被對方影響、甚至被對方控制，而在主動方面則需要對當下的態勢做迅速和正確的判斷、選擇適當的戰術、影響對方的思維，最終達到取勝的目的。

「容」就是肢體動作的部分。「容安」分自外而內以及自內而外的兩部分：自外而內的部分就是大槍戳革的基本動作要求，如果在對抗時不能保持這些動作的正確，那麼非常容易陷入手忙腳亂的情境，心與神必然慌亂動搖；而自內而外的部分則是由「心定、神靜」在肢體外形上顯露的一種安詳、恬適的狀態。

「心定、神靜、容安」是相互影響、互為依賴的內修條目。作者堅信在今日的社會環境裏，練習大槍的最大收穫是內修鍛鍊的成果。果真在這三個項目上努力的下功夫，應該可以達到古代名將在千軍萬馬中表現出來的那種意態安閒、從容應付的瀟灑風度。

4.19 小結

　　對於理論的理解可以幫助我們體會大槍技巧的奧妙，也可以縮短我們的學習歷程，所以作者在此書用了很大的篇幅來闡述大槍理論，不過理論的理解絕對無法取代實際的練習。古代的大槍好手或許根本不理解大槍理論，但是他們用紮實的練習取得了超絕的成就，所以作者在本章之末特意的強調「知」與「行」必須結合起來。

　　對於作者本身來說，此書內的大槍理論是經過「推倒、重建」這個研究過程之後建立起來的，也就是說作者在研究初始，先把文獻記載、近代流傳的內容都暫且存疑而擱置在一邊，完完全全的從「長兵」、「刺兵」這兩個最基本的本質做為起點，在此基礎上以實用為唯一的驗證手段來重建理論體系。在研究過程中如果稍有所得，就與文獻記載的理論相互的印證或者辯駁。作者從 1995 年寫完此書的第一個手寫版（尚未建立電腦文件檔），拖延了數十年之久才發表，其原因之一就是作者要求自己把書裡論及的理論、技巧、戰術統統要在實戰中做出來、親身體驗過。如果沒有親身的體驗，那麼出書就有人云亦云、自欺欺人的可能性存在，作者認為這些行徑是「君子不恥」與「壯夫不為」的欺騙行徑，是違背了作者對身為一名練武人的自我期許的。

　　在整個的研究過程中，作者特別對於槍圈理論的部分下了極大的功夫，也提出了一些新的論點。文獻資料顯示：傳統的槍圈理論是以兩度空間的圓形做為整體論述的基礎，唯有明末

清初的吳殳在《手臂錄》一書裡提出了以革槍發勁為著眼點的「月牙／覆瓦形」槍圈理論。而作者對傳統槍圈理論提出的新論點包括：

1）「6」字形的革槍槍圈

作者在 1991 年發表的《纏絲勁的數學模式》的論文，就是以實際觀察、力學分析等等方法為基礎，而提出了「6」字形的革槍槍圈的理論，打破了槍圈必需求其圓的錯誤觀念。在此篇論文發表之後，曾有台灣某位武學名師說：「理論雖好，但是無用！」殊不知這個理論正是作者突破明朝大槍武藝最重要的鑰匙。

2）三種不同用途的槍圈

古文獻裡把槍圈的應用僅僅解釋於革槍的應用。在本書裡指出槍圈除了革槍槍圈而外，還有高級革槍的纏槍槍圈以及攻擊變化裏經常使用得著圈串槍圈兩種。而且除了革槍槍圈為「6」字形而外，其它兩種槍圈形狀是圓形的。

3）革槍的「起訖間距」

正因為革槍槍圈是「6」字形的，所以在革槍動作開始與結束的槍頭位置會有一定的垂直距離。這個間距決定了革槍之後還扎的技巧選擇，所以它構成了槍圈理論裏相當重要的一部分，但是在古籍文獻中沒有此現象的討論。本書將此稱為革槍的「起訖間距」。

4）革槍槍圈的三個組成部分

　　吳殳在一個完整的槍圈裡看到了發勁的部分，以此建立其特殊的「月牙／覆瓦形」的槍圈理論。作者特別再進一步的把革槍的槍圈按其作用而細分為接觸運動區、發勁區以及慣性運動區三個組成部分。這三個部分是環環相扣的緊密的接在一起的，而構成一個功能完善的槍圈。

5）革槍發勁與脫槍角度

　　這是作者以力學與物理學的切線角的原理來分析革槍發勁與脫槍角度的關係。這個解釋是以科學的角度來說明和印證了吳殳「月牙／覆瓦形」槍圈的正確性。

6）立體的革槍槍圈

　　本書從槍技應用的實際狀況，而把傳統的平面槍圈理論轉化為三度空間的立體槍圈理論。例如說迎槍扎在革槍的同時有進槍的水平方向的動作；而矽收則在革槍時有把槍往回抽拉的水平方向的動作。這些水平方向的動作使得兩度空間的槍圈形成了一個三度空間的運動。這個新論點解釋了槍圈動作裡會自然產生抽拉或推擠的勁道的原因。

7）革槍接觸點的變化

　　槍法技巧，特別是革槍技巧都需要先建立兩槍的交點。作者從這個理論出發，進一步的用鐘面的 12 個刻度來闡述技巧

過程中接觸點的變化。

　　以上七個新創的論點不僅使得槍圈原理更趨於完備，同時對於理解大槍技擊的變化原理提供了新的解讀方式。當然在其他的理論部分，作者也有一些新的論述，在此不一一指出了。

第五章

大槍基礎和輔助訓練

一般人講到槍法都知道「攔、拿、扎」。的確沒錯，「攔、拿」就是革槍的基礎功夫；「扎」就是戳槍的基礎功夫。槍法若是沒有「攔、拿、扎」就不成槍法。也因為如此，所以大槍基礎技巧的訓練離不開「攔、拿、扎」。

5.1 戳槍

在大槍體系裡戳與扎是可以互換的同義字。大槍屬於刺兵[1]，就是由於它最主要的殺傷力來自槍尖對目標的穿刺能力，所以戳槍就是大槍訓練裏最重要的項目。戳槍的動作可以大致分解為：

1）　準備：一般是採用中平勢、槍頭對準目標，參考圖4.4。

2）　戳槍：以後腿的腳跟旋轉、蹬推，配合腰胯的旋轉，同時後手把槍快速的往前直送。戳槍動作結束時一般是成為弓箭步的步型，前後手合在一起。參考圖4.5。

3）　收槍：戳完之後立即用後手抽槍回身，恢復戳槍前的準備姿勢。

古籍文獻記載的槍法理論對於戳槍要求「去如箭，來如線」[2]，也就是說戳槍要能達到勁、疾和直去直回的標準。古

1　參考本書「4.3 槍棍之別」。

2　戚繼光・紀効新書 [M]・北京：中華書局，1996：114。

人學習槍法就是從戳槍的訓練開始，《手臂錄・石敬巖槍法記》裡記載了吳殳數人向石敬巖學習槍法的第一步：「石師之教先練戳。戳不許多，四伐、五伐則喘息汗下。而少憩。又四伐、五伐。以力竭為度。戳不竭力，則手臂油滑、初址不固。臨敵則無以殺人矣。以漸加之。必日五百戳。幾百日而後戳址固焉。」[3] 由此段文字，我們可以理解當時戳槍訓練著重在勁、快的爆發力，同時強調戳槍的耐力。

　　但是戳槍除了爆發力和耐力而外，還有一個很重要的因素。古代評論槍法的毛病有一項與戳槍有關：「槍有三件大病：……二、當箚不箚，大病；……。」[4] 這個「當箚不箚」的大病和前述的爆發力和耐力的關係不大，問題主要來自戳槍者應激的反應速度。如果只是訓練戳槍的爆發力和耐力，那麼單人訓練即可。但是要培養戳槍的應激的反應速度，作者建議訓練員拿手靶做誘導來引導戳槍者。其方法為：訓練員一方面移動位置，一方面突然的亮手靶；戳槍者則必須不斷追隨訓練員以保持最佳的臨界距離，同時在訓練員顯示手靶之後以最快的速度戳槍。為了達到更佳的訓練效果，訓練員在亮手靶之後立即收回手靶、不要等待戳槍者的反應，這樣可以正確的顯示戳槍者的反應速度。從作者多年來的訓練經驗來看，這種隨機性的戳槍訓練遠比單人戳槍訓練來得有效。

　　作者在教學中歸納出幾點初學戳槍者常見的錯誤：

3　吳殳・增訂手臂錄 [M]・北京：北京師範大學出版社（孫國中校訂版），1989：89。

4　戚繼光・紀効新書 [M]・北京：中華書局，1996：115。

1）上身往前趴

戳槍時上身難免會有些往前傾，只要不影響要腰部的旋轉還是可以接受的。但是如果上身往前趴，影響到了腰部的旋轉，那就會造成很多的問題。首先，由於沒有腰力，腿力也出不來。所以戳槍的力道就會不足；其次，下腰部承受太多的壓力，容易造成下腰部的運動傷害；第三，肩膀承受力會過大，造成戳槍後槍頭跌落於地的現象；第四，槍戳出去「無根」，很容易被對方革槍致門戶大開。

2）全用手力戳槍

任何運動都講究全身的協調性，大槍既長且重所以特別需要靠腿力、腰力來配合，才能戳槍有力、快速。大槍是傳統的軍事器械，講究的就是穿盔破甲的穿透力（見本書「3.1 大槍武藝的本質」），只用手力戳槍的穿透力極差。

為了破除「手力戳槍」的迷思，作者特別的研究一個體驗的方法：作者輕輕的抓住戳槍者的槍頭（不必太大力）模擬護具對戳槍的阻力，然後要求戳槍者先用手力戳槍，一般手力戳槍在槍頭遇到阻力時，後手和大槍就會打橫，而失去穿透力；之後再要求戳槍者完全不用手力，只靠腰腿之力將槍往前送。戳槍者立刻可以感受到極大的、往前送的、很難阻擋的動量。這個動量就是大槍穿盔破甲的力量來源。

3）後腿沒有往前的推力

戳槍需要後腳、後腿往前推送身體，同時也幫助腰部的旋轉。但是經常發現學習者戳槍時將後腳跟往後鑷／蹬，將後腿的力量用到與戳槍相反的方向，完全無助於戳槍，作者稱這種現象為「扯後腿／扯後腳」。為了糾正這個錯誤，作者要求學習者將後腳跟抬起。這樣就可以避免後腳跟把腿的推送力帶往錯誤的方向了。

最近這幾年，作者在改正自己戳槍的毛病時，總結了「轉胯送槍、挺胸送手、胯在頭下」的三個原則：「轉胯送槍」是戳槍的啟動要求，必須轉腰胯，用腰、腿、胯三者的合力將槍迅速的送出；在戳槍的過程中則必須抬頭挺胸、力求把手往前送，這樣也會讓腰胯充分的往前延伸增加戳槍的長度；在戳槍到終點時，一定要抬頭挺胸保持上身正直、胯在頭的正下方的姿勢，這樣不但可以減少下腰部的壓力，同時可以幫助抽槍回身的速度。

5.2 革槍技巧 —— 拿槍

革槍就離不開槍圈，所以在練習革槍以前，一定要理解此書內「4.6 槍圈理論」敘述的細節，特別要清楚理解「革槍槍圈的三個組成部分」和「革槍槍圈的生理運動」這兩部份，在此處就不重複說明理論的部分，而專注在革槍的相對時機、位置的細節。

在圖 5.1 中，實線的圓圈代表對方戳來的槍頭，虛線的圓圈代表我的槍頭；圓圈上的短豎線代表槍頭的正上方（12 點鐘的位置）。整個革槍過程的細節可以分解敘述如下：

1）　初始態勢：對方的槍（B 位置）對準我的胸部正中準備戳槍；此時我的槍頭在圈外地上（A 位置）形成敗勢。

2）　接觸過程：對方開始戳槍，而我必須儘速建立兩槍的接觸以進行革槍。其方法為：我身體重心往後移動、上身仰起同時腰部往圈內轉，這樣的身體動作將我的槍頭抬起、並且往圈內做弧線的運動，如箭號 1。這個接觸過程在位置 B 結束，此時兩槍在我槍桿的 3 點鐘位置接觸。這個過程中純粹使用腰力以及身體後仰

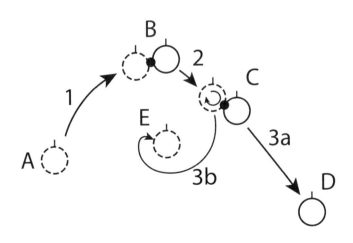

圖 5.1　革槍的細節

　　來帶動我的槍頭，千萬不可以用手力，一用手力就會犯橫力革槍的毛病而將對方的槍桿碰撞離開中線，以至於無法繼續革槍。

3）擠壓過程：在 B 位置的接觸是很輕微的，若是在此時革槍會輕輕滑過而無法有效的改變對方戳槍的方向、同時對方的槍頭還是對準在中心線上，所以還需要一個往側方擠壓的細微動作，如箭號 2 所示。箭號 2 的動作全憑腰部微微的一轉，橫移的幅度極小，只需要將對方槍桿的延伸線移到我後肩的邊緣即可，位置 C。這麼一個細微的動作已經將兩槍的接觸點從 3 點鐘位置轉移到 4～5 點鐘的位置，這個轉變代表兩槍除了左右水平的接觸而外，在上下垂直的角度也建立了接觸。這段擠壓過程也是屬於發勁的一部分，必須與兩手的「轉陰陽」連貫起來一起做。

4）發勁過程：在位置 C，我必須身體往下坐、往前擠、同時兩手轉陰陽（如位置 C 我槍圓圈內的弧線箭頭所示）。這樣的動作會給對方手上、肩膀極為沈重的壓力，同時產生極強的離心加速度來甩開對方的槍。

5）脫離過程：由於發勁過程產生的力道，對方的大槍會沿著 3a 的直線跌落於地（3a 就是槍圈在 C 點的切線）；而我會在這個過程微微起立（彌補發勁過程的下坐），於是我的槍桿順著 3b 的路線回到中線，準備還扎了。注意：在 E 位置時我的槍又恢復到 12 點鐘在正上方的狀態，如果兩手轉陰陽之後不恢復 12

點鐘在上的態勢，那麼必然是前手手肘伸直下壓、肘
關節鎖死了，轉陰陽的圓形運動就會變成橫力的直線
運動了，若是如此則革槍就失去了「返上之機」。

　　以上所述的就是對方在圈內戳槍時，最典型的拿槍動作。
在練習拿槍的時候，一般人都會把注意力放在發勁這個部分。
其實從作者的經驗來看，拿槍最常見的問題發生在接觸過程，
因為這個過程最容易犯用「橫力」的錯誤，如果這個過程不是
用腰腿的力量、而是使用手力，雖然不一定會、但是極容易犯
橫力革槍的嚴重錯誤，也會導致槍桿與身體的結合程度降低、
身腰的力量無法傳達到槍器；其次常見的錯誤就是擠壓過程不
到位，以至於兩槍之間缺乏抗力／摩擦力，革槍發勁時會輕
輕滑過而革不開對方的槍。若是不知道錯誤的肇因並且加以修
正，那麼槍法就會陷入萬劫不復的困境了。一旦能夠以腰腿的
力量來完成這個接觸過程，再進一步的就要注意拿槍的拍位，
只要掌握這兩個要點，基本上拿槍技巧就差不多了。

5.3 革槍技巧——攔槍

　　攔槍是對方在我圈外戳槍，我將槍逆時鐘轉來革，其動作
與拿槍的方向相反，但是細節以及過程是完全一致的。所以在
此不再細述。

　　攔槍比拿槍難，而且做攔槍時比做拿槍更容易犯橫力革槍
的錯誤。當然我們也可以用鐵幡桿這個技巧來給這個橫力革槍

的錯誤做辯護。但是鐵幡桿只是一個應急的革槍技巧,而不是一個常態的、標準的革槍技巧。而且槍法競賽「勝在圈外、敗亦在圈外」,所以應該特別重視和加強革圈外來槍的攔槍。

5.4 革槍小結

革槍是大槍武藝的重中之重,也是最難以掌握的技巧。作者在大槍教學時最困難的就是教革槍。以下簡述一些練習時應該注意的事項:

1) 近代練習大槍者都還強調革槍時不可以磕碰對方的槍桿,必須是滑過對方的槍桿。這個要求當然本意是強調不可以以橫力革槍。但是要完全避免兩槍的磕碰也並不切實際。所以作者認為也不必完全的避免槍器的磕碰,只須要在做革槍時把注意力放在革槍的槍圈,而不要刻意的去追求「滑桿」的效果,更不可以錯誤的將「滑桿」當作革槍的全部了。

2) 革槍練習一定要掌握革槍接觸點的位置、發勁的時機等等因素。這部分的槍法理論是作者長時間研究、練習和教學的成果。理解這些理論應該可以快速的掌握正確的革槍。

3) 在掌握革槍的動作以後,可以進一步研究控制接觸點、兩槍的接觸角度以及革槍發勁的時機,那麼就會自然的熟悉不同的革槍技巧,這就是吳殳在《手臂錄》裡提出的「覆瓦」理論的實踐了。

4）革槍槍圈的可觀察到的圓形運動是由腰與腿來操作；但是革槍發勁的部分必須再加上兩手擰轉槍桿的「轉陰陽」的力道。這一部分的運動非常細微，是肉眼難以觀察到的。

5）初習革槍必需從「重實闊大」入手。「重實」指的是每次革槍要發揮全力，而且是將身上的力量傳送到槍尖；「闊大」是指槍圈不必刻意求其小。以作者的經驗來看，初習革槍的發勁槍圈直徑在 30 至 50 公分之間最好（以長度三公尺的大槍槍尖計算），熟練之後再逐步的縮小革槍的槍圈。

6）當上手掌握到革槍的技巧細節以後，下手戳槍就必須遵守勁、疾的要求，切不可以有戳槍之後動作停頓、等待上手革槍的情形，否則上手無以掌握實際的對抗狀況，如果上了賽場才發現問題就為時晚矣。

7）如果在連環訓練裡，上手在革槍結束的同時已經回復到準備戳槍的姿勢。那麼就可以立即還扎。

　　如果引用《手臂錄》裡的戳槍訓練資料，戳槍有「數百日」見功效的說法。然而百日之功對於革槍來說則是遠遠不足的。在《紀効新書》裡記載：「光又問曰：『如此一圈，其工何如？』荊翁曰：『功夫十年矣。』時有龍溪王公、龍川徐公，皆嘆服。一藝之精，其難如此！」[5]吳殳在《手臂

錄‧石敬巖槍法記》裡也說：「練革無終期，十年、二十年益善。」[6] 可見革槍訓練的重要以及專精的困難。然而攔拿是一切槍法行著的基礎，《手臂錄‧卷二‧革法》裡說：「封（拿）、閉（攔）手熟，諸法說破即能用。不熟，說會亦無用。天下事皆有總頭、有先務，豈法法而練之哉！」[7] 在此把革槍做為槍法練習的總頭、先務。可見古人有多麼的重視攔拿革槍技巧的訓練。

　　戳、革基本功夫到底有多麼重要呢？在《手臂錄‧石家槍法源流述》[8] 裡記載的石敬巖和洪記見劉德長的故事裡可以得到答案：兩人第一次見劉德長，手上的大槍很輕易的被劉撥去，於是百拜求學於劉。劉德長說：「二子根本無工。枝幹皆虛也。當息心泯志不學破法、不與人角技。下死功夫於根本者二年。則可受我法。」石敬巖和洪記也就真正的練習根本功夫兩年。兩年之後再如約拜訪劉德長比試。再次較技，劉德長就不能像以前那樣輕易的革槍了。劉德長對二人說：「吾教二子槍法已盡。無多求也。二子所學博極諸家。惟不知有根本。不曾加工。故遇吾即敗。今根既實，則舊法皆吾法也。復何教為？」從這一段故事裡，我們可以明白紮實的大槍基礎是何等的重要。

6　　吳殳‧增訂手臂錄 [M]‧北京：北京師範大學出版社（孫國中校訂版），1989：90。

7　　吳殳‧增訂手臂錄 [M]‧北京：北京師範大學出版社（孫國中校訂版），1989：47。

8　　吳殳‧增訂手臂錄 [M]‧北京：北京師範大學出版社（孫國中校訂版），1989：26。

5.5 輔助訓練 1 —— 以腰腿控制槍頭的訓練

　　作者從實際練習中體驗到：大槍槍圈主要是依靠腰和腿的控制，而把兩手的力氣保留給革槍發勁瞬間的「轉陰陽」，但是初學者很難體會如何使用腰、腿來控制槍圈。為了幫助學習者迅速的、正確的掌握這個要領，作者自創了一個訓練方法：首先將前手放在背後、後手抓槍握把一半的位置、後手小臂壓住槍把的後半，並且把槍桿緊壓在小腹的正面。如圖 5.2A 所示。

　　訓練員在練習者的槍頭之前，而以一手指向練習者的胸

A　　B　　C　　D　　E

圖 5.2　以腰腿控制槍頭

部。此時練習者以腰（左右旋轉）[9]、腿（上下運動）[10] 把槍頭繞著訓練員的手臂做順時針、或者逆時針的槍圈。由於槍桿長度的放大效應，練習者必須用很細微的腰、腿動作來控制槍圈。槍圈盡可能的小，但是保持其圓形（如圖 5.2A 至 E）。

　　一般來說，學習者可以透過這個輔助訓練而很快的掌握用腰、腿控制槍頭做槍圈的動作要領。一旦能夠掌握其要領，就可以立即放棄這個訓練，因為再多的練習對於槍法也不會有更多的助益。

5.6 輔助訓練 2 ── 敗槍後恢復控制訓練

　　戳槍時為求扎得深、遠，所以兩手會合在一處，但是這時候被對方革槍就很難控制自己的槍頭，以至於經常發生如本書第三章裡所說的「敗槍」。當自己發生敗槍的情況之時很容易被對方還扎戳中，可以這麼說，槍法修為的高下很大一部分是取決於敗槍以後恢復對槍器完全控制的能力。但是在發生敗槍的時候，一個沒有經驗的練習者一般有兩個作為：一是急著想用兩手的力氣把槍拉回中線。這樣的方法非但慢、而且極為吃力；其次就是急忙的往回撤退，以避免對方的攻擊。這兩種方法都是把敗槍當做危機來做負面的損失掌控。其實，對方乘我發生敗槍之時而還扎是槍法對抗的必然，作者極力建議針對這

9　參考 4.12 革槍槍圈的形成圖中 4 號的箭頭。
10　參考 4.12 革槍槍圈的形成圖中 2、3 號的箭頭。

個必然而加以利用，從而把敗槍轉換成為反擊的契機，甚至作者有時還會主動的擺下敗槍的姿勢以誘使對方攻擊。但是這些戰術需要很強的敗槍的處理能力，根據這樣的戰術要求，作者設計了下述的訓練方法。

　　練習者將槍完全戳出，讓訓練員一手握住槍頭（如圖5.3），訓練員在未知會練習者的情況下，突然把槍頭以任意的角度甩出。而練習者在感覺槍頭向外打開的同時，不要去理會槍頭往外走的趨勢，只要迅速的把槍根抽回到後腰，只要槍根回到自己的後腰部，就可以恢復對大槍的控制了。

圖 5.3　敗槍後的恢復訓練

　　作者不主張在敗槍恢復的過程中把槍頭拉回到中線，一方面這樣做很費勁而且慢，其次讓槍頭在中線的側方還有引誘對方深入攻擊的戰術效果。基於這些原因，作者在做革槍基礎訓練時的預備動作都不採用中平勢、不將兩槍相搭，而是採用敗槍的姿勢。

5.7 輔助訓練 3 —— 圈串控制訓練

　　圈串是槍法變化最重要的理論，在槍法對抗時使用圈串原理的機會非常之多，所以想要提升槍法就必須切實的掌握圈串理論的實際應用。

　　在古籍文獻裡面對於串有「串，力在前手」[11] 的說法。也就是說在後手推送大槍的過程中，前手突然將槍頭做圈內轉圈外、或者圈外轉圈內的變化，這樣的轉換變化就是「串」。「串」是手臂肌肉、特別是前手肌肉的細微控制，同時也特別的要求對於拍位的掌握。針對串槍的需要，作者設計了一套訓練方法：

1）練習者持槍站中平勢。而訓練員右手持短棍直指練習者的胸部（如圖 5.4A）。

2）練習者在訓練員短棍的右側方戳槍（如圖 5.4B）。訓練員迅速的用右手短棍撥打對方槍桿，如箭號 1，練

11　吳殳‧增訂手臂錄 [M]‧北京：北京師範大學出版社（孫國中校訂版），1989：58。

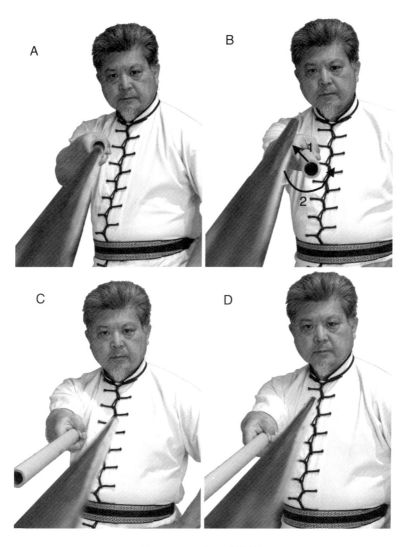

圖 5.4　圈串控制訓練

習者迅速將槍頭按箭號 2 轉入訓練者短棍的左側。串之後的相對位置如圖 5.4C。

3） 練習者在串槍之後立即戳槍，如圖 5.4D。

在這個練習中必須注意下列幾點：

1） 訓練員必須掌握撥打的時機。如果撥打過晚就無法做串槍了。

2） 練習者必須密切觀察訓練員的撥打動作，只有在訓練員撥槍時才可以做串的動作，否則逕直戳槍即可。

3） 練習者的圈串槍圈不可以過大。越能緊貼訓練員的手臂越好。

4） 練習者的戳槍要保持其連貫性，不可以因為串而停止、放慢動作或者回抽槍頭。

5.8 輔助訓練 4 —— 革槍勁道訓練

古人選擇大槍的材質要求槍身鐵硬，其目的之一就是讓腰腿之力可以傳達到槍尖。如果無法把腰腿之力傳達到槍尖，那麼革槍的力量從何而來呢？作者在學習八極拳時，劉師雲樵常說其師李公書文常用槍尖挑大車車輪，並且使車輪在槍尖上旋轉。很多人把這個故事當作神奇的傳說，其實它就是把腰腿力送到槍尖的表現。

作者在教革槍時經常會遇到學生無法體會怎麼把腰腿力送到三米外的槍尖。為了解決這個問題，作者提出了一個很有效

的訓練方法（圖5.5）：

1）練習者以中平勢持槍。

2）訓練員站在練習者的外門位置，輕輕的抓住其槍尖。

3）練習者按照標準的拿槍動作慢慢的轉動槍尖，完全使用腰腿來使力，而不使用手力（手不必轉陰陽，更不可用手幫助槍頭轉槍圈）。練習者必須帶動訓練員的手做圓形的運動。隨著練習者把腰腿力送到槍尖的能力的強化，訓練員可以慢慢的增加一些阻力，如果訓練員保持手臂緊握，那麼練習者的腰腿力應該可以帶

圖5.5　革槍勁道訓練

動訓練員的身體。

5.9 輔助訓練 5 —— 重量訓練

　　古人因為大槍的長度和重量而將重量訓練列為訓練的重要內容之一，而他們的重量訓練就是很簡單的用更重的大槍做訓練，以達到「練重、用輕」的效果。然而對於今日的我們來說，找一隻合手的大槍就極難；再找一隻更重的大槍專做訓練之用豈不更難?!

　　在做大槍的重量訓練以前，我們必須理解訓練的內容、以及可能發生的錯誤以及運動傷害。作者在此簡述如下：

1）腿力：啟動戳槍時，後腿應該有往前推送的力道。千萬不要犯了「5.1 戳槍」裏所說的「扯後腳」的負面效果。而在啟動革槍時，前腿有往回蹬的力道，以幫助身體回撤。

2）腰力：腰部運動是把腿力傳導到上半身的關鍵。戳槍時的轉腰以及革槍時的腰部旋轉都是極為關鍵的運動。但是很多人在重量訓練時上身喜歡往前趴。只要上身往前趴，立刻會把腰鎖住了。腰力無法運作，腿力也被限制在下半身無法送上來，而且非常容易造成後腰的傷害。

3）上身：在戳槍結束時上身一定要抬頭挺胸，這樣才能把腰腿送上來的力道傳達到槍頭。如果胸不挺，必然

拱著背，腰力就會無法全部傳送到槍頭。

4） 頭、項：在戳槍時一定要頂頭、直項，否則身體產生的力道會造成頸部的傷害。

5） 腕力：戳槍後保持槍身水平需要很強的腕力。而一般人的這種腕力比較弱，加上腕部是相對細小的關節。這是重量訓練的重點之一。但是要循序漸進，避免腕部受傷。

作者做重量訓練是利用槓鈴，而且將重量放在槓鈴的一端。這個重量也可以根據自身的狀態做調整。訓練的程序如下：

1） 後手持槓鈴的一端，站四六步（重心分配為前腳40%，後腳60%），如圖 5.6 之 1。

2） 蹬後腳、轉腰，成弓箭式。用腰力將槓鈴推送到前。上身挺直、不可聳肩，槓鈴的握把與右手小臂連結成一直線，整體動作應該緩慢。如圖 5.6 之 2。

3） 右手鬆開，用左手接住掉落的槓鈴，並順勢將槓鈴往下、往外帶開，如圖 5.6 之 3。

4） 上身微微後仰，同時用腰力將槓鈴成一弧線的往上抬起。如圖 5.6 之 4。

5） 身體恢復正直、重心微微前擠，左手將槓鈴轉回正前方。如圖 5.6 之 5。

6） 左手將槓鈴丟給右手。恢復到圖 5.6 之 6 的姿勢。接著重複做 2 到 6 的動作。

圖 5.6　重量訓練

5.10 輔助訓練小結

　　以上五個輔助訓練都是作者從長時期的大槍訓練和比賽的
經驗裡提煉出來的。每個訓練都有其特殊的訓練時間：輔助訓
練一「以腰控制槍頭的訓練」必須在練習大槍一開始就要進
行，目的是讓學習者理解「槍是纏腰鎖」的意義；同時切實掌
握身法與槍器接合成為一體的細節；輔助訓練二「敗槍後恢復
控制訓練」是在學習者在掌握基礎革槍以後、在做連環練習之

前必須進行的，它的目的在於培養學習者在做連環訓練之時能夠從敗槍迅速恢復到革槍的能力；輔助訓練三「圈串控制訓練」則是針對圈串而設計的，所以應在練習與圈串有關技巧以前實施，這個輔助訓練可以幫助學習者迅速掌握大槍二次攻擊技巧的拍位和需要的肌力；輔助訓練四「革槍勁道訓練」是訓練一的延伸，在腰腿動作已經正確的情形下去感覺如何有效的、最大程度的將腰腿力傳送到槍尖；輔助訓練五「重量訓練」必須等到對戳革動作已經掌握正確以後才開始，如果動作不正確就就開始重量訓練會有負面的影響，作者強烈的建議在開始做戳革訓練以前，不要做重量訓練。

　　這五個輔助訓練有其特定的訓練目的以及訓練時段。練習者在訓練過程之中要切實的掌握細節的要求，一旦掌握這些要求，就沒有必要繼續花時間在此輔助訓練，而應從事於實際的對槍訓練[12]，因為「輔助」訓練只是輔助、只是一個短過程，而不是目的；真正的目的在能實際的對抗競賽。

12　見本書「7.8.3 對槍訓練的實踐」。

第六章

大槍行著

　　《手臂錄‧附卷上‧行著》裡說「戳革在行著用者，迥與練習者不同。不可以戳革論也。」[1] 這段記載點明：雖然都是戳革，但是行著裡的戳革就與練習的戳革不一樣。同為戳革，為什麼會不一樣呢？如果不一樣，那麼為什麼不就直接練行著的戳革呢？在《手臂錄‧槍法微言》裡說「戳革是正，行著是變。」[2] 正與變兩字道盡了兩者之間的差異。基礎戳革的「正」就在於動作要求到位、要求完美。當然行著的動作離不開戳革，但是行著練習的主要內容不在戳革技巧，而是戰術思維的變化，所謂的「變」和「應變」。如果在做行著的時候，戳革還是次次到位，那麼對抗就流於死板的機械運動，沒有機變之巧了；但是相反來看，如果把行著裏的戳革拿來當作第五章裏介紹的基礎訓練，那麼根基就不紮實、進步就會受限了。

　　正因為行著的重點在雙方的「變」和「應變」，若是不具備這些認識，練習行著就會變成機械式的操作，而無助於將來的實際對抗；所以練習行著的時候必須先理解「變」和「應變」的原因、原則和其特色，然後在練習時才能夠正確的掌握「變」和「應變」的時機，這樣的訓練就超越了技巧的層次，而進入到「變」和「應變」的精神與智慧的境界了。一旦具備了「變」和「應變」的能力，就能觸類旁通的理解行著裏蘊藏的千變萬化。

1　吳殳‧增訂手臂錄 [M]‧北京：北京師範大學出版社（孫國中校訂版），1989：174。
2　吳殳‧增訂手臂錄 [M]‧北京：北京師範大學出版社（孫國中校訂版），1989：79。

　　古籍文獻裡介紹的大槍行著非常繁多，但是很多是同一技巧而有不同的名稱、或者數個名稱相異的技巧而具有很高的同質性。同一技巧而有不同名稱固然造成學習者的困擾；而同質性極高的不同技巧只會徒然增加學習上的負擔，以及製造混淆。所以本書特別挑選了一些比較有代表性的行著。在說明某一技巧的同時，也會特別說明其不同的名稱和類似的技巧。

6.1 單殺手

　　一般的戳槍是以前手為管、後手推送槍桿，戳到盡頭時兩手合在一起（參考圖 4.5B），但是單殺手的戳槍是將前手放開，僅僅以後手來持槍。由於前手不抓槍桿就不會阻擋後腰的充分旋轉，所以在扎槍時後腰可以儘量的旋轉以便推送槍桿，這些因素造就了單殺手戳槍距離長、力道大、戳槍速度快以及手臂與槍桿完全連成一直線的特色。

　　那麼古人對單殺手是如何的評價呢？在《手臂錄・卷二・戳法》對於單殺手的解釋為「即青龍獻爪勢。練時十二分硬槍，一發透壁，則槍頭、槍桿、戳手皆盡善矣。」[3]；《紀効新書》裡對青龍獻爪勢的解說有：「乃孤雁出群槍法。勢勢之中，著著之內，發槍箚人不離是法。」[4] 這些古籍裡的記載相當一致的認為所有戳槍都離不開單殺手，其原因就在於單殺手

3　　吳殳・增訂手臂錄 [M]・北京：北京師範大學出版社（孫國中校訂版），
　　　1989：42。

4　　戚繼光・紀効新書 [M]・北京：中華書局，1996：117。

戳槍時槍桿與戳槍的手臂必須連成一條直線，可以把槍的穿刺能力發揮到極限，唯有如此才能達到「十二分硬槍，一發透壁」的效果；如果兩手端在一起來戳槍則後手就無法完全與槍桿連成直線，戳槍的勁道也就會稍打折扣。針對單殺手的優點和其特性，在《手臂錄・卷一・短降長說》則說「實發則不過單殺手」[5]。這段話並不是說大槍實發只有單殺手，而是說無論雙手戳槍、或者單手戳槍，真正可以戳盔破甲的戳槍，其勁道和生理動作都是以單殺手的要求做為標準。

但是單殺手由於單手持槍，所以會有一旦被革就難以自救的危險。《手臂錄・峨嵋槍法・扎法篇》記載峨嵋槍法對單殺手應用的說明有：「單殺手者，進步盡手扎之。傷人雖猛，自亦有空。不可輕用。唯恃騰跳。石名偷槍。先以帶打，則無虞矣。」[6]這裡峨嵋槍法強調以騰跳的身法、步法取得距離和角度的優勢，配合以帶打扎[7]將對方槍器革開中線的擾敵策略，使得單殺手容易成功。《手臂錄・遊場革法說》則又特別提出警告：「單殺手深重之扎，乃用封閉革之。若用遊場，是納侮也。」[8]

在《手臂錄》裡也有說「至於實事，只用八分。欲其深，

5　吳殳・增訂手臂錄 [M]・北京：北京師範大學出版社（孫國中校訂版），1989：35。

6　吳殳・增訂手臂錄 [M]・北京：北京師範大學出版社（孫國中校訂版），1989：163。

7　見本書「6.15 劈槍扎」。

8　吳殳・增訂手臂錄 [M]・北京：北京師範大學出版社（孫國中校訂版），1989：60。

圖 6.1　2001 年雲樵杯比賽中，右方選手郭德宇使用單殺手技巧扎中對方喉部

足稍進可矣。」[9] 這個說法針對單殺手出槍太長、單手持槍而容易被革開的問題，特意的要求手上出槍只要八分，而以步法來增加戳槍的深度。作者非常反對這個「只用八分」的說法，因為如此一來不但抹滅了單殺手的特色和優點，而且從扎的長度以及相應的風險來看，它反而不如一般的雙手戳槍了，所以單殺手若是只用八分，作者認為不如不用，作者主張慎選使用單殺手的時機才是上上之策。過去數十年在多倫多舉辦的雲樵杯大槍比賽中，有些選手專門以此槍技取勝，所以單殺手的實用價值確實不容忽視。在圖 6.1 中，右邊選手在對方戳槍過程中，依循「不招不架就是一下」的原則使用身、步法避開對方的攻擊，並且發揮手長加上單殺手戳槍長的特色，而以單殺手成功的扎中對方喉部，照片雖然有些模糊，但是可以看出手臂

9　吳殳．增訂手臂錄 [M]．北京：北京師範大學出版社（孫國中校訂版），1989：98。

與大槍完全連成一直線。

　　使用單殺手除了古籍裡建議的以靈活的身法、步法來降低風險而外，作者建議可以考慮使用心理戰術來確保單殺手的成功，例如先以低四平的槍勢在下方干擾對方，讓對方覺得困擾而想以投壺扎這類淺進的技巧來攻擊我的前手，以強迫我放棄低四平的打法，在使用這個戰術的時候，可以從對方的眼神裡觀察到對方是否中計，一旦對方對我的前手發動攻擊，我就立刻以單殺手的長來制伏對方的短。總之，單殺手是一個實中之實的「實招」，後續變化相對的困難，所以使用時必須注意時機的掌握。

　　在曹虎臣手抄本的《手臂錄‧中卷上‧戳法》裡記載：「戳有五德：一長、二重、三速、四準、五留。前四猶可，留非十年手不離桿不能也。」在 6.1 圖裡，右方選手已經扎中對方的喉部，對方也因為受扎而仰頭，此時對方的槍頭尚離右方選手的腹部一尺多，這一記單殺手的施展的確表現了長、重、速、準的四德特色；而「留」則是戳槍在應用時的心法、戰術，不過既然吳殳都說白了「非十年手不離桿不能也」，作者就不敢在此妄置一辭，留予讀者細細體味。

6.2 左右獻花

　　當對手對準了我的中心線戳槍之時，我不使用革槍技巧，而將前腳直接往外門邁出，以步法將身體帶離中線，同時從側方出槍扎對方，這就是左獻花；如果後腳往內門斜開而出槍扎

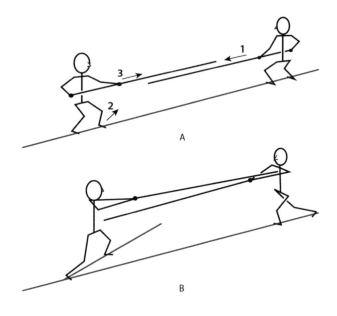

圖 6.2　左獻花扎

對方，就是右獻花。左右獻花的扎法遵循了「不招不架，就是一下」的古傳槍法口訣，是一個典型的避實擊虛、快扎、巧取的扎法。

　　在《手臂錄·遊場扎法說》對左右獻花的說明為：「圈裡來槍不革，開前足扎之。圈外來槍不革，開後足扎之。真如名實扎，少林名閃。」[10] 同書的「峨嵋槍法·扎法篇」對實扎的

10　吳殳·增訂手臂錄 [M]·北京：北京師範大學出版社（孫國中校訂版），1989：55。

說明為「不下招架，開前足、扎後手。」[11] 接著在「身手法篇」裡對實扎再予以說明「實扎移身而進」。由這些資料可見實扎就是獻花扎，所以左右獻花和實扎都是屬於同類型的技巧，又被稱為「插花扎」。

在圖 6.2A 裏，下手首先在內門戳槍（箭號 1），上手立即開前步往左前方的外門閃（箭號 2），同時從側方扎對方（箭號 3）。圖 6.2B 是左獻花扎戳中那一瞬間的雙方態勢。

在使用左右獻花的時候，必須確實的掌握「拍位」，也就是對方正想要戳槍、準備要出手的那個瞬間；如果對方已然先出手了，一般人很難做到「後發先至」的要求，即使能夠做到後發先至，但是由於對方已經戳槍，所以在做獻花扎的時候就必須更加關注能否閃躲。以作者自身的經驗來看，獻花扎無論開前足、或者開後足，身體側移的幅度都很有限，難以完全達到身體躲閃的要求；所以若是「後發」，最好考慮迴龍扎、騎龍扎這些先躲閃、之後才戳槍的技巧。當然，作者這種戰術觀點是比較偏於保守的；但是我們即使在競賽也必須正視大槍的巨大殺傷力，而不應該採取過於冒進的戰術，這才是「真槍精神」的體現。

獻花扎與後面說的鴛鴦槍都是跳脫先革槍、再戳槍的規律，直接用戳槍對付對方的攻擊。不過獻花扎更多的是將身法和步法的躲閃配合於戳槍中，而鴛鴦槍則是用身法和步法做為

11　吳殳‧增訂手臂錄 [M]‧北京：北京師範大學出版社（孫國中校訂版），1989：163。

對付多個對手的戰術。由於這些適用條件的差異，所以作者把鴛鴦槍另列一條，而不歸納於獻花扎。

6.3 騎龍扎

騎龍扎的特色在於其騎龍步的步法。《手臂錄》對騎龍步的說明有「騎龍步：回馬丟足而成。」[12] 也就是說在戳槍時後腳往內門前側方邁步。如果以龍喻槍，那麼這個騎龍步的確有點像跨騎在龍背上。

《手臂錄·馬家槍二十四勢》對騎龍勢有更進一步的說明：「古訣云：『乃拗步槍法。回馬尚是虛勢。一變騎龍便成殺勢。騎龍戳手最長。』」[13] 在槍法對抗時，由於後足往斜前方搶進，所以與其它戳槍相比較，騎龍扎的戳槍距離最長。也因為回馬丟足使得雙方距離縮短，因此再沒有什麼迴旋空間可以施展槍技的二次變化。所以騎龍扎一施展就成了圖窮匕見的最後一擊，故而古書裡說「一變騎龍便成殺勢」。

由於騎龍扎往外邁步以及兩槍沒有接觸，所以騎龍扎成為槍法顛提原理的典型代表。《手臂錄·閃賺顛提說》說「更有大遠於桿者，則為拖刀、騎龍等」[14]。在同一段文字裡繼續闡

12　吳殳·增訂手臂錄 [M]·北京：北京師範大學出版社（孫國中校訂版），
　　1989：54。

13　吳殳·增訂手臂錄 [M]·北京：北京師範大學出版社（孫國中校訂版），
　　1989：100。

14　吳殳·增訂手臂錄 [M]·北京：北京師範大學出版社（孫國中校訂版），
　　1989：33。

述以大破小的原理：「蓋圈手、騰蛇緊小銳進。見肉之革但能開之，不能勝之；而開之又甚危。故以滴水、認針、拖刀、騎龍，步法闊大者脫其槍尖，而仍以圈手、騰蛇、貼桿之閃賺從旁直進。然後得勝。正變互用、大小相資缺一不可。夫以大破小，須於彼此皆小時，忽然用大乃勝。若執大為門牆，恃為長技，即沖斗矣。」這段文字很清楚的解釋了騎龍扎的戰術應用就在於「用大破小」、「忽然用大」。從作者多年的對抗經驗來看，如果對手擅長於串槍、雙頭槍、月牙扎這類技巧時，槍圈緊小的確難以防守，此時與其讓對方把自己逼迫到被動防守的窘境，不如突然以騎龍扎這類技巧先脫離對方的槍圈，而後自其斜側方予以還擊；當對方在斜側方突然受到攻擊，必然會移動槍尖往側方防禦，如此一來對方被迫將其槍圈放大，同時會有攻守易位的效果。到此情勢時，我則可以選擇較小的槍圈來破解對方的防禦，從而爭取對抗的主導權。

在圖 6.3 裏，作者選擇了用騎龍扎破串扎做為騎龍扎的解說。在圖 6.3A 中下手以在圈內佯攻（箭號 1），上手以拿槍革之（箭號 1）；緊接著下手用串將槍轉到外門（箭號 2），並且準備接著戳槍（箭號 3）；上手方見對方用串，立即上後步往內門（右前方）搶，並且同時在對方的外門戳槍攻擊，如箭號 2 所示。圖 6.3B 顯示下手戳槍落空，上手已經從外門戳中。

或有疑問「單殺手與騎龍扎那個較長？兩者優劣怎麼比較？」作者從多年的經驗來回答這兩個問題如下：

1）單殺手是用前手鬆開、後腰旋轉送槍更遠來戳槍。但

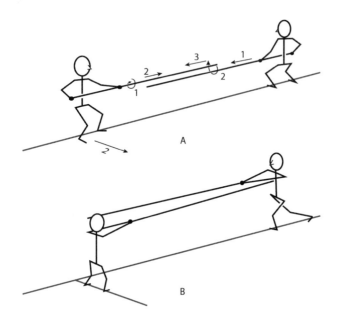

圖 6.3 騎龍扎

是仍然是拗步，所以它戳槍的長是有限的。而騎龍扎是後足往斜前方搶上，成為身體正面對敵的馬步，所以雖然雙手戳槍，但是以戳槍距離來說，騎龍扎是長於單殺手的。

2) 單殺手是在兩足不變換位置的情形下，突然放長了戳槍的距離。這種是利用了「出其不意」的戰術。而騎龍扎是突然往側大幅度的上步，使用了「以大破小」的閃賺戰術，使得對方來不及回防革槍。這兩個槍技使用的戰術不同，各有其用。

3）以戳槍後的回防能力來看，單殺手比騎龍扎要來的冒
險。但是越是冒險的越是能出其不意。

綜合以上三點，在單殺手與騎龍扎之間的選擇真的是見仁
見智，還需要看雙方當時的態勢而隨機應變。

至於騎龍扎與右獻花的異同問題，作者認為差別在於後腳
移動的方向與幅度。右獻花的後腳往內門側方移動，所以右獻
花的槍圈小。而騎龍扎的後腳則是大幅度的往內門前方搶進，
槍圈極大而遠遠脫離對方的槍圈。

6.4 迴龍扎

《手臂錄》裡對迴龍扎有幾處非常一致的說明：在「遊場
扎法」裡有「就：槍來，我蹲坐少退。看彼收槍，乘虛即入。
真如名回龍槍。」[15] 以及在「峨嵋槍法・扎法篇」裡有「迴龍
扎者，敬巖名就。彼來槍，我隨槍稍退，彼收槍，我乘虛而
入。」[16]

使用迴龍扎的先決條件就是對手戳槍稍高。所以我可以隨
其戳槍而往回稍退、往下蹲坐，以步法和身法避開對方的戳
槍。在對方戳槍落空而往回抽槍之時，我立刻返身扎其空門，

15 吳殳・增訂手臂錄 [M]・北京：北京師範大學出版社（孫國中校訂版），
　　1989：56。

16 吳殳・增訂手臂錄 [M]・北京：北京師範大學出版社（孫國中校訂版），
　　1989：163。

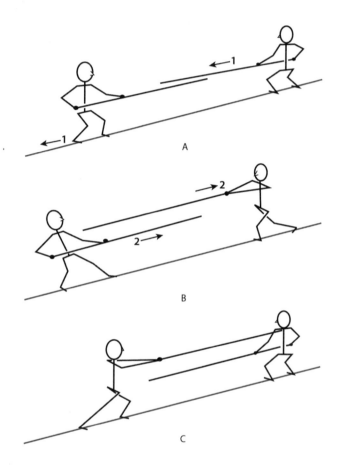

圖 6.4　迴龍扎

這就是所謂的迴龍扎。使用迴龍扎要特別注意掌握對方戳槍落空而想抽槍回身的瞬間時機。否則回身太早則容易發生相互對扎的情形；回身太晚則對方已經恢復革槍的態勢，以至於失去了乘虛而入的意思了。從「拍位」的角度來解釋迴龍扎：下手戳槍、抽槍回身是兩個半拍的節奏（合起來為一拍），而上手就在上半拍與下半拍之間發動戳槍攻擊。

在圖 6.4A 中，下手準備戳槍，而上手退後腳，以身形閃躲避之（雙方動作各如其箭號 1）。圖 6.4B 中，下手戳槍落空，立刻將槍回收；上手同時隨之回身並且順勢戳槍（雙方動作各如其箭號 2 所示）。圖 6.4C 則是迴龍扎得手時的雙方態勢。

至於「無中生有扎」則是迴龍扎的一種特殊應用。在《手臂錄・峨嵋槍法・扎法篇》裡說：「無中生有者，於彼纏槍中退出，而用迴龍槍也。」[17] 也就是說對方用纏槍之時，為了避免被對方把槍革得大開，而立刻以迴龍扎的身法退坐、將槍脫離對方的纏槍。當對方的纏槍落空之時，我立即返身戳槍。這個「無中生有扎」因為對方在用纏槍、並未開始戳槍，所以只要將槍退出，沒有必要像迴龍扎那樣的需要躲閃對方的攻擊。

從「無中生有扎」與「迴龍扎」的差別來看，行著是因為對抗時自然發生的勢而產生的細微的動作變化。所以研究行著必須先理解當下的勢，然後再分析因應而做的動作。只要理解

17　吳殳・增訂手臂錄 [M]・北京：北京師範大學出版社（孫國中校訂版），1989：163。

這些變化的原理，自己就可以隨心所欲的變化，而不必學習每一個行著，更不必要練習每一個行著。只要因應當下的勢，隨機調整動作。

從迴龍扎的技巧來看，這個技巧適合頭部閃躲動作靈活的選手。這類選手在在臨場應用時可以先以中平勢的戳革連環對峙，但是明顯的將頭部往前探以吸引對方的注意。當對方受騙而戳擊頭部時，則立即使用迴龍扎。

6.5 抽拔扎

在《手臂錄・遊場扎法》裡對抽拔扎的解釋為：「抽拔：扎入至六七分，（哄彼革槍），忽退出，再入必中。」[18] 此段說明中的括號內容「哄彼革槍」是作者按此技巧的必要條件而補充的。因為如果對方沒有受騙而不革槍，那麼就算「退出、再入」也不一定能「必中」；就算中了，那也與「退出、再入」沒有關係。簡言之，抽拔扎的特色就是假設我在戳槍到六七分的時候，對方已經開始革槍，我利用兩槍將要搭住的瞬間，突然把槍抽回，使得對方的革槍落空。然後我利用對方革槍落空而造成的空門，即刻再次的戳槍。

在圖 6.5A 中，上手在圈內對下手戳槍，攻擊下手頭部。而下手將槍頭微微抬高做拿槍（箭號 1）。在下手正開始做拿

---

18 吳殳・增訂手臂錄 [M]・北京：北京師範大學出版社（孫國中校訂版），1989：56。

圖 6.5　抽拔扎

槍時，上手迅速抽回槍頭（箭號1）以讓過下手的拿槍；然後立即戳槍（箭號2）；圖 6.5B 則是下手革槍落空、上手準備再戳槍；圖 6.5C 則是下手革槍落空、尚未將槍抽回，而上手已經戳槍得手。

　　作者在解釋抽拔扎的用法時，喜歡以「拍位」來說明：一般我戳槍、對方革槍這是雙方合拍、合位的正常對應。但是使用抽拔扎的時候，我「扎入至六七分，忽退出」，等對方的革槍一落空，我立刻「再入」。對方革槍是正常的一拍。而我在這一拍裏除了「扎入至六七分」而外，還完成了「退出、再入」的動作。所以我是將正常的一拍分解為三個動作。這就是「拍」的利用；至於說「位」，要求在對方開始革槍那個瞬間的位置，也就是差不多「扎入至六七分」的位置。如果我退得早，對方尚未革槍，就可以充分的防備我的「再入」；如果我退得晚，對方革槍已經搭住了我的槍，我的槍必然會受到革槍的影響。作者在訓練學生使用抽拔扎的戰術時，強調如何在對方不知不覺中先建立「拍」，當「拍」建立好了以後，立即打破這個拍，用「拍」的變化來求取勝利。

　　在曹虎臣手抄本裏對抽拔扎的說明為：「抽拔槍：知其能開雙頭槍，以此賺之。扎至七分、忽然退出。彼以為轉圈外也，槍必閉後[19]。我仍直入。無不中者。又名兩節槍。」這段解說的內容不是抽拔扎的技術，而是使用抽拔扎的戰術。作者認為此處說的雙頭槍應該是串扎／虛扎。意思是說：讓對方

19　此處的「後」是指槍法的「前後門」的後門，也就是外門。

誤會我會用串扎／虛扎的技巧，所以我抽槍回身時他以為我會從內門轉外門做二次攻擊，以至於對方急忙的用攔槍來革。而實際上我沒有轉外門做雙頭槍，而是將槍頭放在對方的槍下、依然在對方內門的位置，等對方的攔槍一落空、我緊接著在內門戳槍。這段敘述是一段非常漂亮的戰術說明，所以雖然古籍裏論述以技巧為主，但是並非沒有戰術的概念的。

　　抽拔扎似乎與前述的迴龍扎很類似。其實，抽拔扎是在自己攻擊過程中用手抽槍回身，然後再繼續扎；而迴龍扎是對方攻擊，我用身法退後來躲閃，然後在對方攻擊結束的瞬間回身還扎。所以迴龍扎還是利用原先的「拍」，並無更動；而抽拔扎改變了原先的拍。至於兩者在「位」的應用的差別那就更大了。

　　作者在教抽拔扎時特別強調「指上打下」的戰術：首先以中平槍在胸部急速的做戳革對抗，當對方因為應對很急而使得其精神被套入這個「拍位」之時，我突然改為攻擊對方頭部的高四平；一般來說，由於這個改變的幅度不大，對方會自然的隨著把槍頭抬高做革槍，正因為對方槍頭抬高，我抽槍的幅度可以減少很多，所以「退而再入」的節奏就會更快，容易扎槍成功。如果雙方都是用中平槍在身體中段戳革，因為兩槍平行所以無論抽拔多少，幾乎都還有可能被對方搭住槍，所以在這種情勢下，就難以使用抽拔扎了。

6.6 子午槍

　　在《手臂錄・峨嵋槍法・扎法篇》裡對子午槍的解釋有
「子午槍：即敬巖之無影、穿錢、豁裡透。單殺手之神妙者
也。」[20] 由此記載可以理解：子午槍不過是單殺手的一種特殊
應用而已。那麼它有何特殊之處而能成為單殺手的神妙者呢？
槍法古論裡有「高不壓，低不挑，當中一點難遮架」的說法。
這個理論的「當中一點難遮架」正巧是子午槍的註腳。

　　那麼扎對方正當中就會成了神妙的技巧嗎？當然不是這麼
簡單。我們且看《手臂錄》裡的一段論述：「且革手之疏密，
在練習時，扎手之精粗，粗者分前後門而來，革之易而疏矣。
扎者必用子午槍，革手自密。」[21]。從此論述裡，首先可以肯
定子午槍不是在圈內、圈外扎對方的「粗者」；如果再從革槍
防禦的角度來看子午槍：「子午槍來，先蹲坐而砑之，食進口
腹，遍身得力。」[22]「砑」是往下革槍的技巧。這個「砑」的
革槍特性正好突出了子午槍在對方槍下攻擊的特性。我們再從
《手臂錄》裡對「砑」的說明來分析：「砑：槍之離我桿來
者，擊打可開。貼我桿者，擊打不能致力，非封閉不開。至於

20　吳殳・增訂手臂錄 [M]・北京：北京師範大學出版社（孫國中校訂版），
　　1989：59。

21　吳殳・增訂手臂錄 [M]・北京：北京師範大學出版社（孫國中校訂版），
　　1989：45。

22　吳殳・增訂手臂錄 [M]・北京：北京師範大學出版社（孫國中校訂版），
　　1989：45。

圖 6.6　子午槍

豁裡透、子午槍，非封閉加蹲坐以砑之，尚不能開也。」²³ 這個論述把革槍的難易分為三類：第一類是對方槍離開我的槍來戳，這樣我用「擊打」就可以革開；第二類是對方的槍貼近我的槍，而由我槍的左右側方戳來，這就必須用標準的封閉來革之；第三類就是在我槍的下方、緊貼我槍戳來。因為兩槍處於上下位置且很貼近，所以無法以直接用封閉、更不可能用擊打革之，所以必須「封閉加蹲坐以砑之」。這裡的「蹲坐」除了加強封閉的勁道而外，也有迅速建立兩槍斜角的交叉點的目的。

從上一段對「砑」的說明裏，我們理解子午槍就是在對方槍桿的正下方、緊貼對方槍桿而戳，這正是一般革槍的死角，以至於極難以防護。所以上段論述裡雖然點出了革子午槍的方法，但是還加上一句「尚不能開也」的感嘆。子午槍的特性正是本書「4.7 見肉貼桿」裏講的「貼桿深入」理論的實踐。

在圖 6.6A 中，上手在內門戳槍、下手拿槍，如箭號 1 與 2。圖 6.6B 中，下手還在做拿槍動作，上手已經往下串到對方的槍下，如箭號 3；隨即用子午槍在對方槍桿下發戳對方腹部，如箭號 4。

由於子午槍的重要性，所以從它而變化出來的技巧也特別多。最常見者就是月牙槍。《手臂錄》裡對月牙槍的說明有：「月牙者，串而子午也」²⁴ 以及「葉底藏花：鄭華宇法，圈裡

23　吳殳．增訂手臂錄 [M]．北京：北京師範大學出版社（孫國中校訂版），
　　1989：49。

24　吳殳．增訂手臂錄 [M]．北京：北京師範大學出版社（孫國中校訂版），
　　1989：163。

發圈，至彼槍肚，以子午槍扎手背。真如名月牙槍」[25]。由這些記載可以理解月牙槍就是在圈串之後而接著用子午槍扎對方。至於說「以子午槍扎手背」這句話，作者認為可能是民間遊槍避免傷害的用法，以今日的安全設施來看，作者並不贊同以子午槍扎手臂，應該直接扎對手的軀幹部位才是正理。

也由於子午槍的重要性，它又有無影槍、索穿錢、豁裡透等等名稱。而子午槍、月牙扎都需要細微的手上功夫[26]。作者在教子午槍時，是將子午槍做為基礎訓練。掌握子午槍的細節以後，再用月牙扎這些行著做為戰術變化的應用。

另外，在大槍對抗時經常會發生選手將後手抬高做革槍的情形。一般來說，這樣的革槍時，前手固定在一個位置上不動，只是動後手。那麼此時我將槍頭壓至對方前手位置，用子午槍從這個位置戳去極易成功！

6.7 串扎／虛扎

「串」在本書「4.9 圈串」一節裏已經做了理論的說明。在明朝時期的古籍記載裏是把「串」當作一個逃避對方革槍的技巧。例如在對方使用白拿、白攔（對方在我未戳槍的情形下主動使用拿、攔）之時，我順其槍圈而串，按照門戶轉換又細分

25　吳殳・增訂手臂錄 [M]・北京：北京師範大學出版社（孫國中校訂版），1989：69。

26　吳殳・增訂手臂錄 [M]・北京：北京師範大學出版社（孫國中校訂版），1989：165。

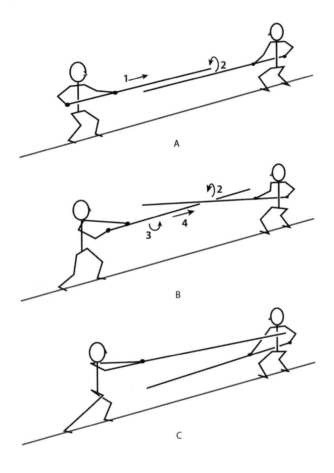

圖 6.7　串扎

為「穿指（由外門轉內門）」和「穿袖（由內門轉外門）」。
但是「串」之後加上戳槍，就有了很多不同的技巧名稱，例
如：

1)「虛扎者，串之無影者也。」[27]
2)「月牙者，串而子午也」[28]

　　如果因為串以後戳槍的細微差別而給予不同的名稱。那麼
這樣命名會龐大而雜亂不清，對於學習會有很大的妨礙。作者
認為應該直指其本質而化繁為簡，所以特別定義了一個「串
扎」的名字：只要是先用半月形槍圈（見圖4.14）做「串」，
串後立即戳槍，無論怎麼戳槍，都可以稱為「串扎」。作者認
為用「串扎」這個名稱更具有通用性。

　　但是「串」經常是當對方主動用革槍，用「串」來逃避對
方的革槍，所以有「圈裏發圈」的說法。但是在實際使用時被
動的等待對方革槍並不明智，所以作者在教「串槍」應用時喜
歡配合下列的兩個戰術使用：

1)　主動戳槍讓對方感覺到緊張而想要革槍，然而在其革
　　槍發動的瞬間，我突然用「串」，這種串扎的佯攻可
　　以在內門、也可以在外門使用。最重要的是這種戰術

27　吳殳‧增訂手臂錄 [M]‧北京：北京師範大學出版社（孫國中校訂版），
　　1989：163。

28　吳殳‧增訂手臂錄 [M]‧北京：北京師範大學出版社（孫國中校訂版），
　　1989：163。

可以控制對方用革槍的時機，所以具有較高的主動
性。

2） 如果對手屬於緊張型而不斷的敲打我的槍，此時可以
將我槍放在對方槍側而且緊靠著他的槍，用以引誘對
方來敲打我槍，對手一敲打我就立即用串扎。

在圖 6.7A 中，上手在內門對下手的心窩處戳槍；下手拿
槍革之（動作各如箭號 1 與 2）。在圖 6.7B 中，下手還在做 A
圖裏的拿槍動作，上手用其前手將槍頭串至外門（箭號 3），
由於串圈極小，所以串後槍桿就在對方槍桿外側非常接近處；
隨即在外門戳槍（箭號 4）。圖 6.4C 中，下手拿槍落空，上手
已經在外門戳槍得手。

其實串扎最好不要主觀的、刻意的硬要去做，好的串扎是
隨著對方的反應而自然產生的。在扎槍時，如果對方反應得
慢，這個扎就逕直實扎而無須變化了；如果對方革槍反應得
快，那麼就立即用串，這樣原來的扎就成了「虛扎」了，所以
好的串扎是無常形、無常勢、突如其來的戰術體現。

6.8 雙頭槍

雙頭槍是一個非常受重視的大槍技巧，在《手臂錄·槍分
五品說》[29] 裏把雙頭槍列為五品中的第二品，所謂的「在堂上

29　吳殳·增訂手臂錄 [M]·北京：北京師範大學出版社（孫國中校訂版），
　　1989：31。

者」，可見其重要性。但是古籍裏對雙頭槍的記載非常模糊不清而且有相互矛盾的地方，所以作者對這個技巧是花了很大的心思做研究。後來在實際對槍時成功的做出來幾次，所以對研究的結果稍稍具有一些信心。在此將研究的思路大致論述如下：

《手臂錄》裏相關的記載有：

1. 「雙頭槍：敬巖名圈手，真如名虛扎。」[30]
2. 「虛扎：串之無形者。即敬巖之雙頭槍」[31]
3. 「雙頭槍：串，力在前手；此力在後手。有右無左。亦名圈手。又名蜈蚣鑽板。真如曰：『圈手峨嵋（用）者如神。』」[32]
4. 然而在曹虎臣手抄本裏對之有極其詳盡的說明：「徽人名為圈手，真如名為虛扎。持槍，手前陰後陽。圈裏扎入至七分，彼必封下。我手陰陽互轉，逕入無不中者。……此槍無右轉左法。」

我們就上述的記載來做一些探討：

1） 第一段資料和第二段資料都有個共同點「虛扎」，而

---

30 吳殳・增訂手臂錄 [M]・北京：北京師範大學出版社（孫國中校訂版），1989：43。

31 吳殳・增訂手臂錄 [M]・北京：北京師範大學出版社（孫國中校訂版），1989：59。

32 吳殳・增訂手臂錄 [M]・北京：北京師範大學出版社（孫國中校訂版），1989：58。

且都指明虛扎就是雙頭槍。但是在前面論述「串扎」的時候引證過「虛扎者，串之無影者也。」那麼也就是說雙頭槍就是串扎囉？

2）第三段資料說「雙頭槍：串，力在前手；此力在後手。」也就是說「串」和「雙頭槍」用力的方式截然不同。所以這段資料就否定了第一和第二段資料。也就是說「虛扎／串扎」不是雙頭槍。也正是因為古籍裏對虛扎的模糊定位，所以作者另立「串扎」這個技巧名稱來取代「虛扎」。

3）第三段資料裏說「有右無左」，但是第四段資料裏說「此槍無右轉左法」。先不管這兩個論述是否有衝突？到底是有右還是有左？我們首先可以確信的是「雙頭槍只能做一邊」。

4）從「我手陰陽互轉，逕入無不中者」，再加上「圖4.14：仰月形槍圈」的資料，我們可以確信的是「雙頭槍的槍圈與串相同」。

5）從第三段的資料，「此力在後手」，我們可以得到第三個確信就是雙頭槍的仰月形槍圈是後手主導而做出來的。

在得到上述的三個「確信」以後，作者做了下述的兩個驗證：

1）從對方內門／圈內開始，用後手做仰月形的槍圈。

2）從對方外門／圈外開始，用後手做仰月形的槍圈。

　　驗證的結果是：不可能從內門轉外門，因為身體擋住了後手的動作。只能從外門轉內門時，才能用後手轉動槍頭做出仰月形的槍圈。

　　綜合以上的論述，作者認為雙頭槍應該是：「先在對方外門扎槍。當對方革槍時，我後手順時針方向一轉，使得槍頭做仰月形的槍圈，而從對方外門轉入其內門繼續戳槍。」

　　在圖 6.8A 中，上手在外門戳槍（箭號 1）；下手做攔槍革之（箭號 2）。在圖 6.8B 中，上手戳槍到了半路。下手仍在做攔槍，上手見機立即用後手做箭號 3 的轉動，使得槍頭轉到內門戳槍。在圖 6.8C 中，下手攔槍落空，而上手已經在內門戳槍得手。

　　與雙頭槍類似的技巧有鎖槍和蜈蚣鑽板。在《手臂錄·遊場扎法》裡說：「鎖槍：側用雙頭槍之手法。」[33] 由此可見鎖槍就是雙頭槍而使用於上下方向的攻擊目標。至於說蜈蚣鑽板的技巧內容可見於「蜈蚣鑽板：手法同雙頭槍而不扎者也。下平以此惑中平，中平以此惑上平。」[34] 由此可見蜈蚣鑽板是以雙頭槍在對手槍桿下方的槍頭轉換來達到欺敵的目的。至於蜈蚣鑽板是否一定不能戳槍？對方若是門戶緊閉，當然無法戳槍；若是對方受惑而門戶打開，自然可以戳槍。不能說古人定出了一個技巧名稱，後人就必須死守不渝。

33　吳殳·增訂手臂錄 [M]·北京：北京師範大學出版社（孫國中校訂版），
　　1989：58。

34　吳殳·增訂手臂錄 [M]·北京：北京師範大學出版社（孫國中校訂版），
　　1989：70。

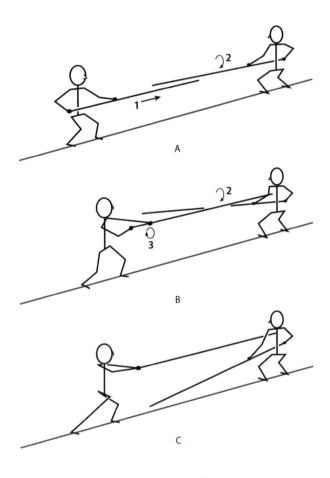

圖 6.8 雙頭槍

使用雙頭槍時最好讓對方進入一個精神緊張的態勢，使得他不得不全力的做攔槍。怎麼製造這樣的態勢呢？作者教導選手一般有三種方法：一是加快戳革連環的頻率，讓對方喘不過氣來。這種急迫感會使得對方加快革槍的反應，而造成動作幅度增加的情況；二是用較慢的戳革連環來降低對抗的張力，以此麻木對方；然後突然的加速戳槍，使得對方因為措手不及而進入精神緊張的狀態；三是改變攻擊目標，例如先用對方頭部做為攻擊目標進行戳革連環，然後突然降低目標到對方胸部。強迫對方快速的降低槍頭，往下找搭槍的機會。前兩種戰術主要是利用「拍」的變化，第三種戰術則是綜合利用了「拍」與「位」的變化。但是無論戰術如何，施展雙頭槍最適合在雙方的大槍都在中平的位置。這樣對圈內外的換位極為有利。如果站在下手的角度，在面對一位擅長於雙頭槍、串扎的選手時，不妨將後手稍微放低、槍頭微微抬高（如太公釣魚勢），用槍桿來增加對方在圈內外換位的困難。

6.9 梨花三擺頭

梨花三擺頭是槍法裡非常重要的攻擊技巧。它的攻擊變化是屬於極少數的多次攻擊的技法。《手臂錄》裡對梨花三擺頭的記載有：

1.「梨花三擺頭：指其圈裡，即扎其圈外。非擺尾不能革

之。」³⁵

2.「串圈：先用串後用圈也，三擺頭之輕者。」³⁶

　　作者認為以上的第一個記載極有問題、甚至是錯誤的。因為「指其圈裡，即扎其圈外」在攻擊特性上與串扎類似，因而屬於二次攻擊的技巧。而第二個記載「先用串後用圈」裡的「圈」就是圈手、雙頭槍。那麼從雙頭槍的理解入手，既然雙頭槍是從圈外轉圈內，那麼先前的一個串必然是從圈內轉圈外。所以從「先用串後用圈」的記載來理解，整個梨花三擺頭的技巧就是：在內門佯攻、緊接著用串槍轉到外門佯攻、再接著用雙頭槍轉內門做最後的攻擊。這樣就組成了一個三次攻擊的技巧了。

　　雖然梨花三擺頭是一個屬於「堂上」的高深技巧，但是在使用的時候有其先決條件：對手的革槍能力高、有能力防禦二次攻擊。如果對方的革槍能力差，那麼一般的二次攻擊，如串槍、雙頭槍、抽拔扎，就足以應付。根本就沒有施展梨花三擺頭的機會。作者曾經在一次對槍裡成功地使用了梨花三擺頭。那次對槍的對手正在練習用拿槍接著攔槍來防備串扎，所以作者的串扎攻不進去。作者最後先在圈內做佯扎，然後突然串圈外做串扎，對方對這兩個攻擊都防備的很嚴實，所以作者立刻接著做了一個雙頭槍而扎中對手。這也是作者做梨花三擺頭最

35　吳殳‧增訂手臂錄 [M]‧北京：北京師範大學出版社（孫國中校訂版），
　　1989：57。

36　吳殳‧增訂手臂錄 [M]‧北京：北京師範大學出版社（孫國中校訂版），
　　1989：58。

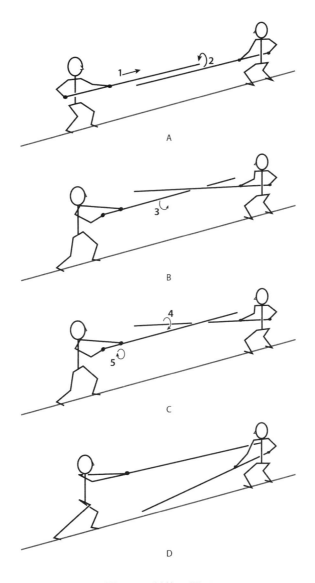

圖 6.9　梨花三擺頭

成功的一次。

　　在前面說明雙頭槍的部分有提過與梨花三擺頭類似的技巧：「疊串：先用串指，次用雙頭槍也」、以及「月下梨花：先圈而以梨花三擺頭扎之。」[37] 可見月下梨花是先以一個圈槍再帶動梨花三擺頭。總而言之，梨花三擺頭和其類似的技巧都是把串和圈做有機的組合而成。

　　綜合以上對梨花三擺頭的闡述，圖 6.9A 中，上手在內門扎槍如箭號 1；下手拿槍如箭號 2。在圖 6.9B 中，上手見下手拿槍，立即用串轉外門，如箭號 3；下手順應而變用攔槍，如箭號 4。圖 6.9C 中，上手見下手用攔槍，立即用後手轉動做雙頭槍再回內門扎槍，如箭號 5 所示。圖 6.9D 為結束姿勢，此時下手攔槍落空，上手已經在內門戳槍得手了。

6.10 砑扎

　　《手臂錄》裡提到砑扎的地方很多，例如在前述子午槍的論述裡就有：「子午槍來，先蹲坐而砑之，食進口腹，遍身得力。」[38] 但是這些論述裡的砑都是做為對應的革槍。單獨論述砑扎的說明不多，最為清晰的解釋為：「左右砑扎：用砑以

37　吳殳．增訂手臂錄 [M]．北京：北京師範大學出版社（孫國中校訂版），1989：71。

38　吳殳．增訂手臂錄 [M]．北京：北京師範大學出版社（孫國中校訂版），1989：45。

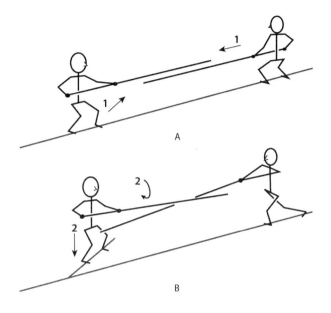

圖 6.10 矹扎

扎,力在槍根,雖重實故神妙。」[39] 從此文字裡很難理解其真
正的動作。在作者從學於劉雲樵老師時,劉老師經常對作者講
述其師神槍李書文能夠從對方的手中將其槍拉脫,而神槍李書
文用的槍技正是這個矹扎。要理解矹扎的技巧,則必須先理解
矹是什麼勁道。在八極拳拳法裡就有專門講究這個矹勁。它的
方法就是當小臂在對方手臂之上的時候,以小臂往下壓同時向
內纏滾。這個八極拳法「矹」的勁道與矹扎的勁道是完全一致

39 吳殳‧增訂手臂錄 [M]‧北京:北京師範大學出版社(孫國中校訂版),
    1989:59。

的。在八極拳法應用時，如果砑勁使用的正確的確會有把對方往其前方拉扯的力道。所以神槍李書文使用砑槍表現出來的特別效果應該就不足為奇了。作者自創的三度空間的革槍理論正是為解釋「砑」的力道。

在前面說明子午槍的部分提到子午槍極難革，而必須以砑來革之。但是對方的槍在我槍的正下方，如何建立革槍需要的接觸點呢？這裡必然存在移動步伐的問題。如果我開前步、把身體和槍根一起往我的外門帶開，那麼兩槍自然的會有上下方向的接觸點。如果我開後步往內門走，也會製造兩槍上下方向的接觸點，所以《手臂錄》裡的講述才有「左右砑扎」的說法。以此推理，站在中門不動是無法做出砑扎的。

當對方以子午槍在我的槍下扎我，這時候即便兩槍建立了接觸點也很難施力革槍。所以必須往下蹲坐，以身體下沉之勢配合砑的革槍技巧。這種勁道陰沉、而無剛猛之失。對方的槍不但會被迫往下打開，同時會有被往前拉扯的現象。做砑扎的時候必須槍根略低於槍頭、施力於槍根；同時以身形的蹲坐把體重施壓在對方的槍器上。這種施力的方法就是在「4.12 槍制」一節裡所說的「勢制」的方法。

在圖 6.10A 中，下手在中門偏低位置戳槍，上手前腳立即往外邁開，同時槍根隨腰部而動，使得槍在下手的槍上方形成交叉點，如圖 6.10B 的態勢。在圖 6.10B 中，上手用身體往下坐的力量將槍往下壓，並且配合前手往內的纏捲。將對方槍革至下方以後，即可立即還槍。

6.11 投壺扎

　　投壺扎就是以槍頭往下點擊對方的前手。這個槍頭運動的路線是微帶往下的弧線，類似古代的投壺遊戲，故而有此名。《手臂錄・峨嵋槍法・扎法篇》有「有投壺扎，石名穿。……投壺破地蛇之扎也。」[40] 其同類技巧有「蜻蜓點水：彼用花槍，即點其手，自止。若先發點人，前手防削，亦名鳳點頭。」[41] 這些論述就是說：當對方使用低四平、地蛇、或者不斷的在我槍下使用虛串的時候，就可以使用投壺扎來攻擊他的前手。就算是沒有扎中，也可以有效的制止對方施展其企圖。這其實就是一種戰術應用。

　　投壺扎以點擊對方前手為主，所以在比賽的時候容易得分。但是從古代戰場的角度來看，此技巧造成的傷害極為有限[42]。比賽時若是持此為長技就會嚴重的缺乏大槍武藝的勇猛精神。所以作者訓練選手非常不鼓勵在比賽時依賴此技巧得分。唯有在比賽時做為戰術應用的一環，或者比賽到了只差一分即可取得勝利之時，才會有限度的使用輕快又相對安全的投壺扎。

40　吳殳・增訂手臂錄 [M]・北京：北京師範大學出版社（孫國中校訂版），1989：162~163。

41　吳殳・增訂手臂錄 [M]・北京：北京師範大學出版社（孫國中校訂版），1989：64。

42　因為投壺扎以手力為主，殺傷力不足。故而比賽時無論扎中何處，只能得一分。

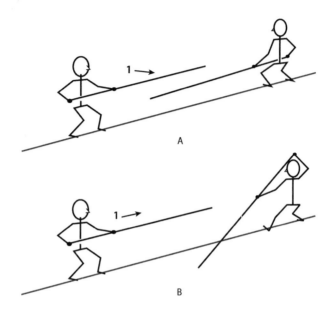

圖 6.11　投壺扎

　　在圖 6.11 中，作者說明了投壺扎兩個比較常見的使用時機。圖 6.11A 是下手使用低四平勢，上手可用投壺扎扎其前手。圖 6.11B 中，下手是擺了滴水勢引誘上手扎其頭部，上手佯裝受騙出手扎其頭部，然後突然轉向往下扎其前手。

6.12 鐵幡桿

　　《手臂錄・卷二・行著法》裡說：「鐵幡桿：馬家老法。槍著腰肚，以硬力橫開之。笨法也。即短槍之白蛇弄風

耳。」[43] 在《紀效新書・長兵短用說》對鐵翻桿勢的說明有：「乃外把門黃龍點竿槍法，一截二進蛇弄風，撲著鵪鶉不放鬆。」[44] 從以上這些說明可以理解鐵幡桿、黃龍颭桿和白蛇弄風都是同質性的技巧。但是為什麼這個技巧是個笨法呢？為了解答這個問題，我們可以繼續的挖掘鐵翻竿的技巧內容：

1）在《手臂錄・卷二・馬家槍二十四勢說》裏對鐵翻竿的說明有「乃外把門，頭在右，黃龍颭杆槍法，桿靠腰推槍，開槍不用拿攔。接以腰力革槍，而進扎也……白蛇弄風即颭桿手法。……」[45]

2）在《手臂錄・卷二・遊場革法》一節裏說到「排，即黃龍颭桿手法。」[46] 在《手臂錄・夢綠堂槍法・槍法五要》裡記載有「排者，我槍未動，彼槍從左右淺進出以亂我，則我用分排之法，後手固根不動，前手持緊，左右兩下著力，排開彼槍，直取正中……」[47]。

這些文字記載不但很清楚地說明了這些技巧的使用的時機為：當對方在我的槍圈內、外淺扎，希望我誤以為真而去革

---

43 吳殳・增訂手臂錄 [M]・北京：北京師範大學出版社（孫國中校訂版），1989：70。

44 戚繼光・紀效新書 [M]・北京：中華書局，1996：118。

45 吳殳・增訂手臂錄 [M]・北京：北京師範大學出版社（孫國中校訂版），1989：110。

46 吳殳・增訂手臂錄 [M]・北京：北京師範大學出版社（孫國中校訂版），1989：60。

47 吳殳・增訂手臂錄 [M]・北京：北京師範大學出版社（孫國中校訂版），1989：193~194。

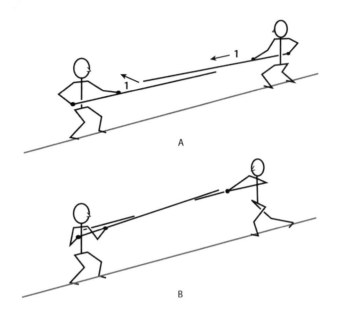

圖 6.12　鐵幡桿

槍。排槍就是將槍緊貼在腰腹部，以腰腹的左右微微轉動來打開對方的槍，而不是用一般的攔、拿的手法。為何不用一般的攔、拿手法呢？這是因為對方在我的槍器左右淺進、淺出，如果我不能識破對方的佯攻企圖，而貿然的用攔、拿的手法去革槍，對方若用串槍突然進扎，我就會因為力量已經放空而出現破綻，這也是《紀効新書》裡說「轉陰陽不宜太早」的原因。黃龍颭桿的技巧除了有利於防守圈串類型的多次攻擊而外，在應急的時候也是非常容易使用的技巧。但是要注意在做鐵幡桿技巧的時候，槍桿必須貼身，而以身腰的轉動來施力；如果用

手力來革就容易造成槍桿離身太遠而暴露自己的空門。雖然用身腰轉動來革槍可以保持槍桿不離開身體，但是身腰的些微動作會被三米長的槍桿放大，也會造成回防不及的問題。所以使用鐵幡桿要特別注意控制自己的身腰轉動幅度。

圖 6.12A 中下手突然在外門用高槍戳上手胸部；上手將兩手縮回，將槍緊貼自己身體，然後用腰力橫開下手的戳槍。圖 6.12B 中，上手已經將下手的槍打開在外門身後，隨時可以還扎。

如果從技術層次的角度來看鐵翻竿，它的革是用橫力、兩手沒有轉陰陽，也就沒有大槍特色的「返上之機」，也因為如此所以它的技術含量的確較低，但是我們絕對不能因為這個原因而認為它是笨法。從戰術的角度來看，正是因為鐵翻竿緊、小，所以在對方做外門戳槍造成危急狀態時，鐵幡桿非常便捷而可以用來應急的，所以它豐富了戰術的選擇和多樣性。由於行著的本質原本就是「不可以戳革論」，因此作者特意的把這個技巧做為一個重要的行著來介紹，但是建議讀者一定要等到充分掌握了基礎戳革的動作以後，才去練習鐵幡桿，否則對此類技巧養成依賴性、或者習慣性，未來槍法技藝就很難以登大雅之堂了。

6.13 吞吐

在《手臂錄・卷二・行著法》裡對此技巧的說明為：「吞吐：於彼槍胸兩畔，淺進復出。以探其能否也。須防彼點前手

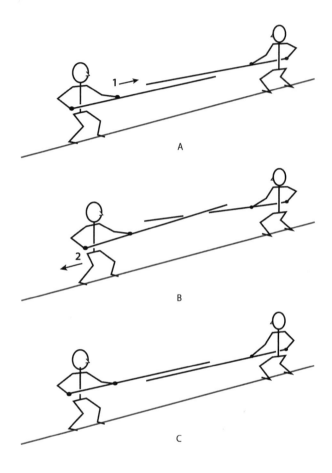

圖 6.13 吞吐

竿子。須用大踏步，以身出入助手勢。」[48] 可見這個技巧只是欺敵、試探的方法，並不是實際的革槍或戳槍的技巧。書裡說明槍的淺進復出需要利用步法和身法來幫助手部的動作，這是因為在實施這種試探動作的時候，最怕對方看破我的企圖而使用「以真破假」的戰術。所以儘量以身、步法來實施試探的動作，而不使用手部來做佯攻的動作，以避免被對方革槍而造成自己手慌腳亂的敗勢。據作者的觀察，比賽時很多選手有濫用吞吐槍的問題。怎樣算是「濫用」呢？也就是說在對方持槍穩固、心態平和的狀態下，不可以輕率的一再重複的使用這個槍技。否則對方察覺這個規律性時就容易被破解。

在圖 6.13A 中，上、下手用中平勢在外門對峙。上手方突然用步法前進半步，手上不戳槍。以此來查看對方的反應。其結束的相互姿勢如圖 6.13B。在圖 6.13B 中，上手立即後退。後退之後的姿勢如圖 6.13C。此時上手已經將槍轉在內門了。

從戰術的角度來看，這個吞吐槍不但可以拿來試探對方，其實可以配合使用的戰術也有幾種：

1）逼敵戰術：在數次淺進復出之後，突然淺進不再退出。這樣雙方的的距離突然縮短到必須血刃相見的程度。若是對方感受到距離的壓力而貿然戳槍或者革槍，那麼我就可以相機而變。

2）麻醉戰術：在淺進復退的過程中密切的注意對手的反

48　吳殳‧增訂手臂錄 [M]‧北京：北京師範大學出版社（孫國中校訂版），1989：68~69。

應。如果對方被麻醉了而失去了警覺心，那麼淺進後立即發扎，容易打的對方措手不及。

從這個吞吐和前一個鐵幡桿來看大槍技巧，作者認為行著技巧不分高下，有用沒用？用得漂亮與否？還要看自己怎麼配合適當的戰術。

6.14 截槍扎

截槍扎是利用槍桿的側方輕輕的推擠對方槍桿，使其往側方打開。這個力道和用楔子劈開木頭一樣，是把正向的力道轉成側向的推擠。《手臂錄・峨嵋槍法・扎法篇》裡對截槍扎的記載為「截者，輕用擠挨手法，開之即扎也。」[49] 以及《手臂錄・峨嵋槍法・行著》的「擠：用小小右偃月形，有口授。挨：用小小左偃月形，有口授。此二法，真如有扎者名截槍。無扎者名和槍。」[50] 由此記載可以理解：擠用於圈內；挨用於圈外。

正確的截槍是將對方的槍往水平的方向打開。但是一般初學者做截槍扎容易把對方的槍往斜下革開，那就成一般的攔、拿了。作者歸納出截槍扎的要點有：

49　吳殳・增訂手臂錄 [M]・北京：北京師範大學出版社（孫國中校訂版），1989：163。

50　吳殳・增訂手臂錄 [M]・北京：北京師範大學出版社（孫國中校訂版），1989：174。

1）　無論擠、挨、截或者和都是用槍桿的側方與對方的槍
　　接觸。所謂的側面就是內門就用三點鐘的位置與對方
　　的槍桿接觸；外門就用九點鐘的位置與對方槍桿接
　　觸。整個的截槍過程中，接觸點要一直保持三點鐘／
　　九點鐘的位置，不可以變換；

2）　革槍時要讓接觸點要往前滑動，最好使我的槍頭滑到
　　接近對方前手。

3）　由於兩槍只有側方的接觸點，沒有垂直方向的接觸
　　點，所以在做截槍扎時必須兩手做轉陰陽的動作，而
　　且槍頭還具備微微的月牙弧形以增加「擠」的效果。

　由於截槍扎是利用槍桿往下走的動作來擠開對方的槍，所
以戰術上希望自己的槍頭高些。作者在對抗時最常用的戰術有
二：

1）　先與對方保持中平勢對峙的狀態，然後我緩慢的、微
　　微的站高，此時不能讓對方產生警覺心。然後自己突
　　然微微的往下坐，同時槍頭稍微抬高、前腳暗中往前
　　稍微移動一些，隨即做截槍扎。

2）　身體往前探以高四平勢做頭部的佯扎（手部不做戳槍
　　的動作）；如果對方受騙而將槍頭抬高想要做革槍，
　　我則突然停止佯扎；利用對方停止革槍動作的瞬間，
　　我立即使用截槍扎。

　在圖 6.14 中所示的截槍扎就是上述的第二種戰術的應

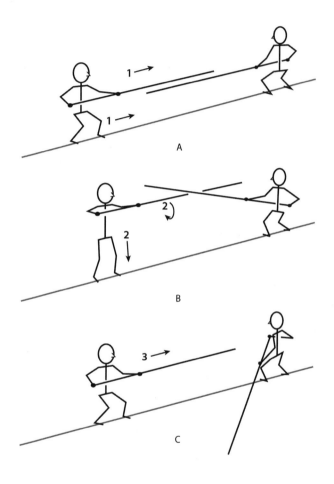

圖 6.14　截槍扎

用。在圖 6.14A 中，上手突然起身用高四平在內門扎下手頭部。其實這個戳槍完全是利用起身、進步，而沒有用手去扎，以此保持大槍與自己身體的密切結合。在圖 6.14B 中，下手抬高槍頭做拿槍。上手立即用身形下坐、兩手做狹長月牙形的槍圈，兩手微微帶有轉陰陽的力道，如箭號 2。圖 6.14C 中，下手的槍被擠開，上手準備戳槍。

6.15 劈槍扎

劈槍扎是以自己槍桿的下方、自上往下劈打對方的槍桿。所以在使用劈槍的時候，自己的槍頭必須要稍高於對方的槍頭。但是劈的力道不光是兩手之力，而是配合以身體下坐或者身形後退、下壓的方法來施力。而且在劈槍的瞬間，兩手還是有擰轉的勁道，以此使得槍頭產生了返上之機。若是對方以子午槍這類的技巧貼著我槍桿的下方戳槍，那麼我就必須以後腿把身體微微的帶到側方，使得兩槍建立接觸的夾角。

《手臂錄·峨嵋槍法·倒手篇》說明：「劈貴坐膝，槍頭起不過五寸，直劈而下，後手一出，以擊其手。」[51] 同篇對於流槍有如此之說明：「流者，龍來或左或右，我身稍退，隨其左右而劈之，待龍老直搗其主人。」可見流槍扎與劈槍扎類似，而多了一個身體稍退的動作。

51　吳殳·增訂手臂錄 [M]·北京：北京師範大學出版社（孫國中校訂版），1989：161~162。

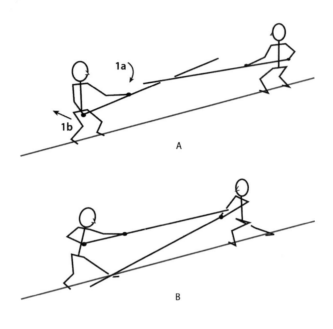

圖 6.15 劈槍扎

　　在圖 6.15A 中，上手在內門將後手稍微壓低，而將槍頭微微抬高。隨後身形微退、上身微微往下撲壓，如箭號 1b 所示；同時兩手做往內門做側月形並且微帶捲的劈，如箭號 1a 所示。在圖 6.15B 中，下手方的槍已經落在其外門，上手正準備戳槍。做劈槍扎時必須注意兩槍的接觸位置在上手槍的三點鐘位置，之後箭號 1b「劈」的動作一開始就要把三點鐘的接觸位置換到六點鐘，這就是「劈」的特色了。由於有身形退、壓的動作，所以圖 6.15 介紹的技巧比較接近於古籍裏說的「流槍扎」。

　　與劈槍同屬一類的技巧也很多。在《手臂錄‧峨嵋槍法‧倒手篇》有「撲者，似捲而打也。」[52] 和《手臂錄‧峨嵋槍法‧扎法篇》的「帶打者，撲擊發扎也。」[53] 的記載。在《手臂錄‧革法一篇》也解釋說「削：又名剃。石劈之輕者。用於低處，名撲。」[54] 在《手臂錄‧行著法》裡對於撲的勁道說「盡在兩手」。又說「馬家打低處名撲，用於手指即名削。」[55] 由這些解釋可以理解撲槍、帶打扎、削、剃都是同類的技巧。但是作者對於《手臂錄‧行著法》裡說的「盡在兩手」有點意見，個人認為：用在低處的撲應該是還是有身形配合的勢制；但是用於高處的削則可以取其輕快而使用手上的力道，但是這樣就很接近於截槍扎了。

6.16 纏槍

　　纏槍是當對方戳槍、而我革槍之時，對方突然使用圈串類的二次攻擊技巧，我前一個革槍的動作不停止而隨著對方的槍頭而轉；當對方再度戳槍的時候，我則以同樣的革槍技巧再次

52　吳殳‧增訂手臂錄 [M]‧北京：北京師範大學出版社（孫國中校訂版），1989：162。

53　吳殳‧增訂手臂錄 [M]‧北京：北京師範大學出版社（孫國中校訂版），1989：163。

54　吳殳‧增訂手臂錄 [M]‧北京：北京師範大學出版社（孫國中校訂版），1989：173。

55　吳殳‧增訂手臂錄 [M]‧北京：北京師範大學出版社（孫國中校訂版），1989：72。

的革槍。這樣革槍後跟隨對方槍頭轉動而連續革槍就是纏槍。

　　纏槍有兩種：如果對方先在內門戳槍、之後使用串槍到外門戳槍，那麼我必然是做纏拿的技巧；反之，對方在先外門戳槍、然後串到內門戳槍，那麼我就會作出纏攔的技巧。《手臂錄》裡對纏槍的說明為：「纏者，先虛搭，彼轉下，我從上轉右而下，彼又從左轉上，我又從下轉左而拿之也。」[56] 本書「7.4《紀效新書》八母槍解析」一節裡對纏拿、纏攔有較為詳細的說明。

　　圖 6.16A 中，下手在內門戳槍，上手用拿槍，各如其箭號 1。圖 6.16B 中，下手用串槍避開上手的拿（如箭號 2），然後接著在外門戳槍（如箭號 3）；而上手見拿槍落空、對方用串，立即順勢用串轉換到外門，緊接著再用拿槍革之。上手的串接著拿形成箭號 2,3 一般的圓形槍圈。圖 6.16C 是下手槍落於其外門，而上手纏拿成功後準備戳槍的姿勢。

　　纏槍是針對槍法圈串的特性而發展的二次防禦技巧。所以只有在對方有能力做串槍、雙頭槍等技巧的狀況之下，我才會有使用纏槍技巧的可能。作者曾見過兩槍黏搭在一起、相互的攪繞，同時兩人走圈子的纏槍練習方式。據練習者的說明，這樣的練習是培養槍法的聽勁、粘隨勁。但是實戰時兩槍接觸的時間只是電光石火的一瞬間，不可能有兩槍長時間相搭、相互攪繞的情形，所以作者認為這樣的纏槍練習一方面不切實際，

56　吳殳・增訂手臂錄 [M]・北京：北京師範大學出版社（孫國中校訂版），1989：162。

圖 6.16　纏槍

另方面這樣的練習完全不具備槍法的攻防意義，練習者也沒有正確的對抗意識。所以這樣的訓練極不可取。

纏槍基本上是因應對方的二次攻擊而產生的。所以具備某種程度的被動性，也因此難有特定的主攻的戰術。作者建議的被動戰術是：當洞察對方具備二次攻擊的能力，如串扎、雙頭槍時，要立刻警覺的將革槍槍圈做小，而且革槍結束時必須把槍頭轉上，以為再革槍做好準備；其次在對方攻擊時要特別注意對方調轉槍頭的意圖。

6.17 擊槍扎

《手臂錄·峨嵋槍法·倒手篇》裡對於擊槍的說明有「擊者，左右擊之，即繼之以纏。入死龍之法也。」[57]要理解擊槍技巧，首先要理解什麼是「死龍」？一般兩手把槍抓緊、固定在腰部不動就是所謂的死槍。在對方使用死槍的時候，很難引誘對方扎槍；也很難用革槍技巧打開他的槍，這就是使用擊槍的時機。首先從側方擊打他的槍桿，當對方槍桿被擊打離開中線時，他必然會立刻把槍拉回中線，而我就是利用對方槍桿往回拉的慣性，立刻將我的槍頭轉到另一側來革槍，這樣轉換門戶後接著革槍就是「繼之以纏」。

在圖 6.17A 中，雙方中平勢、內門對峙。下手將槍緊靠自

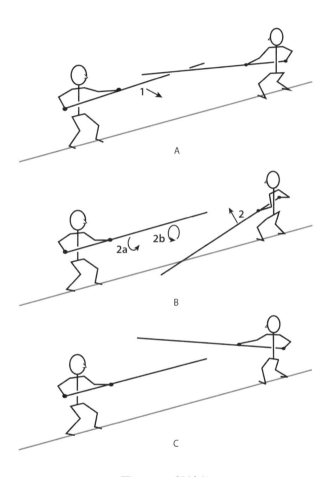

圖 6.17 擊槍扎

己身體，採取嚴守中門的態勢；上手用腰力在內門猛力橫打下手的槍，並將之敲離中門（如箭號1）。圖6.17B中，下手立即將槍拉回中門（如箭號2）；在下手拉槍回中門的過程中，上手先將槍串到對方外門（如箭號2a），然後緊接著做攔槍（如箭號2b）。如6.17C為擊槍扎結束的姿勢，上手準備戳槍。

擊槍扎在擊打對方槍桿以後，在對方把槍拉回中線的過程中，必須以極小的槍圈轉到另外一側、貼住對方的槍桿、利用其往回拉的慣性來革槍。這一段換門、搭槍、革槍的連續過程與纏槍是完全一樣的。

一般來說，擊槍扎適用於對方處於一種精神緊張狀態時。作者建議用槍橫向點打對方的槍，如果對方很緊張的立即將槍拉回中線，那麼此時就已經具備了使用擊槍扎的條件了。作者建議先使用吞吐技巧做為一種欺騙戰術，然後可以很自然的發展成擊槍扎。

6.18 捲槍、反捲槍

捲槍是以步法取勝的技巧。在《手臂錄・峨嵋槍法・倒手篇》裡對於捲槍的說明為「捲者，開步蹲坐而拿，直至彼前手取勝也。」[58] 也就是對方在圈內戳槍，我前腳往外移以避開其

---

[58] 吳殳・增訂手臂錄 [M]・北京：北京師範大學出版社（孫國中校訂版），1989：162。

攻擊，同時蹲坐拿槍革之。作者的經驗是：既然開步拿槍，那麼兩槍的交叉角度必然較大，所以兩槍的接觸必然是在我的槍桿底部、對方槍桿的上方。這種革槍必然是利用仰月形的槍圈，以其革槍發勁的特色而得「捲」槍之名。

反捲槍的技巧原理與捲槍類似：在對方圈內槍扎來的時候，我首先把槍頭從內門轉到外門，然後開後步、以攔槍革之。所以捲槍是在圈內使用，反捲是在圈外使用。除了門戶的差異而外，捲槍和反捲槍都是開步革槍，而且都是用槍桿底部（六點鐘位置）來革槍。

然而《手臂錄·卷二·革法》裡對於反捲槍的說明為「反捲：敬巖妙法也。彼槍圈裡來，我偷槍於其槍之右大開之，必飛去數尺。」[59] 這裡說的「其槍之右」是一個文字記載的錯誤：如果雙方都是以最常見的左手在前的方式持槍，對方在圈內扎槍，那麼我的槍原本就是在「其槍之右」，偷槍之後就不可能還在「其槍之右」了。正確的文字說明應是「其槍之左」。

捲槍和反捲槍在槍法裏屬於非常重要的技巧。《手臂錄·卷二·革法》對於捲槍曾引用峨嵋槍法大師真如的說法：「前捲後出，無不傷人」。至於說反捲槍則有「敬巖妙法也」的注語。可見這兩個行著非常實用。

作者對捲槍、反捲槍的戰術解讀是：當對方戳槍時，我用

59　吳殳·增訂手臂錄 [M]·北京：北京師範大學出版社（孫國中校訂版），1989：49。

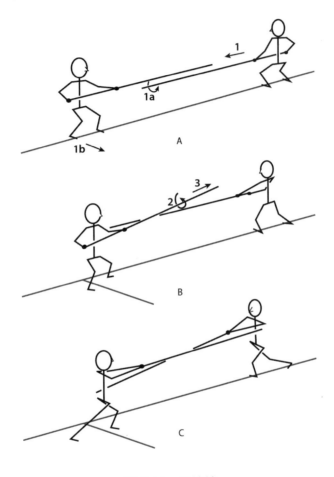

圖 6.18　反捲槍

身法、步法來躲避，同時把自己的槍擺在正確的位置；當對方戳槍即將落空之際，立即發動捲槍或者反捲槍。那麼戰術要如何的配合呢？這個要領就在於讓對方戳槍落空上。對方戳槍時，我最容易閃躲的部位在那裏呢？當然是頭部！所以戰術應用就要引導對方扎我的頭部！而且，如果對方扎我頭部，我做攔、拿的槍圈必然會很大，攔、拿之後必然需要直奔對方身上戳槍，這樣才有「捲」、「反捲」的意思。如果槍圈小，那麼就與一般的攔、拿無異了。

　　圖 6.18A 中，下手在內門戳槍（如箭號 1），上手後腳往內門移動（如箭號 1a）、同時槍頭串到下手外門（如箭號 1b）；圖 6.18B 中，上手緊接著做攔槍（如箭號 2），然後立即還扎（如箭號 3）；圖 6.18C 中，下手的槍落在外門地上，上手已經還扎得手。做捲槍、反捲槍想要達到預定的效果則必須注意「拍」的掌握，在對方戳槍未完成的情形下，必須移位、捲槍或者反捲槍一氣呵成。

6.19 螣蛇槍

　　在《手臂錄》裡把螣蛇槍列為相當精細、重要的技巧。對此技巧有如下的記載：「縰環之扎，而兼砑扎者也」[60]；「螣蛇槍：真如曰：『縰環之扎也』。坐膝進步，槍頭稍高，即昂

60　吳殳・增訂手臂錄 [M]・北京：北京師範大學出版社（孫國中校訂版），1989：67。

頭搶。左右連扎,妙在手法以制其動。不可多作,恐傷我氣。」[61] 又有在《手臂錄・槍法微言》:「最精密者螣蛇槍,……。同一轉陰陽也,圈手力在槍頭,螣蛇力在槍根,須久久練習,得悟入處,方知之。」[62]

　　作者針對雙頭槍、矹扎的技巧特性,以及螣蛇槍特殊的「坐膝進步,槍頭稍高」、「左右連扎,妙在手法以制其動。不可多作,恐傷我氣」以及「繚環之扎」這幾個特性,來進行分析和驗證。根據實際應用的體驗,作者認為螣蛇槍的技巧應是:先以扎槍強迫對方革槍。在對方一開始革槍之時,立刻使用圈串調換門戶。門戶調換之後要把後手微微放低,使得的槍頭昂起抬高並且壓住對方的槍[63]。緊接著以矹槍將對方的槍往下革開,然後接著戳槍攻擊。簡單的來說:螣蛇槍就是串槍再加上矹扎,但是串之後槍頭要稍微得抬高而且微微的斜壓在對方槍身之上。如果仔細觀察螣蛇槍的槍圈,它在串槍之後抬高槍頭,這已經接近一個圈;之後從上往下做矹槍,這又是一個圈,兩圈連環相疊故而古籍記載它是「繚環之扎」。

　　在圖 6.19A 中,上手在內門戳槍,下手用拿槍革之,各如其箭號 1;上手見對方拿槍,於是立即串至外門,如箭號 2 上手用串之後,後手稍微壓低,槍頭抬高昂起,如圖 6.19B 的姿

61　吳殳・增訂手臂錄 [M]・北京:北京師範大學出版社(孫國中校訂版),1989:70。

62　吳殳・增訂手臂錄 [M]・北京:北京師範大學出版社(孫國中校訂版),1989:76~77。

63　螣蛇在古代的傳說裏是一種會飛的蛇。

A

B

C

圖 6.19　騰蛇槍

勢。圖 6.19B 中，下手或是仍在做拿槍，或是拿槍做完後槍回到中線，上手即可身形往下、同時槍身用矸槍開對方的槍，如箭號 3；圖 6.19C 上手戳槍（如箭號 4）完成螣蛇槍。如果將上手的箭號 2 以及接連的箭號 3 連在一起來看就是「纏環之扎」，再加上時機短促、槍圈必須緊小，螣蛇槍是屬於手法細密的技巧。

　　喜歡使用串扎的人會問：為什麼串之後不立刻扎槍而要抬高槍頭做螣蛇槍呢？這個取決完全要看對方的革槍能力。如果對方革槍的槍圈小，我串槍之後對方的槍還是守在中線，此時立即戳槍就很冒險，而使用螣蛇槍則較為安全。若是我串槍時，對方的槍頭已經離開了中線，自然就不需要革槍（其實也無法革槍），立刻戳槍就好，所以說螣蛇槍適合使用於革槍技巧比較純熟的對手。

6.20 迎槍扎

　　迎槍扎是屬於難度較高的槍法技巧。在《手臂錄・峨嵋槍法・扎法篇》對於此技巧的說明為：「迎者，兩來槍而我中、彼開也。」[64]（註解：句中頓號為作者的解讀）「兩來」意思是雙方同時戳槍；「我中」就是我的槍保持在中門；「彼開」就是對方的槍被革而離開了中門。也就是在雙方同時戳槍之

64　吳殳・增訂手臂錄 [M]・北京：北京師範大學出版社（孫國中校訂版），
　　1989：163。

時，我能夠在戳的過程裡加入革槍裡的攔、拿技巧，使得對方的槍在戳中我之前被打開。迎槍扎的技巧符合了「戳中有革，革中有戳。力之直也能兼橫，力之橫也能兼直」的原則。

　　這個迎槍扎聽起來很困難而且神秘。其實在拳法出拳時，小臂上也可以有帶擠挫弸彈的力道，這種出拳的勁道就與迎槍扎的勁道非常類似。

　　迎槍扎的難就難在距離和拍位的掌握，但是其威力也就在此。作者在舉辦比賽時注意到有些選手喜歡拉開雙方的距離。距離遠自然有助於防禦，但是攻擊的時候就必須先往前搶進才能戳槍。面對喜歡拉開距離的對手，在對手攻擊的時候如果也

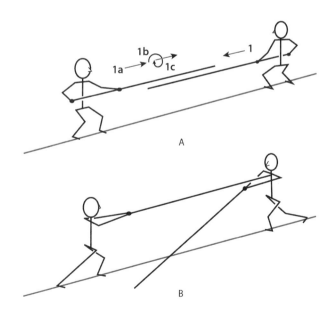

圖 6.20　迎槍扎

採取退步防禦的戰術，那麼雙方都會無法搶到有效攻擊的距離，於是比賽就變得冗長而且辛苦。用迎槍扎來對付這樣的對手是非常合適而且極為有效的。其方法就是在對方上步想要戳槍的時候，我非但不退，反而要上步迎上去。對方一出手戳槍，我立刻就用迎槍扎連革帶戳的還擊。特別在對手戳槍時上身往前趴來增加戳槍的長度，此時槍桿與身體結合不起來，如果我果斷的往前做迎槍扎極易成功。

在圖 6.20 中，上、下手雙方同時在內門扎槍。而上手在戳的過程中突然加入了一個拿槍的革槍，如箭號 1b；拿槍後接著原來的戳槍動作，如 1c。圖 6.20B 是雙方戳槍結束的姿勢。此時上手已經戳中，而下手的槍被 1b 的革槍打開于內門側下方的位置。要注意的是 1a、1b 與 1c 是一個完整的動作，不能分開來做。

6.21 拖刀、擺尾

拖刀和擺尾都是屬於顛提類、槍圈較大的技巧。《手臂錄‧閃賺顛提說》裡的記載可以為證：「更有大遠於桿者，則為拖刀、騎龍。……夫以大破小，須於彼此皆小時，忽然用大，乃勝。」[65] 至於「閃賺、顛提」的理論和其重要性可以參考本書第四章的槍法理論。

65　吳殳‧增訂手臂錄 [M]‧北京：北京師範大學出版社（孫國中校訂版），1989：32~33。

　　當我槍被對方革到成為圈內敗槍的時候，我在恢復對槍器的控制過程之中把槍頭在對方槍器的下方轉換到圈外，這個轉換的過程就是擺尾。反之，若是對方將我的槍革成圈外敗槍的時候，我將槍器從下方轉換到圈內就是拖刀的技巧了。初看拖刀和擺尾的技巧，可能覺得這些技巧的動作太過於疏闊。其實從作者的體驗來看，當對方使用緊密的圈串攻擊技巧，如串槍、抽拔扎，我使用拖刀和擺尾的技巧來對應是相當正確的。

　　在使用拖刀和擺尾之時都必然有一個門戶的轉換，利用這種門戶的自然轉換接著做革槍的時候，由於對方前手握法來不及應變就很容易造成前手把持不住槍器的情形。針對拖刀和擺尾技巧的重要性，本書在「7.8.3 對槍訓練的實踐」一節裏特別把拖刀和擺尾放在對槍訓練的第二階段。

　　在圖 6.21A 中，上、下手都是取內門中平勢對峙。下手突然在內門戳槍，如箭號 1；上手立即退後腳，如箭號 1b，同時用腰將槍從對方槍下轉至其外門，如箭號 1a，其結束姿勢如圖 6.21B。上手緊接著在外門做攔槍，如箭號 2。上手的 1a 與 2 的動作是一個連續的、完整的大槍圈。而且上手在做箭號 2 的攔槍時，下手的戳槍（箭號 1）尚在進行。圖 6.21C 中，下手的槍跌落在外門地上，上手已經準備要還扎了。

　　由於拖刀、擺尾的槍圈大，在對抗時若是被動使用的話，就可能發生下手戳槍已經結束，上手還來不及革槍的問題。所以作者建議採用主動戰術：首先放慢攻防的速度，確定對方也鬆懈其還扎的速度。然後在戳槍的後半段放軟，在對方革槍時主動的放鬆前手，降低對手革槍施展在我槍的力道，而且槍被

圖 6.21 拖刀

革時立即開始門戶轉換的動作（圖6.21A的箭號1a）。這一系列的動作必須自然而且不讓對方察覺，這樣才能收到「須於彼此皆小時，忽然用大」的效果。

6.22 鴛鴦槍

在《手臂錄・卷二・行著法》對於鴛鴦槍有這樣的記載：「鴛鴦槍：行移（宜）[66]坐膝，需身法躲閃，乃生死之門。又曰：『遇眾龍則鴛鴦更妙。』又曰：『不守之守，鴛鴦是也。』又曰：『鴛鴦扎法，陽中之陽也。』有云：『攻為陽、守為陰。』此乃以攻為守，故曰：『不守之守。』其用於眾龍者，謂只攻左畔一人，即遠餘人矣。故曰身法躲閃。」[67]

從文字記載「不守之守」可以理解鴛鴦槍不做革槍的防禦、而專以身法躲閃來應付對方的戳槍。這個技巧的特色在《手臂錄・槍法微言》裏論述革槍需要的「轉陰陽」的時候又被再度地強調：「轉陰陽，不宜太早。此深知甘苦之言，即翁慧生所謂：『開槍，宜先輕後重也』，鴛鴦槍不出此。」所謂的「鴛鴦槍不出此」就是點明鴛鴦槍的防禦是以身法、步法為主，因為技巧內容裡沒有革槍，所以與革槍的轉陰陽沒有關係。

66　書中原字為「移」。但是因其與鴨踏步的密切關係，作者認為「宜」更為恰當。

67　吳殳・增訂手臂錄 [M]・北京：北京師範大學出版社（孫國中校訂版），1989：67。

　　那麼身法躲閃首先必須側身、蹲低以減少自己被攻擊的目標。在這樣必須側身、蹲低而且要步法靈活移動的要求之下，鴛鴦槍的步法就會很特殊。《手臂錄‧步法說》裡解釋的鴨踏步：「鴨踏步：敬巖法也。蹲坐而行，其形如鴨，短槍神境也。彼將發圈裡槍，我即開步於左，以脫其扎，而用諸手法。」[68] 這段解釋裡的「蹲坐而行……我即開步於左，以脫其扎，而用諸手法」與鴛鴦槍的要求極為相似。所以作者認為鴛鴦槍的施展是配合以鴨踏步的。

　　在《手臂錄‧槍法微言》裡說「以寡擊眾莫善於槍，不可不知。」[69] 這句話的意思就是說大槍的優點在於「以寡擊眾」。而槍法技巧裏以「遇眾龍」為其特色的唯一只有鴛鴦槍。從「遇眾龍」的特色來看，大槍絕對是屬於戰場的，是戰場的利器。

　　鴛鴦槍的特性就在於：用鴨踏步的步法配合身法躲閃對方的攻擊，希望把眾多的對手拉成直線的排列，讓自己可以一次只面對一個對手。再加上從鴛鴦槍的還扎的技巧可以「用諸手法」這個說法來看，我們可以將鴛鴦槍總結為一個戰術原則，而不是一個技巧。然而在雙人對抗的競賽裏難以看到鴛鴦槍的應用。作者正在研究大槍團隊的對抗競賽，希望將來在團隊競賽裏看到鴛鴦槍的應用。

68　吳殳‧增訂手臂錄 [M]‧北京：北京師範大學出版社（孫國中校訂版），1989：52。

69　吳殳‧增訂手臂錄 [M]‧北京：北京師範大學出版社（孫國中校訂版），1989：75。

　　從鴛鴦槍的特性來分析，如果近代流傳的大槍體系還保有鴛鴦槍／鴨踏步的話，我們可以保守的相信這個體系至少與明朝軍事武藝有些關聯。作者在從師於劉老師雲樵時，劉老師教導的大槍就有鴨踏步。不過那個鴨踏步的訓練是把鴨踏步與纏槍結合起來練習的；方法是一步一搖的緩步而行，同時手上是雙方做沾黏不斷的纏槍。這樣的練習其實是違背明朝時期的大槍概念的：首先，鴨踏步是用來閃躲對方戳槍的，步子不能慢；其次，鴛鴦槍是不革槍的「不守之守」，而纏槍卻是不折不扣的革槍技巧，所以鴨踏步與纏槍合在一起練習就是一個錯誤的理解；再三，真正的纏槍也不是兩槍沾黏不離的。所以說近代流傳的大槍體系或許還有一些古傳技巧的蛛絲馬跡，但是經過兩三百年歷史的沖刷，實際保存下來的內容已然不多，更多的反而是錯誤的解讀。作者在近四十年的研究過程中，經常的工作就是在錯誤的解讀裏把一些古傳的技巧剝離出來，真的是歷經了多重的「破與立」的爭扎。

6.23 小結

　　在此章裡論述的槍法技巧基本上都是從《手臂錄》裡摘出來。說到《手臂錄》，坊間能看到的版本不可說不多。作者在寫此書時，手邊的版本有：

借月山房匯鈔
瓶花書屋校勘本

故宮珍本叢刊版

台北華聯出版社 1970 年發行的澤古齋重鈔本

國立中央圖書館藏曹虎臣手抄本

北京師範大學出版社 1989 年發行的孫國中校訂本

以及逸文書局 2010 年出版的《器王正眼無隱錄》

這些版本裏，借月、瓶花、故宮、澤古這幾版本基本上差異不大。但是曹虎臣手抄本在《中卷‧槍法微言》這個部分對於戳法不僅介紹的技巧較多而且註解特別詳盡，不同於其他版本經常以「有口授」三字輕輕帶過。作者認為其玄機就吐露在曹虎臣手抄本裏獨有的《自述》裡。吳殳在此《自述》的最後有幾句極關緊要的心裏話：「……然中卷註釋太明，不可公於天下。姑留之篋中云。」由這一段文字來推論，吳殳最早在寫作的時候可能不厭其詳的把自己所知都記載下來。但是在反覆玩味之後可能覺得應該有所保留，所以在後來印行的版本就有所隱藏。然而在比較原始的手稿本的自述中留下作者心思的蛛絲馬跡。曹虎臣是崑山人，與吳殳活動的區域太倉、婁江都很近。加上曹虎臣是私淑吳殳槍法裡比較有成就的。所謂的私淑就是沒有直接的親身受教，但是藉由文字或是其他間接途徑來學習。而私淑的最佳方法就是詳盡的收羅私淑對象的一言一行。基於諸般因素的分析考量，作者認為曹虎臣的手抄本極有可能是《手臂錄》在正式刻版發行以前的草稿；而刻版發行的版本必然經過作者深思熟慮的刪減而後定稿的。作者在研究《手臂錄》的絕大部分過程中是沒有曹虎臣手抄本的，在鑽

研、練習、教學、比賽多年之後，才有機會拿到曹虎臣手抄本，很多疑惑都是在研讀曹虎臣手抄本之後才得以證實，其中甘苦唯有自知。

另外比較特別是孫國中校訂的《手臂錄》，馬明達教授已有文章指明此校訂本的錯誤，包括把《器王正眼無隱錄》的內容任意的強加在其校訂本之內。但是對於研究大槍武藝者，特別是技巧部分的研究者來說，孫本把各個版本，包括《器王正眼無隱錄》，統統合為一冊可以減少研究者四處收集資料的困擾。作者早年研究大槍手邊的《手臂錄》只有華聯出版的版本和借月山房的版本，所以許多技巧沒有足夠的資料，常常處於無足夠資料來破解的尷尬處境。直到取得孫國中版以後才將《手臂錄》裏大部分的技巧動作演練出來。但是當時並不理解孫本的資料從何而來，直到取得《器王正眼無隱錄》之後才確認了資料的正確出處。

作者在研究這些槍法古籍的時候完全以實用、實戰做為唯一的目標與驗證手段，儘量避免做文字點校、或者版本對照的功夫，就是怕自己主觀意見主宰了研究的中立性。遇到版本內容差異過大，或者版本裏的錯別字、缺字影響到技巧的理解、或者左右到技巧的正確認識時，作者才以槍法原理、再加上實際練習驗證的手段做為最終的判斷。

本章裏介紹了二十二個技巧，都是比較具有代表性的。若是加上類似的、以及同質性高的技巧，本章裏說明的大槍技巧雖然不能涵蓋《手臂錄》裏記載的全部技巧，但是《手臂錄》裏較為重要的技巧都有論述和解說。但是作者要特別強調：本

章內槍法行著的解釋受限於作者手邊的資料、以及作者本人對槍法理解和實際掌握的程度，錯誤在所難免。之所以不揣鄙陋的自暴其短，一則希望引起方家的響應而共襄盛舉；其次在於分享作者近四十年的研究成果，以為有志者的參考而繼續深入的研究和發掘。

槍法的實際不能貪多。多則疏、少則精。而且在訓練時，千萬要在最基礎的戳革訓練下功夫。古代的戰場，以及作者舉辦多年的競技比賽裏都容不得賣弄。越簡單的技巧也越實用，而且很多較為高級的技巧必須要雙方的槍法修為達到旗鼓相當的程度，否則無以施展。例如纏槍，如果對方根本不會串槍、雙頭槍這種圈串攻擊的技巧，那麼就很難有使用纏槍的機會。所以在對抗練習和比賽的時候，必須針對對手的程度來選擇最佳的對抗戰術與技巧。

大槍古籍的內容是以技巧說明為主，至於戰術或者勢的說明雖然有，但是非常隱晦。作者早年學習傳統武術也是以技巧為主，然而在實戰中經常遇到用不出來的困擾。後來在國外業餘的教學生，從學生大量的實戰、比賽中體會到戰術在實戰中的主導關鍵，從而覺悟到明朝武藝都講「勢」的原因。原來古代實戰是先有「勢」的產生，因為「勢」的需求，才衍生出相應的技巧。所以作者在此章介紹大槍技巧時，把自己對槍的實際戰術都誠實的提供給讀者。戰術是什麼？自古以來就將戰術稱之為「心法」！現代武術裏也有個說法：「可以把著手教，但是心法不能傳！」可見戰術是多麼關鍵的東西。在本書第九章是專門討論大槍武藝的戰術的。

第七章

明代大槍訓練

　　比賽的意義主要是檢驗訓練的成果！如果沒有紮實的訓練做為依托，那麼比賽就是一場胡鬧，所以想要提升大槍武藝就必須切實的從訓練下手。由於大槍武藝有它數千年的歷史傳承，想要學習大槍就必須對這個傳承有充分的理解，然後才能邁步往前走。那麼古人是怎麼訓練大槍武藝的呢？本章以明朝時期的大槍訓練內容做為藍本，然後總結一個比較現代化的訓練程序，這個訓練方法是作者從 1998 年開始訓練學生以來，經過長時間的實踐驗證、逐漸改良而成形的，希望給有志於此的讀者做為參考。當然，這裡介紹的只是一般常規性的訓練，如果是為了比賽而設計的、有針對性的訓練，則是屬於特殊訓練，無法在此備述。

7.1 明代兵槍訓練

　　《紀効新書・紀効或問》一節裡對於大槍訓練原則有如下的指標性的論述：「長槍，單人用之，如圈串，是學手法；進退，是學步法、身法。除此復有所謂單舞者，皆是花法，不可學也。需兩槍對較，一照批迎。切磋捅擠，著拿大小門圈串，按一字對戳一槍，每一字經過，萬遍不失，字字對得過，乃為成藝，後方可隨意應敵，因敵制勝也。」[1] 從這一段的記載裡，我們首先注意到整個訓練分為單人訓練與雙人對練兩類。單人訓練著重在訓練手法（熟悉技巧的運作）、身法及步法。

1　戚繼光・紀効新書 [M]・北京：中華書局，1996：6。

文內也特別指明除了手法、身法和步法之外的單人訓練，都屬於無用的花法。由此訓練原則來看，單人的大槍套路練習就是不足取法的單舞花法了。而對於文內有關雙人訓練的論述可以歸納出幾個訓練的原則：

1）「一照批迎」：這裡說明對練是按照約定的程序而實施，而不是自由的對抗練習。這四個字點明了雙人訓練的原則與方式。

2）「按一字對戳一槍」：這裡說的「字」可以是一個槍法技巧，也可以是一個槍法的應用原則。所以熟悉與掌握技巧和原則就是雙人訓練的主要目的和內容。

3）「萬遍不失，字字對得過」：萬遍不失就是技巧的精熟程度；字字對得過則是訓練涵蓋面的廣度。「精且廣」則是雙人訓練的兩項要求標準。

4）「……成藝後，方可隨意應敵，因敵制勝也」：這幾句話點明了雙人訓練從「一照批迎」的階段進一步的憑著對抗意志的增強而走向實戰。這一條說明了雙人對槍訓練是往實際應用提升的一個過渡的手段。

以上短短數言充分的說明了對槍訓練的原則、方式、內容與要求標準。而對槍訓練的實際內容則可參考《紀效新書‧長兵短用說》裡介紹的「六合對槍」，它就是六段雙人對練的套子。從「六合對槍」的內容來看（見本章 7.5 節），這它完全符合了上述雙人訓練的指導思想。

7.2《手臂錄》記載的明代民間槍法訓練

上段以《紀効新書》為依據來說明了明代兵槍訓練的大致面貌；此段論述的則是相對於兵槍的民間槍法的訓練。但是，民間槍法因地域、派別、槍器的不同，而有極為多樣的面貌，所以難以選擇一個具有代表性的訓練方法。《手臂錄》這本書是當代民間大槍武藝的經典之作，它記載的民間大槍不但經過精挑細選，而且涵蓋面很廣。此書作者吳殳在一定程度上受到其師石敬巖的影響，雖然石敬巖的槍法較貼切於兵槍，但是這也是在民間槍法與兵槍交互影響的範圍之內。所以我們可以姑且將《手臂錄》做為明朝民間槍法的代表，以此書的內容來概括地探討民間的槍法訓練：

1) 首重戳槍

在《石敬巖槍法記》一節裡說：「石師之教先練戳。戳不許多，四伐五伐則喘息汗下。止而少歇，又四伐五伐，以力竭為度。戳不竭力，則手臂油滑，初址不固，臨敵無以殺人矣。以漸加之，必日五百戳，幾百日而後戳址固焉。」[2] 槍法致用只有戳槍這一個技巧。由此段記載的內容可看到古人對於戳槍的重視。這個訓練是單人為之，不屬於對槍的範疇。

2　吳殳 · 增訂手臂錄 [M] · 北京：北京師範大學出版社（孫國中校訂版），1989：89。

2）強調根本功夫

在《石家槍法源流述》這一節裡說：「……根本無功，枝幹皆虛也。當息心泯志，不學破法、不與人角技，下死功夫於根本者二年，……」[3] 那麼什麼是根本功夫呢？在《針度篇》裡說明：「予受敬巖戳革之法，練習二年，手臂粗得柔熟，乃許授槍法。」[4] 在《槍法微言》裡又說：「若爾，非千日苦功不辦。須兩年練戳革，……」[5] 同文裡明確的說明：「予謂槍以封閉為根本。」[6] 從這些一再出現、一再強調的說明裏，我們可以理解吳殳強調的根本功夫就是槍法的戳革訓練。事實上，一般人對大槍的認知就是「攔拿扎」這三個技巧。「攔」就是閉、「拿」就是封、「扎」就是戳槍；攔和拿就是革槍的基礎。但是練習革槍不能單練，必須兩人一起練習，一方戳槍、一方革槍。戳槍者必須具備紮實的戳槍能力，才能讓練習攔拿者在高擬真度的情形下培養革槍的能力。所以說「攔拿扎」的雙人戳革訓練就是民間大槍訓練的根本。

3　吳殳‧增訂手臂錄 [M]‧北京：北京師範大學出版社（孫國中校訂版），1989：26。

4　吳殳‧增訂手臂錄 [M]‧北京：北京師範大學出版社（孫國中校訂版），1989：41。

5　吳殳‧增訂手臂錄 [M]‧北京：北京師範大學出版社（孫國中校訂版），1989：80。

6　吳殳‧增訂手臂錄 [M]‧北京：北京師範大學出版社（孫國中校訂版），1989：82。

3）強調連環訓練

在「石敬巖槍法記」這一節裡說：「……戳革既熟，然後教以連環。連環者，一戳一革，互為主客，二人欲相殺如仇怨焉。」[7] 由此段說明裏可以看出連環訓練就是前述的戳革訓練加以主客角色的不停轉換。這個訓練與《紀効新書》裡說的「吃槍、還槍」是一樣的。只要雙方在革槍後接著「還槍」、戳槍之後接著革槍，就自然形成所謂的連環訓練了。

4）行著訓練

在「槍法微言」裡又說：「……須兩年練戳革，一年學行著……」[8]。至於行著訓練的實際內容在「石敬巖槍法記」一節內有較為詳細的說明：「戳革連環，既熟既精，然後教以破法、夜叉探海等勢，中平槍、槍中王等訣，百日事盡。」[9] 由這些說明可以理解：行著指的是槍法對抗的技巧、對抗思維，以及這些技巧變化之間相生相剋的關係。由石敬巖訓練行著只要「百日事盡」的說法來看，行著訓練著重在技巧以及槍法原則的認識，至於對抗的基本能力則在之前的訓練中準備充足了。

7　吳殳・增訂手臂錄 [M]・北京：北京師範大學出版社（孫國中校訂版），1989：90。

8　吳殳・增訂手臂錄 [M]・北京：北京師範大學出版社（孫國中校訂版），1989：80。

9　吳殳・增訂手臂錄 [M]・北京：北京師範大學出版社（孫國中校訂版），1989：90。

5）對抗思維的提升

在「石敬巖槍法記」講述訓練過程的最後階段：「蓋戳、革、連環、破法，皆下學事耳，其上達之徑，惟孫子所謂敵逸能勞之、飽能飢之、能而示之不能，用而示之不用，攻其無備，出其不意，實則虛之，虛則實之，後人發、先人至，致人而不致於人，乃為槍法之精微也。」[10] 這裡說的就是槍法對抗「形而上」的部分了。這部分極難以教學。就算老師能夠解說，那還要看學習者是否具備足夠的領悟能力，之後還必須有把抽象的哲理付諸實施的能力。槍法技巧尚是能教的部分，到了對抗思維的部分就要看用槍者本身融會貫通的能力了。作者當年隨劉雲樵老師習武，劉老師經常為作者講解孫子兵法的實際應用，也常以其本身的經歷做教材。他說的這些都是屬於對抗思維的部份。劉老師有句名言：「八極拳訓練的頭、肩、肘、手、尾、胯、膝、足都只是工具。這些工具都是給你的腦子用的。」若是腦子不能支使這些工具，那麼訓練的工夫還是白費了。受到劉老師的引導，作者對於對抗思維方面一直投入很深。本書第九章「大槍武藝的戰術」裡的內容就是作者的一些體會和實踐。

以上《手臂錄》裡記載的訓練過程的主要部分，除了第一步的戳槍訓練是以單人訓練的方法為之，其後第二到第四步驟的訓練則全是雙人訓練，第五步驟的訓練則屬於槍法哲理部

10　吳殳‧增訂手臂錄 [M]‧北京：北京師範大學出版社（孫國中校訂版），1989：91。

分，這是對槍法對抗思維的認識與提升，並不一定需要特定的練習方式，而這一部分也是民間槍法比兵槍更為著重的部分。

7.3 明代兵槍與民間槍法訓練的比較

比較《紀効新書》記載的兵槍訓練和《手臂錄》記載的民間大槍訓練，我們可以發現幾點有趣的現象：

1）《紀効新書》裡的軍事訓練強調速效。在《紀効新書‧紀効或問》裡就說：「夫義烏兵自隸予部下二年，遂有台州辛酉數捷」[11] 這還是戚家軍建軍之後首次投入戰場，所以有兩年的訓練期，在這兩年之內把烏合之眾訓練成戰士，必需學習的一定很多，自然不可能把兩年的時間全部投入槍法的學習。而且自戚家軍正式投入戰場之後，每次戰役結束都可能需要補充人員，而這些新兵只能接受短期的訓練就必須隨部隊上戰場，可見軍事訓練有其速效的必要性。而《手臂錄》裡記載的民間訓練過程光是戳槍就要數百日，然後兩年根本訓練，再一年行著訓練，前後一加起來至少需要四年的光景，可見相對於兵槍要求速效，民間大槍訓練非常強調紮實的基礎。

2）《紀効新書》訓練兵士用槍必然不會強求士兵技藝要

多麼的高超。因為在戰場上講究的是團隊作戰：槍兵前有牌兵遮護，後有短兵救急，槍兵的戰技比較著重在戳槍殺敵的能力；至於《手臂錄》裡論述的民間槍法則是講求全面性的槍技能力，民間人士學習大槍即便是為了參軍報國，訓練的方向仍在於培養一位能夠隻身衝鋒陷陣的將領級的人才，所以民間大槍訓練遠遠比兵槍訓練為全面。

3）《手臂錄》的行著訓練以及對抗思維提升的訓練在民間槍法裡受到較高的重視，這也是民間槍法與兵槍的主要不同之處。在《紀効新書》裡就說：「以上諸法，頗屬繁雜，兵士愚下豈能一一皆習？……自有用心者精之。」[12] 從這一段記載裡面就可以理解兵槍的訓練不會、也不可能追求高超的、過於艱深的技藝。

4）雖然這兩種訓練的目的、內容和效果各方面都有很大的差異，但是它們共同的都以雙人對槍訓練為其主要的訓練手段。可以說雙人對槍訓練是掌握大槍技藝的不二法門。

在我們研究古籍裡的訓練方法之時，我們必須理解上述的差異。要根據自己的需要而選擇，而不是用二分法「選擇一個、批判另一個」的態度來研究古籍。

12　戚繼光‧紀効新書 [M]‧北京：中華書局，1996：115。

7.4 《紀効新書》八母槍解析

八母槍和六合對槍是《紀効新書》裡雙人訓練的主要部分，其實這兩個訓練方法，特別是六合對槍，具有很深厚的歷史淵源，而且無論對兵槍還是民間槍法都有極大的影響。即使我們不採用同樣的訓練方法，這兩個訓練還是非常值得我們去深刻理解的。

張海鵬點校本的《紀効新書》分為沒有標點的、以及只有斷句的兩種。為了研究的方便，作者採用了盛冬鈴點校的版本，此版本利用逗號來斷句、以分號來標明段落。下列的八母槍的內容是依照盛冬鈴點校的八母槍的原來文字與標點符號。但是為了辨識的方便，作者另外加上數字來給段落編號：

「①你箚我，我挈槍；②你箚我，我攔槍；③你箚我腳，我顛槍；④你上箚，我捉槍；⑤你下箚，我櫓槍；⑥你上箚，我捉槍；⑦你下箚，我顛槍；⑧你槍起，我纏攔下；⑨你箚我，我挈槍。」

7.4.1 八母槍的屬性

在研究八母槍的訓練內容之前，首先必須確立它的屬性，藉由屬性的理解來掌握正確的研究方向。從文字上來看，很容易把八母槍當作雙人的連環訓練。其實連環的定義是在革槍以後接著戳槍，以槍法的術語來說就是「吃槍、還槍」，也就是說雙方不停的在做攻防角色的轉換。但是從文字內容來看，八

母槍的訓練是一方專門做攻擊動作，另一方則專注在防禦動作，完全沒有體現出「吃槍、還槍」的對抗原則，所以我們可以肯定八母槍訓練絕對不是連環訓練。

至於說戳槍訓練，這個訓練以單人訓練即可，不必兩個人一起練習，所以八母槍也不會是以戳槍訓練為目的的。而且八母槍把做戳槍動作的一方被稱為「你」，而「我」是專門做革槍的。一般在論述雙人攻防訓練時，習慣把餵招的一方稱為「你」、真正練習者稱為「我」，以此可以判斷：八母槍是以熟悉革槍技巧為目的的訓練手段。所以研究八母槍必須從革槍訓練的角度來分析。

7.4.2 八母槍存在的一些疑點

當作者把八母槍的革槍技巧按照其對應的防守位置整理如表 7.1 以後，發生如下的疑問：

1) 為什麼挐、捉、顛三個技巧都出現兩次？

2) 為什麼沒有圈外高槍的革槍訓練？

3) 為什麼沒有提及與"纏攔"相對的"纏挐"？

4) 在第八節的"纏攔"是從"你槍起"開始。但是從槍法理論來看，纏攔是一個二次革槍動作。也就是說先有一個革槍的動作，然後才可以接著做纏攔的動作。那麼八母槍纏攔技巧的第一次革槍在那裡？

表 7.1　八母槍的技巧分類比較

門戶	被攻擊的位置	技巧	出現次數
圈內／內門	中	拏	2
	高	捉	2
	低	顛	2
	低而後中的二次攻擊	纏攔	1
圈外／外門	中	攔	1
	低	橹	1

7.4.3 對於《紀効新書》八母槍的銓譯

　　針對上述的四個疑問，作者根據槍法原理來嘗試做出以下的解釋：

1)　針對纏攔的疑問：假設盛冬鈴版的分號有錯誤，作者嘗試著把第七與第八段接在一起。成為：「⑦你下箚，我顛槍，你槍起，我纏攔下；」這樣一來，當對方扎我腿部，我用顛槍把對方的槍革到圈內。對方不待我還槍，立刻把槍順勢抬起來扎我的胸部。面對這樣的連續攻擊，我把槍沾著對方的槍、隨之逆時針而起。當對方扎我胸部時，我正好使用攔槍來革。這樣的一個連續動作就是「纏攔」。以槍法技擊的原理來分析：「你下箚，我顛槍」是首次的攻防動作；「你

槍起，我纏攔下」則是對方使用二次攻擊時而施展的二次革槍，這樣的解釋完全合乎纏槍的原理。同時把顛槍做為纏槍的一部份，則顛槍做為單獨技巧的出現次數則減少為一次。作者認為這是點校者在標明標點符號時，因為不理解槍技、槍法而發生的錯誤，應該不是原文的問題。

2）其次再分析捉槍出現兩次的疑問：「③你箚我腳，我顛槍；④你上箚，我捉槍；⑤你下箚，我櫓槍；⑥你上箚，我捉槍；」在第三節時我用顛槍革對方的圈內低槍，對方自然順勢在我圈內逆時針把槍抬起扎我頭部，這時候我順時針把槍抬起，正好用捉槍來革對方的圈內高槍，這樣的使用捉槍是完全合理的；但是在第五節裡我用櫓槍革對方的圈外低槍，對方在圈外自然順時針把槍抬起扎我頭部，在這種情形我若是也順時針方向抬起槍頭也使用捉槍，那就變成纏拏的槍技了。那麼纏拏的技巧變成重複兩次了。所以作者認為應該逆時針把槍抬起用剔槍來革圈外高槍。如此一來第六節則應該是「⑥你上箚，我剔槍」，而捉槍和剔槍都會出現一次（按槍法原理：捉槍是革圈內高槍、剔槍是革圈外高槍的）。

3）在原文裡最後一組的動作是「⑨你箚我，我拏槍」，如果按原文直接的解釋，這就是重複了第一個段落「①你箚我，我拏槍」的動作，於是整個八母槍的練習內容遺漏了和纏攔相對的纏拏技巧。但是如果大膽

假設文字有脫落，把這一段動作改為「⑧你箚我，我拏槍，你槍起，我纏拏下」。這樣的一個補充，不但彌補了遺漏纏拏技巧的遺憾，同時緊接著纏攔的技巧之後，做一個同類型的纏拏，從八母槍訓練的屬性角度來看不但合理而且技巧完整無缺。

根據上述的三個意見，作者把八母槍重新整理成為[13]：

「①你箚我，我拏槍；②你箚我，我攔槍；③你箚我腳，我顛槍；④你上箚，我捉槍；⑤你下箚，我櫓槍；⑥你上箚，我剔槍；⑦你下箚，我顛槍，你槍起，我纏攔下；⑧你箚我，我拏槍，你槍起，我纏拏下。」

我們可以把修正過的八母槍按照內外、門的位置關係以及攻擊方扎槍的高低變化，重新做一個分類比較。其比較的結果列於表 7.2。從這個圖表裡，我們可以理解修正後的八母槍包含高、中、低的圈內、外的六種基本的革槍與扎槍，以及由低轉中的圈內、外的兩種連續革槍技巧。這樣左右相對的八個槍法技巧。作為槍法技巧的基礎訓練就能全面而無遺漏了。

13　作者在研究槍法古籍的時候，是以槍法原理、槍法技巧做為最主要的考量。古籍傳抄固然不免有遺漏、錯誤之處，如果只做文字、標點的校對，其研究結果對於古代槍法的理解助益有限，甚至會誤導槍技原貌的恢復工作。

表 7.2　修正後的八母槍技巧分類比較

門戶	被攻擊的位置	修正後的技巧	出現次數
圈內／內門	中	拏	1
	高	捉	1
	低	顛	1
	低而後中的二次攻擊	纏攔	1
圈外／外門	中	攔	1
	高	剔	1
	低	橹	1
	低而後中的二次攻擊	纏拿	1

以下根據修正後的八母槍八個段落做詳細的動作分解：

第一段

【動作】你箚我，我拏槍。

【註解】對方圈內扎我，我以拏槍革之。對方被我以拏槍革開之後，順勢把槍抽回。我則保持拏槍結束的姿態，讓中門微微打開，誘導對方在圈外扎我。

第二段

【動作】你箚我，我攔槍。

【註解】接前一動作，對方見我槍頭在圈內側、而中門露出破綻，即在圈外扎我，我以攔槍革之。

第三段

【動作】你箚我腳，我顛槍。

【註解】接前動，對方槍被我以攔槍革下，順勢蹲低、低槍扎我腿部。我以顛槍（提槍）隨對方的槍往下而革之。

第四段

【動作】你上箚，我捉槍。

【註解】對方見槍被提到圈內，立刻抽槍回身，回復到高四平的持槍姿勢。然後扎我的頭部。我的後手往下圈回、身形微坐，用推山塞海勢使用捉槍來革。對方由前一動的地蛇槍轉高槍扎頭，這是下驚上取的槍法原則。而我的防守方法是用槍頭高、後手低的推山塞海的槍勢，使用的手法還是類似於挐槍的捉槍。這種對付圈內高槍的手法，也有稱為高挐、高拿的。

第五段

【動作】你下箚，我櫓槍。

【註解】對方扎頭的槍被革，立刻使用將槍頭轉下（這種變化就是所謂的油槍扎），變成低四平姿勢，然後扎我腳部；我則用櫓槍革之。這個櫓槍的動作很類似第三段的顛槍。但是顛槍是對付圈內的低槍；櫓槍是對付圈外的低槍。但是櫓槍後來到了明末、清初時期極少被使用。因為有些武術家贊成無論是圈內、外的低槍，都是用顛槍，基本上不再使用櫓槍[14]。

14　作者認為顛槍與櫓槍應該是屬於騎槍的一部分，因為步兵扎騎兵最容易得手的就是扎腿或者馬，而騎兵必須以顛槍與櫓槍對應。至於步兵與步兵的大槍對抗，顛槍與櫓槍都不太適合。

第六段

【動作】你上箚，我剔槍。

【註解】對方將槍頭往回一抽，隨即抬起槍頭扎我的頭部，我則以逆時鐘方向將槍頭抬高，用類似於攔槍類型的剔槍來對付圈外高槍。這種革槍也有稱為高攔的。

第七段

【動作】你下箚，我顛槍。你槍起，我纏攔下。

【註解】對方用低四平槍扎我腿部。我以顛槍往下而革之。對方順我顛槍之力，將槍頭抬起。我即粘著對方的槍，隨之往上；當對方槍起到胸部高度時，我順勢以攔槍革之。這一段的精華在由顛而纏、由纏然後轉換成攔的一氣呵成。也就是在提槍之後，防守者的槍粘住攻擊者的槍，既可以聽住對方的槍隨之轉上，也可以主動的挑起對方的槍、迫使它往上轉，等槍頭一到位置，槍圈突然緊小，而用攔槍革開對方的槍。這種粘住對方的槍而轉圈的技巧被稱為纏槍，纏後用攔所以這個技巧被稱為纏攔。

第八段

【動作】你箚我，我挐槍。你槍起，我纏挐下。

【註解】接前動，當我用纏攔的時候，對方立刻使抽拔槍，先將槍頭退離纏圈，隨即回手在圈內扎我，我以挐槍革之，但是對方一見我用挐槍，立可將槍頭串到圈外再次的扎槍，而我的槍粘住對方，隨之往下、往外纏，纏後依然用挐槍革之。

7.4.4 小結

　　以上是作者本於大槍革槍原理而對八母槍做的詮譯，當然很多技巧變化並不是唯一的選擇：例如使用抽拔扎的地方看時機或許可以用圈槍代換。八母槍特別值得一提的是第七、第八兩段的纏槍，纏槍的原理就是粘隨：粘住對方的槍桿，隨著對方的槍變動，而不使兩槍分離。這種纏槍聽起來是很被動的跟隨對方的動作，其實它是積極、主動的跟隨對方，隨時尋找機會使用革槍而打開對方的槍，並且加以還擊的。纏槍的優點有二：一、保持兩槍的接觸點，隨時可以下手革槍；二、順著對方的意圖走，可以藉力使力。以槍法技巧來看，纏槍屬於較為艱深的槍技，需要具備相當的能力。但是從槍法攻擊「槍若遊龍」的特色來看，攻擊方具備了相當程度的圈串能力以後，就容易使用油槍扎、圈扎、雙頭槍這類具備「二次攻擊」潛力的技巧，而纏槍正是專門用來防禦這類二次攻擊的，其重要性就不言自明了。

　　《紀効新書·十四卷本·手足篇》裡說：「兩人對較惟有六槍。」[15] 由此記載可見八母槍裡的挐、攔、捉、剃、顛、櫓才是戰場上最重要、最常被使用的革槍技巧，而這六個革槍涵蓋了圈內、外的高、中、低的六種攻擊位置；纏槍雖然屬於高級的技巧，但是這是用在高手相搏之時，所以它不應該是基礎訓練的主要內容。

15　戚繼光·紀効新書 [J]·中國兵書集成，1995·18：821。

7.5《紀効新書》六合對槍解析

六合對槍是《紀効新書》大槍體系的重中之重。六合對槍就是指六段雙人對槍的訓練，重心在於熟悉槍法技巧以及其使用的時機。

然而文字記載有其無法詳盡的先天限制，所以每一合的說明相當的簡約，而且沒有把綱領裡點明的重點技巧清楚的在動作說明裏標示出來：例如第一合在綱領部分說明「先有圈槍為母」，但是在動作解說裏沒有確實的說明那個動作是圈槍。在當時，軍隊裡有教習親自的示範與說明，所以這樣的記載還不至於造成任何問題；但是今日要完全依賴不完整的文字記載，來恢復其動作原貌就有相當的困難度。為了完成這個恢復原貌的工作，以下列出作者在做研究時的幾個關鍵：

1) 首先必須全面的理解在綱領裡說明的重點技巧：除了技巧本身的操作而外，更需要理解每一個技巧施展的必要條件，以及其變化的原理，如果不具備如此的理解，後續的工作根本就無從開展。戚繼光將軍反對套子式的訓練方式，而贊成以「勢」為主體的訓練方法。「勢」的意義就是以實際可能發生的狀況為著眼點，而設計出來的短組合動作，所以每一段「勢」都有其特殊的訓練的重心。在《紀効新書‧紀効或問》裡有：「需兩槍對較，一照批迎。切磋捌擠，著拿大小門圈串，按一字對戳一槍，每一字經過，萬遍不

失，字字對得過，乃為成藝，後方可隨意應敵，因敵制勝也。」[16]這裡說的「字」就是每段訓練的重心，也是在綱領裡說的技巧。

2） 前一個步驟把每一合裡的重點技巧／原則弄清楚了，然後從動作解說裡將之分成若干小段落，每一個小段落就是一個「勢」。而每個「勢」裡面又包含了一個或者數個「字」。所以分析工作的最重要部分就是把一合的內容按照槍法理論、該合的重點而把全部動作合理的分成數個小段落，然後分別解釋每個小段落裏的重點。

3） 實際的驗證分段的合理性。這種驗證當然是以槍法原理、技巧本身和實際操作來做驗證檢驗的標準。但是不可否認的，這個研究過程裡有相當程度的主觀成份，所以沒有絕對的對或錯，只有合理與否的判斷，因此對槍法認識的高低決定了分段的合理性。

　　本書在解說六合對槍時，先把原文劃分為綱領和動作兩部份。然後對原文加註標點符號，同時將動作分為數個小段落，之後就是作者對這一合的解說。在解說之中特地的總結每合裡綱領技巧出現的段落與出現的次數。

16　戚繼光・紀効新書 [M]・北京：中華書局，1996：6。

7.5.1 六合對槍的屬性

何良臣著作的《陣記》裡說：「……是以為軍中之切忌者在套子武藝；又所恨者在強以不知而為知。」[17] 從某些角度來看，《紀効新書》裡的六合對槍是以雙人對練的套路方式做為槍法訓練的手段，而套路訓練很容易的就會流於套招的形式。如果《紀効新書》裡記載的六合對槍是一種套路的訓練，那麼不就違反了戚繼光將軍反對花法、反對套路的原則嗎？為了清楚的分析這個問題，我們必須從「勢」的訓練意義來入手理解。

在明朝的時代，武術家講究「勢」，而且把「勢」的訓練做為武術訓練的重心，「勢」的意義與特性在本章已有說明；而今日所謂的套路，無論單練套路或是對練套路，都已不屬於「勢」的範圍。如果說勢是數個動作按照某種應用狀況的特殊短組合，那麼套路就是勢與勢的大拼接，而在拼接的地方必然有轉換承接的虛法，在《手臂錄·卷二·舞槍勢說》裡對此也有類似的評語：「舞與歌同類，安責其實？……夫舞字之轉換處、寂寞處，須有虛勢以濟之，不可兼責實用。沖斗於諸舞勢，曲為之說，以致疏舛。」[18] 由此段記載可以瞭解套路單舞和對練的雙舞訓練，在明朝已然盛行，雖然如吳殳以發揚實戰槍技為己任者也不反對槍舞，但是在當時把舞練的虛處曲意解

17　何良臣·陣記 [J]·中國兵書集成，1994，25：728。

18　吳殳·增訂手臂錄 [M]·北京：北京師範大學出版社（孫國中校訂版），1989：86~87。

讀為實用已經是相當普遍的問題，即使武術名家亦不免犯此錯誤。練習套路時如果不清楚虛處，練到後來必然是迷迷糊糊，逐漸的脫離實用；相對於套路必須有虛法來串接動作，以勢為原則而設計的動作短組合，基本上是沒有虛法，完全可以付諸於實用的。

那麼《紀効新書》裡的槍法訓練是屬於「勢」的訓練？還是屬於套路訓練呢？作者認為它是套路訓練，因為在六合對槍為了使得槍技訓練更為流暢，作者認為的確有虛接的地方，但是作者認為對槍套路是為了方便兵士記憶、方便考察兵士勤惰的變通方法。但是戚將軍對於這個不得已的變通手段也提出補救的方法：在書首的《紀効或問》一篇裡強調：「須兩槍對較，一照批迎。切磋捅擠，著拿大小門圈穿。按一字對戳一槍。每一字經過，萬遍不失，字字對得過，乃為成藝。後方可隨意應敵，因敵制勝也。」[19] 由這段囑咐裡，我們可以瞭解雖然訓練的手段是套路的形式，但是訓練的精神還是強調套路裏的實際用法，所謂的「按一字對戳一槍。每一字經過，萬遍不失，字字對得過，乃為成藝」，這裡的「字」就是在六合對槍綱領裡點明的槍法技巧／原則，每合的綱領就是訓練真正的重心之所在。所以雖然六合對槍被作者認定為套路訓練，但是不可否認的是在套路中強調了每一個重點，「字」；而不是迷迷糊糊的演練而已。

19　戚繼光．紀効新書 [M]．北京：中華書局，1996：6。

7.5.2 一合的動作分析

【綱領】先有圈槍為母。後有封閉提挈，梨花擺頭。救護要分明裡把門、外把門。閃賺是花槍。名曰秦王磨旗。

【動作】(1)我劄你，你挈槍、還槍。我挈槍。(2)我劄你，你攔下還槍。我攔槍。(3)你盡頭槍。我顛槍、還槍。(4)你挈槍、還槍。我挈槍。(5)你劄我，我挈槍，閃賺花槍上。(6)你挈槍、還槍。我挈槍。(7)你劄我，我攔下，閃賺花槍上。(8)你攔下、還槍。我攔槍。(9)你劄我盡頭槍，我顛槍，閃賺花槍上。(10)你挈槍、還槍。我挈槍。(11)我搖花槍。乃秦王磨旗。

【註解】在綱領內首先說明攻擊與防守的動作要領：攻擊是以圈槍為主要的技巧，圈槍技巧是建立在「圈串」的理論基礎上，而梨花擺頭是圈槍的高級變化；防守則以封、閉、提、挈四個基礎的革槍槍技為主。其次綱領中特別點明：由於圈槍是在圈內、外作虛串的動作，等對方防守鬆動的時候才予以實扎；所以防守圈槍的要領就在分明來槍是在圈內（裡把門）還是圈外（外把門）；第三點說明閃賺槍法又被稱為花槍。這裡說的花槍不是指無用、好看的表演槍技；而是指欺敵的假動作（類似口語「耍花槍／耍花招」的意思），閃賺是在對方槍器左右方閃晃的欺敵技巧，所以說「閃賺是花槍」；最後，說明這一段對槍的總稱是「秦王磨旗」。

第一段：我劄你，你挈槍、還槍。我挈槍。

這是一節很典型的連環對槍；我在圈內扎對方，對方挈槍後還扎我圈內，我也以挈槍化之。

第二段：我劄你，你攔下還槍。我攔槍。

緊接著前段。我在前段挐槍之後，立刻在圈內佯扎，等對方一動，我就將槍頭串到圈外扎對方，這就是綱領中強調的圈槍。對付圈外槍，對方自然用攔槍革我槍，然候接著在圈外扎我頭，我接著以攔槍將之革開。

在這一段的解釋中可以明白作者遵循的研究原則：第一段是典型的圈內對槍；第二段是典型的圈外對槍，但是怎麼從圈內轉為圈外呢？為什麼要轉換呢？在六合對槍的原文裏是沒有記載的。如果單純的依照文字記載來練習則是不連貫的；如果隨意的更動文字記載而強使動作連貫，那就是動大手術了、也不符合研究的精神。所以作者就把綱領裏的「圈槍」套用在第一、第二段的轉換處而形成了一個標準串槍的使用時機、實踐了槍法變化的指導原則；至於在第二段後半部作者將「你攔下還槍」更進一步的解釋為對方攔槍後還扎我的頭部，那是為了下一段的油槍扎做鋪陳。

第三段：你盡頭槍。我顛槍、還槍。

接前段我用攔槍之後，對方順勢往下用盡頭槍扎我腳，我用顛槍化開，立刻抬起槍頭在圈內扎對方。在這一段裏，對方由前一段扎頭被我攔、往下轉到扎腳的技巧就是古傳的、上下變化的二次攻擊技巧的「油槍扎」。油槍扎也是屬於圈槍類的應用。

第四段：你挐槍、還槍。我挐槍。

這又是一段典型的圈內連環對槍。對方用挐槍革我的圈內

扎，然後還手扎我。我也用拏槍革之。

在第二、第三段雙方各自練習了圈槍變化、以及對於圈槍的應對以後，第四段就是恢復連環對槍的常態。這樣的訓練思維是符合「以動靜為體、以變化為用」的哲學思想[20]。

第五段：你剳我，我拏槍，閃賺花槍上。

接前動，對方被我用拏槍革開之時，突然抽回槍頭讓過我的拏槍、然後立刻又在圈內接著扎槍（這是典型的抽拔扎）；我再用拏槍化開對方的第二次圈內扎槍，之後，我首先在圈內佯扎對方、然後很快的串到圈外佯扎、再串回圈內實扎。這樣用串連接的三個扎槍，就是閃賺花槍的技巧，也就是梨花擺頭或稱為梨花三擺頭。

第六段：你拏槍、還槍。我拏槍。

前一段我的最後動作是圈內扎槍，這段從對方拏槍開始，又是一段典型的圈內連環對槍做為過渡期。

第七段：你剳我，我攔下，閃賺花槍上。

接前段，當我用拏槍革槍之後，對方立即用圈槍串到圈外扎我，我則順手用攔槍革開，此時對方外門大開，我立即在圈外佯扎，對方想要用攔槍革槍時，我串到圈內佯扎、對方想拏槍時再串到圈外實扎對方；這又是一次梨花擺頭。

20　見本書「4.17 我國哲學思想對槍技的影響」。

第八段：你攔下、還槍。我攔槍。

對方用攔槍革我的梨花擺頭，隨手還扎，我用攔槍革之。這一段也是典型的圈外連環對槍。

第九段：你劄我盡頭槍，我顛槍，閃賺花槍上。

接前段，對方蹲低扎我腳，我用提槍開之。然後我在圈內佯扎、串到圈外佯扎、再回圈內扎，這是第三次使用梨花擺頭。

第十段：你挈槍、還槍。我挈槍。

對方用挈槍革我槍，隨手還扎，我用挈槍革之。這一段是典型的圈內連環對槍。

第十一段：我搖花槍。乃秦王磨旗。

這個搖花槍是六合對槍每一合的標準結束動作。作者認為這是把梨花擺頭的動作放大，但是並不實扎，所以對方也不反應。這是個虛幌的收尾動作，代表一合的結束。而且每合都是以搖花槍作為收尾。

總結一合的內容：整個對槍過程裡除了抽拔扎而外，所有的變化都是使用圈槍的原理。其中梨花擺頭被使用三次，分別發生在第五、第七、第九段。如果理解梨花擺頭的槍技就是「圈而後串」、或者「串而後圈」的道理，就不難暸解為什麼此段綱領中突出「圈槍為母」了。

7.5.3 二合的動作分析

【綱領】先有纏槍，後有攔槍、黃龍颭桿、黑龍入洞、捌退救護。閃賺是花槍。名曰鳳點頭。

【動作】⑴我纏你槍，你筍我，我攔下還槍。⑵你攔下還槍。我攔槍。你筍我，我拿下。⑶你起槍，我隨槍纏拿下。⑷我筍你，你攔槍。我筍你，你蹲閃。我筍你，你挐下還槍。⑸我捌退救護，拿你槍。⑹你筍我，我攔下。⑺我搖花槍。乃鳳點頭。

【註解】在此一合的綱領裡的「捌退救護」，在紀効新書裡原本是「挐槍救護」。但是作者考察此合的全部動作，其內容並沒有挐槍救護的動作；而且挐槍本來就是正常的革槍技巧，硬將之與「救護」連在一起是相當怪異、不合槍法原則的。但是在第五段裡有個捌退救護的技巧，捌退救護在民間槍技裡被認定為是很低級的槍技，因為捌退防禦非常被動，而且捌退後很難還扎；不像一般用攔、拿之後可以立即還扎。所以在民間的槍法體系裡並不強調捌退；但是在兵槍槍技裡，當敵人貼近身時，這是一個保命救急的技巧，而且有同伍的袍澤可以頂上前來救急，所以兵槍裡不排斥這一個槍技。因此作者認為把「挐槍救護」修正為「捌退救護」是正確的。

除了「捌退救護」以外，二合強調三個特別的槍技：革槍有纏槍和黃龍颭桿，扎槍有黑龍入洞。要理解二合的實際動作，就必須先瞭解這三個槍技。纏槍在八母槍裡已有說明，在此不再贅述。

　　至於黃龍颰桿，在《紀効新書‧長兵短用說》對鐵翻竿勢的說明有：「乃外把門黃龍點竿槍法，一截二進蛇弄風，撲著鵪鶉不放鬆。」[21] 這個說明太簡單，不足以讓我們理解這個槍技。參考《手臂錄‧遊場革法》一節說到「排，即黃龍颰桿手法。」[22] 在同書的《馬家槍二十四勢說》對鐵翻竿的說明有「乃外把門頭在右黃龍颰杆槍法，桿靠腰推槍，開槍不用拿攔。接以腰力革槍，而進扎也……白蛇弄風即颰桿手法。……」[23] 在《手臂錄‧夢綠堂槍法‧槍法五要》記載有「排者，我槍未動，彼槍從左右淺進出以亂我，則我用分排之法，後手固根不動，前手持緊，左右兩下著力，排開彼槍，直取正中……」[24]。由這些文字記載很清楚地說明了排槍和黃龍颰杆槍法是類似的，當對方在我的槍圈內、外淺扎我，希望我誤以為真而去革槍。排槍就是將槍緊貼在腰腹部，以腰腹的轉動來輕輕的打開來槍，而不用一般的攔、拿的手法。為何不用一般的攔、拿手法呢？這是因為對方在我的槍器左右淺進、淺出，如果我不能識破對方的欺敵手段，貿然的用攔、拿的手法去革槍，對方用串槍避開我的革槍而突然實扎，我就會因為力量已經放空而出現致命的破綻。這也是《紀効新書》裡說「轉陰陽

21　戚繼光‧紀効新書 [M]‧北京：中華書局，1996：118。

22　吳殳‧增訂手臂錄 [M]‧北京：北京師範大學出版社（孫國中校訂版），1989：60。

23　吳殳‧增訂手臂錄 [M]‧北京：北京師範大學出版社（孫國中校訂版），1989：110。

24　吳殳‧增訂手臂錄 [M]‧北京：北京師範大學出版社（孫國中校訂版），1989：193~194。

不宜太早」的原因。黃龍颭桿的技巧除了有利於防守對方的圈串攻擊而外，在應急的時候也是非常容易使用的技巧。

至於黑龍入洞在《紀効新書‧長兵短用說》裡的鐵牛耕地勢有說明：「……他能平伏閃吾槍，就使黑龍入洞。」[25] 按其說明是對方蹲下趴低躲開我的槍，我則以黑龍入洞扎他。由於對方蹲得低，黑龍入洞自然是由高處往下扎了。

第一段：我纏你槍，你劄我，我攔下還槍。

雙方在對峙的狀態下，我主動纏對方的槍往外門。一般革槍的技巧都是對方先扎我，然後我才使用革槍的技巧。但是也有對方沒扎槍，我主動的用革槍去破壞對方的防守姿勢、或者引誘對方反應，這種主動革槍的情形就在革槍槍技名稱前加一個「白」字；例如主動使「挐」，就稱之為「白挐」。這裡的纏槍應當是「白拿」的意思。當我白拿對方的槍時，對方使用抽拔槍將槍脫離我的控制，然後在圈外還扎。我則以攔槍革之，接著在圈外戳槍。

第二段：你攔下還槍。我攔槍。你劄我，我拿下。

對方針對我的攻擊，而以攔槍革開，隨之在圈外還手扎我。我預測對方會有圈串的二次變化，故而使用黃龍颭桿的槍技把槍根迅速的收回靠在腰上，用腰力一轉，把對方的槍往圈外排開。對方順手將槍往內門一串，立刻扎我。我用挐槍把對方的槍往下革開。

25　戚繼光‧紀効新書 [M]‧北京：中華書局，1996：119。

　　作者將這段對槍的「我攔槍」解讀為「我用黃龍颭桿」，這是非常主觀的，主要的目的是借用黃龍颭桿的緊小而為接下來的拿槍創造適當的情勢。

　　第三段：你起槍，我隨槍纏拿下。

　　對方見槍被我拿下，順勢將槍頭由圈外往上抬起，改扎我的頭部。我將槍頭粘住對方槍頭，隨著他的槍頭走，當對方在圈內扎我頭部時，我以拏槍把對方的槍往下革開。這樣從拿而纏、由纏而拿就是標準的纏拿技巧了。

　　第四段：我剳你，你攔槍。我剳你，你蹲閃。我剳你，你拏下還槍。

　　我接前動，在纏拿下對方的槍之後，立刻扎對方頭部，對方用攔槍來革。我在對方攔槍時，不待他碰到我槍，立刻串到圈內扎對方頭部。由於我這個變化快，對方一方面把槍收回，一方面往下蹲閃；我見對方往下蹲，立刻往下扎對方的頭部，這個動作就是黑龍入洞的技巧。此時對方槍頭已回中門，所以用高拏革開我槍，甚至將我槍頭一壓到地。對方一化開我的槍，隨即起身、進前步趕來扎我頭部。

　　第五段：我掤退救護，拿你槍。

　　此段強調的是掤槍。因為我槍頭被壓至地，對方搶進來扎我頭，一時間來不急把槍頭收回、抬起，只能退後一步、順勢抬高槍根掤開來槍，緊接著用拏槍來革對方的槍。

第六段：你劄我，我攔下。

由於從掤退轉掔槍速度比較慢，所以對方一見我用掔槍，立刻串回外門扎我。我見對方轉手快，立刻往圈外用排槍／黃龍颭桿革之。

第七段：我搖花槍。乃鳳點頭。

我用放大的梨花三擺頭虛串做為花槍的收勢。至此第二合的鳳點頭結束。

總結二合的訓練內容，纏槍在第三段裡出現；黃龍颭桿在第二、第六段；黑龍入洞在第四段；掤退救護在第五段出現。

7.5.4 三合的動作分析

【綱領】先有穿指，後有穿袖，鷂子撲鵪鶉救護。閃賺是花槍。名曰白蛇弄風。

【動作】(1)你劄我，我掔下，閃賺花槍上。(2)你掔槍還槍。(3)我掔槍。你劄我，我攔下。閃賺花槍上。(4)你攔下還槍。我攔槍。(5)我搖花槍。乃白蛇弄風。

【註解】穿指是槍頭由圈外轉進圈裡，穿袖則是槍頭圈內轉圈外，兩者都是圈串的應用，只是圈串的方向相反而已。至於鷂子撲鵪鶉在《紀効新書・長兵短用說》的圖勢解說裡說得非常透徹而且簡潔：「乃撥草尋蛇槍法。高接雖用纏掔，逢中披擦直過。倘他掤退把槍還，滾手中平一剁」[26]。由此可以理

26　戚繼光・紀効新書 [M]・北京：中華書局，1996：122。

解鷂子撲鵪鶉就是雙手把槍桿平直的往下撲打；雖然是直下的撲打，但是手上仍有擰轉的力道。

第一段：你剗我，我挐下，閃賺花槍上。

此段是從對方圈內扎我開始，我用挐槍化開，接著我用「閃賺花槍上」。作者闡釋「閃賺花槍上」的實際動作為：我先圈內扎，對方一使挐槍，我就以穿袖串到圈外扎，對方見機快、用攔槍來革，我再以穿指串回圈內扎對方。在我一次出槍還扎的過程中，我不斷的用穿指、穿袖在圈內、外轉換，用以擾亂對方的注意力，這種欺敵的動作就是閃賺花槍。對方反應得快、那麼扎槍立即變成虛扎；對方反應得慢，那就是實扎，槍法的虛實變化也就在此了。

第二段：你挐槍還槍。

當我使用閃賺花槍的情形下，對方活用「見肉分槍」的原則，而把革槍的時機延後，強迫我把虛扎的距離加深，否則我的虛扎就無法達到欺敵的目的。但是當對方把革槍時機延後時，我對槍器的控制就會相對的降低，這就創造了利於對方使用撲槍的時機。當我終於決定在圈內扎對方時，他就用撲槍輕輕的將我槍劈開，立刻以中平槍扎我。這一個撲槍革槍槍技就是綱領內提到的鷂子撲鵪鶉。

第三段：我挐槍。你剗我，我攔下。閃賺花槍上。

我用挐槍革對方的中平槍。對方不待我使力，立刻用穿袖串到圈外扎我。我則以攔槍革之。隨後我在圈外扎，對方一使

用攔槍，我又用穿指串到圈內扎他；他再用拏槍革，我見機用穿袖串到圈外再扎。這一段的對槍也是強調閃賺花槍的欺敵攻擊。

第四段：你攔下還槍。我攔槍。

對方用撲槍輕革我的圈外扎（第二次使用鷂子撲鵪鶉），隨後中平槍還扎我。我用攔槍革之。

第五段：我搖花槍。乃白蛇弄風。

此段為收尾動作。我用放大的梨花三擺頭虛串做為花槍的收勢。三合的白蛇弄風結束。

總結三合的技巧，穿指、穿袖分別在第一、第三段使用；鷂子撲鵪鶉在第二、第四段裡使用。此段的對槍精神在利用閃賺花槍的急速攻擊來逼近對方，迫使對方在急切的情狀之下使用鷂子撲鵪鶉這種應急的槍技。

7.5.5 四合的動作分析

【綱領】先有白拏槍、挩退槍救護，後有白攔進步、靈貓捉鼠。閃賺是花槍。名曰鐵掃帚。

【動作】⑴我白拏進步上箚你，你拏槍還槍，我挩退救護、拏槍。⑵我白攔進步上箚你，你攔槍還槍，我攔。⑶我白拏，顛進步閃賺花槍上箚你。你拏槍還槍，我拏槍。⑷我搖花槍。乃白蛇弄風。

【註解】白拏、白攔在前面說過，就是在對方沒有出槍的

情形下，主動的用挈、攔去打開他的槍。至於靈貓捉鼠，在
《紀効新書・長槍二十四勢》裡有說明：「乃無中生有槍法。
進步虛下撲纏，賺伊槍動，使梨花。遇壓，挑天沖打。」[27] 所
謂的「無中生有」就是在對方防守嚴密、也沒有攻擊意圖的情
形，我主動的用輕虛的革槍技巧去擾亂對方，冀圖使對方對我
的革槍起反應。然後再乘對方行動中找破綻而進擊。為什麼用
革槍去擾亂對方，而不用攻擊技巧呢？主要是當對方意圖就以
靜制動，希望我出槍攻擊，他能在革開我槍之後，安心的發動
攻勢。除非我很有自信，明知山有虎、偏向虎山行；否則還是
避其實、擊其虛較佳。至於靈貓捉鼠的革槍動作「虛下撲
纏」，類似剔槍、撲槍這類槍技。而且在使用這些革槍槍技
時，手法特別要輕、虛。因為本來是無中生有的欺騙動作，如
果做得重、實，被對方一閃而過，那麼反而造成自己的空門大
開了。革槍後將槍放下成低四平槍，待對方變化而動。整體來
看靈貓捉鼠的技巧，它是破壞對方防守以給自己創造攻擊的機
會。在《紀効新書》裡這一回的綱領裡原來記載是「靈貓捉鼠
救護」。這個「救護」的意思是我被對方攻擊而採取的被動防
守的動作。這樣完全與靈貓捉鼠的主動原則違背。所以作者認
為「靈貓捉鼠救護」裡這個「救護」兩字是贅字而加以刪除。

27　戚繼光・紀効新書 [M]・北京：中華書局，1996：120。

第一段：我白拏進步上剼你，你拏槍還槍，我掤退救護、拏槍。

雙方用圈內槍對峙，我主動用拏槍革開對方的槍，用剪刀步上後腳搶進扎對方。對方用拏槍化開我槍，還手扎我。我連忙退下後腳，兩手將槍掤起革架對方的槍；一革開立刻用拏槍打開他的槍。對方見我用拏槍，立刻將槍頭串到圈外。

第二段：我白攔進步上剼你，你攔槍還槍，我攔槍。

前段動作結束後稍停，接著我用攔槍革開對方的槍，上後步扎對方。對方用攔槍化開後還手扎我。我退後步、攔槍革開來槍。對方見我用攔槍，則將槍頭串到圈內。

第三段：我白拏，顛進步閃賺花槍上剼你。你拏槍還槍，我拏槍。

我在圈內往下輕劈對方的槍，劈的時候順勢打對方的前手手指。對方把手讓開，於是槍頭離開中線。我連忙用後顛步使梨花三擺頭扎對方。這段對槍的過程裡，我輕劈對方的槍，迫使對方的槍裡開中線的技巧就是靈貓捉鼠。接著，對方用拏槍革開，然後還手扎我。我也用拏槍革之。

第四段：(4)我搖花槍。乃白蛇弄風。

我用放大的梨花三擺頭虛串做為花槍的收勢。

在四合的對扎訓練中，強調主動破壞對方的防守，並且搶進攻擊對方；同時強調搶進失利、對方還擊的情形下，以掤退槍救護的方法。四合的訓練精神與技巧都非常適合戰場的實際

需要。但是在競技比賽的情形之下，作者比較傾向於不冒然使用剪刀步趕進，也不太贊成捫槍的用法。但是這是屬於個人的喜好選擇。

　　總結四合，白拏在第一段、白攔在第三段出現；捫退救護在第一段；靈貓捉鼠在第三段裡使用。

7.5.6 五合的動作分析

　　【綱領】先有四封四閉，後有無中生有、迎封接進、死中反活。閃賺是花槍。名曰撥草尋蛇。

　　【動作】(1)你箚我，我拏槍進步箚你。你拏槍還槍。我拏槍。(2)你箚我，我攔槍進步箚你。你攔槍還槍。我攔槍。(3)你拏下我槍，你槍起。我反拏你槍。(4)你攔下我槍，你槍起。我反攔下你槍。(5)你拏我槍，我槍閃過，攔你槍。(6)你攔我槍，我槍閃過，拏你槍。(7)你箚盡頭槍。我顛開捉住。你反起箚我。我攔下，閃賺花槍上。你攔槍還槍。我攔槍。(8)我搖花槍。乃撥草尋蛇。

　　【註解】封槍是拏槍的別稱；閉槍是攔槍的別稱。在古代的槍法典籍裡，「封、閉」與「攔、拏」是相互可以通用的。無中生有的槍技在前一合的靈貓捉鼠一節已有說明，在此不再贅述。迎封接進在《紀効新書》裡的白猿拖刀勢裡說明得極好：「乃佯輸乍回槍法。逆轉硬上、騎龍順步，纏、攔、捫、靠、迎封接進弄花槍。就是中平也破。」[28] 在《增定手臂錄附

28　戚繼光・紀効新書 [M]・北京：中華書局，1996：119。

卷上·行著一篇》裏有「迎封接進：無身法即卷也。拖刀、擺尾，轉而向前，故有此名。」[29] 由這些說明裏很清楚暸解迎封接進都是先佯退，然後回身使封、閉的技巧。但是回身的時候，如果槍是在圈外地上，那麼佯退的時候用拖刀法把槍頭帶回到圈內，就可回身使攔；若是槍頭在圈內地上，那麼佯退時就將腰一擺，就可將槍順在圈外，回身就用挐槍，這就是擺尾的方法。其實拖刀、擺尾是自然的動作，不必強求就可自然做出來。如果用同樣的手法，而沒有佯退、回身的身法，就是卷槍了。至於死中反活的槍技在《紀効新書》的鋪地錦勢有說明：「乃地蛇槍法。起手披挨急刺，高來直擦難饒。若他滴水、認針穿，甦法死中反活。」[30] 滴水和認針兩槍技都是對付地蛇槍的。滴水槍是對方把我的槍逼在圈外，此時可以順著對方的槍桿往上滑打對方的前手；認針是我將槍根提起往下扎對方的前手。如果對方以滴水、認針來破我的地蛇槍，我可以將槍閃過一邊，反拿或是反攔對方，這個對應的方法就是所謂的「死中反活」。

　　第一段：你剞我，我挐槍進步剞你。你挐槍還槍。我挐槍。

　　對方圈內扎我，我用挐槍革開，接著上前步還手扎對手。對手也用挐槍、還槍。我再退步用挐槍革開。

29　吳殳·增訂手臂錄 [M]·北京：北京師範大學出版社（孫國中校訂版），1989：178。

30　戚繼光·紀効新書 [M]·北京：中華書局，1996：118。

第二段：你劄我，我攔槍進步劄你。你攔槍還槍。我攔槍。

對方在前一段我用挐槍時，將槍頭串到圈外扎我。我攔槍開之、而後上步還手扎他。對方也用攔槍、還槍，我再用退步攔槍開之。

第三段：你挐下我槍，你槍起。我反挐你槍。

對方在被我攔槍革開時，將槍頭串回圈內。然後用靈貓捉鼠無中生有的槍技將我槍撲擊至地。當他把槍拿起來之時，我用槍纏住他槍，隨之而起，然後用挐槍革之。這個槍技就是反挐；也有稱之為纏挐的。

第四段：你攔下我槍，你槍起。我反攔下你槍。

對方在被我挐槍革開時，將槍頭串回圈外。然後用靈貓捉鼠無中生有的槍技將我槍撲擊至地。當他把槍拿起來之時，我用槍纏住他槍，隨之而起，然後用攔槍革之。這個槍技就是反攔；也有稱之為纏攔的。

第五段：你挐我槍，我槍閃過，攔你槍。

當我用反攔時，對方槍槍頭串回圈內，用挐槍開我槍，隨即出槍來扎我。我往回佯退，將我的槍頭往回一拖、順到圈外，緊接著回身用攔槍開對方的槍。這個槍技就是使用拖刀的迎封接進了。

第六段：你攔我槍，我槍閃過，挐你槍。

當我用攔槍時，對方把槍頭抽回、讓過我的攔槍。雙方又

回到圈外對峙的局面。對方再用靈貓捉鼠的技巧打開我的槍，隨之出槍扎我。我往回伴退，轉腰將槍頭往圈內一擺，緊接著回身用挐槍開對方的槍。這個槍技就是使用擺尾的迎封接進了。

　　第七段：你劄盡頭槍。我顛開捉住。你反起劄我。我攔下，閃賺花槍上。你攔槍還槍。我攔槍。

　　當我用迎封接進時，對方用抽拔槍將槍頭脫離、蹲低轉而往下扎我腿。往下扎這個槍技就是盡頭槍，也是美人認針槍技。我立刻將槍頭往下使滴水勢的顛提把對方的槍管住在他手前一尺處、並且逼在圈內低處，不讓他槍頭抬起。對方立刻沿著我的槍桿往上滑打我的前手（死中反活），待我前手一回縮，接著在圈外扎我。我用攔槍應付他圈外扎槍，然後用梨花三擺頭回扎對方。對方攔槍、還槍；我再用攔槍革之。

　　第八段：我搖花槍。乃撥草尋蛇。

　　我用放大的梨花三擺頭虛串做為花槍的收勢。五合的撥草尋蛇結束。

　　總結五合的技巧：挐槍與攔槍在這合裡隨處可見，所以在綱領裡一開始就說「先有四封四閉」。而且採用進步扎槍、退步革槍的活步方法。在技巧的層次上，比定步的戳革對抗又要高上一個等級。無中生有在第三、第四段裡出現；迎封接進在第五、第六段裡出現；死中反活在第七段裡出現。

7.5.7 六合的疑點討論

【文字記載】一截、二進、三攔、四纏、五�拏、六直。閃賺是花槍。下游場，撥草尋蛇；上游場，秦王磨旗。

【註解】這第六合的綱領和前面五合完全不一樣，「一截、二進、三攔、四纏、五拏、六直」這是都是用槍的原則，並不是這合雙人對槍的動作內容。其間更缺乏對槍所需要的連續性。雖然《耕餘剩技》裡按照這六字編排了一組對槍的動作：「我圈裡箚你，你拏槍一截還槍。二進我拏槍箚你。你拏槍。拏槍箚你。三攔我纏圈外。四纏你盡頭槍，我箚你，你拏下還槍。五拏我拏槍。六直」[31] 作者認為註解的動作缺乏連貫性；而且與前面幾合的對槍相比全然沒有一貫性。動作內容與前五合無法相提並論。而且在「閃賺是花槍」一句之後，也沒有按前五合的成例給這合的對槍提出一個總的名稱。所以作者認為《耕餘剩技》這段補充的對槍內容失之牽強。

如果詳細的分析六合的文字，其內容是與後面的槍論息息相關、結合一體的。所以作者認為這一段文字應該是屬於後面槍論的一部份，而誤植為六合。在明朝何良臣《陣記》一書裡說「學槍先以進退身法步法與大小門圈串手法演熟，繼以六直、八母、二十四勢的厮殺……」[32] 這裡把六直與八母槍、二十四勢並列，做為槍法技巧的基本元素。《陣記》的六直與《紀効新書》的六合會是一樣的東西嗎？基本上沒有足夠的資

31　程宗猷・耕餘剩技 [M]・江蘇：台北立中央藏善本，1621。

32　何良臣・陣記 [J]・中國兵書集成，1994，25：722。

料證明，只能存疑了。

從現存第六合對槍的資料：「下游場，撥草尋蛇；上游場，秦王磨旗」這段文字來看。它的意思是：上教練場練習槍法，要從「秦王磨旗」這一合開始；練完了「撥草尋蛇」這一合就可以下場休息啦。既然上場練習是由「秦王磨旗」這一個合開始，那麼一合對槍無可疑問的是「秦王磨旗」；下教練場是以「撥草尋蛇」做為結束，那麼現存文獻裏的第五合的「撥草尋蛇」就有可能是原本的六合，而遺失的一合應是原先的二合到五合之間的一合。而且仔細研究這六合槍的編排秩序，槍技是由淺到深、由易至難，非常的循序漸進。到「撥草尋蛇」這一合，不但對槍段子長，涵蓋的槍技多，難度也比較高，所以把「撥草尋蛇」認做為六合應該是合理的假設。

但是有沒有可能原本的六合並沒有遺失，而是其中的兩合被誤植為一合？從每合的綱領、動作的完整性來看，這個可能性不高。基本上我們必須面對遺失了一合對槍資料的事實。其實我國古代文獻殘缺不全的情形屢見不鮮，就以《紀效新書．拳經捷要篇》裡記載的長拳三十二勢來看，由於傳抄過程的失誤，很多流傳至今日的版本不足三十二勢。這是我國武術文化的遺憾，也是我們不得不面對的現實。

7.5.8 小結

六合對槍是兩個兵士練習槍法技巧、槍技對抗原理的訓練，然而如果完全遵照文字的記載來練習，那麼會發現一合裡的動作經常無法銜接。作者發現如果在動作無法銜接之處使用

綱領提及的槍技或者變化原理，就可以解決這個銜接的問題。作者經過多方的實踐驗證，證明了綱領的內容的確是實際動作的銜接關鍵，所以作者研究六合對槍的時候，研究重心就放在把綱領與動作結合的方面。

7.6《紀効新書》二十四槍勢解析

7.6.1 槍勢的意義

　　《紀効新書》做為軍事訓練的教材，八母槍與六合對槍則是訓練的實際內容，也是讓兵士掌握槍法技巧的主要手段。在這個部分之後，緊接著的就是一些槍法口訣、槍法技巧名稱、槍器制作的說明，然後記錄了唐順之將軍與戚繼光將軍有關槍法的對話記錄。在《長兵短用篇》最後的一部分則標明為「習法」，其實際內容則是以圖示為主、以文字說明為輔的「長槍二十四勢」。

　　在研究二十四槍勢之前，必須先理解明朝時期的「勢」到底是一個什麼樣的概念。現在練武的人講「招式」，已經完全不用「勢」這個詞，而且誤以為現在的「式」就是明朝時期的「勢」，其實這是兩個完全不同的概念；現在講的「式」是指一個或一組特定的動作，例如「點睛手」這個招式是指以手指戳眼的動作，但是哪時候用？為什麼這麼用點睛手？在點睛手這個式的訓練裡是沒有說明的，學習者得在熟悉點睛手以後另外想法子尋找答案。而「勢」強調的與「式」正好相反。「勢」

著重的不是技巧，甚至完全不論及技巧，它只是論述在某種情況發生的時候，如何去對應這個情況，換句話說，「勢」就是對抗的戰術原則。當然對抗時一定會使用到技巧，但是「勢」更強調雙方的可能反應、以及正確的對應，至於實際應該使用什麼技巧，則依對應的需要而隨機選擇。所以明朝的「勢」應該解釋為「在特定的對抗情況下，符合邏輯的戰術原則」。從這個理解回頭看「習法」兩字。作者對「習法」的解讀是「學習法則」。學習什麼法則？應用的法則！也就是說二十四槍勢講的是超脫技巧動作之上的應用法則。

明朝的「勢」有以下的特色[33]：

1) 對抗必然是雙方的。從雙方的攻防互動之中才會產生勢。所以勢絕對不是拿來做單人練習的。

2) 勢的內容必須存在某些對抗的邏輯。而這些邏輯是對抗中自然而且必然的規律。例如對方打我頭部，我可以閃躲、可以格架來保護我的頭，但是我絕對不會把手放低去護襠。

3) 勢的對抗邏輯必須切合實際。勢的訓練完全是依附在對抗邏輯上。如果這個邏輯確實與實際可能發生的狀況符合，那麼在實際應用時就會有得心應手的效果。如果邏輯不能符合實際狀況，那麼在實際使用時就會無從施展。

4) 勢的訓練與對打套子的訓練是不能相提並論的。勢的

---

33 有關明朝時期勢的概念、應用，是作者與王志財博士共同研究的成果。

訓練精神在於正確的對應。很多狀況之下，只要一方對應正確、技巧施展成功，勢的演練就算成功。對打套子則不然。一般對打套子的訓練精神在於雙方密切的配合、完整的演練全部的過程。

5）勢的訓練只說明邏輯，並不一定要規範實際使用的技巧。技巧可以在合乎邏輯的原則下自行選擇。所以同一勢裡可以產生許多不同組合的動作。

根據上述「勢」的特色，作者把勢和招式以及對打套路做了一個比較表：

表 7.3　勢、招式與對打套路的比較

因子 ＼ 項目	勢	招式	對打套路
對抗邏輯	明顯而有變化	不明顯或不存在	不明顯或者固定不變
對抗動作	允許在符合邏輯的原則自行變化	無	固定
目的	取得對抗的勝利	熟悉動作	按固定編排的動作做流暢的演示
要求	必須思考適合的技巧、時機、距離和對方反應等因素而做隨機的變化	勁道、動作完美	雙方配合密切，完美的演示全部的過程

　　從上述的內容，我們不但可以理解《紀効新書‧長兵短用篇》裡的長槍二十四勢，同時也可以理解《紀効新書‧拳經捷要篇》裡記載的長拳三十二勢。從「勢」這個觀念入手，我們才可以充分的理解明朝武藝的思想重心、明白明朝武藝的精華所在。

7.6.2《紀効新書》中記載的二十四槍勢

1. 夜叉探海勢

　　書中對此勢的論述為「乃持槍行立看守之法。遇敵變勢，隨機應用，無不中節」。從文字記載可以理解這是在巡哨（行）、站崗（立）時持槍的姿勢。將槍的重心夾在脅下，可以長時間的持槍而不會疲乏。而且遇到突

夜叉探海勢

乃持槍行立看守之法。遇敵變勢，隨機應用，無不中節。

發狀況時可以立刻進入用槍的姿勢。若是將槍扛在肩上、或者豎立於身側，反應就會較慢。

　　從說明「遇敵變勢，隨機應用，無不中節」的說明可以理解：此勢是在遭遇敵人的可能性較低、但是不能完全排除的情

形時，在節省體力與應變能力雙方面考慮下而採取的持槍姿勢。若是把文內「行立」的「行」當作一般的行軍，就會發生前刺、後撞的意外了。

這裡說的「隨機應用」非常具有深意，是很值得玩味的。事實上，夜叉探海勢根本不是一個槍法技巧，也不是一個持槍對峙的姿勢，它至多只能算是半個持槍的姿勢而已。但是從這個半持槍的姿勢，它可以隨著突發的狀況而做出適當的對應。所以說這個姿勢裡暗藏了「隨機應用」的潛在可能性。

從這個「夜叉探海」勢的文字說明「行立看守」，我們可以理解這個二十四槍勢應該是源自於軍事武藝的。再從明朝時期軍事以及民間大槍古籍裏對二十四槍勢的引用來看，二十四槍勢極有可能是近代大槍的根源。

2. 四夷賓服勢

書中對此勢的論述為「乃中平槍法。為六合槍之主，作二十四勢之元，妙變無窮。自古迄今，各械鮮有當其鋒，諸勢誰可拔其趣」。

此勢名為四夷賓服勢，但是最常見的稱呼為中平勢。是兩

四夷賓服勢

乃中平槍法。為六合槍之主，作二十四勢之元，妙變無窮。自古迄今，各械鮮有當其鋒，諸勢莫可同其趣。

人對槍時的主要姿勢。持槍的高度與腰胯平。

中平勢持槍的位置正好在人體的重心位置。從防守的角度來看，這樣的持槍可以兼顧到上半身與下半身，再加上把槍緊靠在腰部，可以比較容易把身體的重量運作到槍身，使得槍身上的勁道顯得特別的沉、實[34]。所以練習大槍一般都是以中平勢為標準持槍的姿勢。

一般來說，使用中平勢的時候同時採取三尖對的原則。如此一來，就把中線佔住了。若是以防守的角度來看，中平勢一方面槍器處在身體的重心，利於革槍施力；其次佔住中門對於上下左右的防護都能照顧，所以對於防守極為有利。若是從攻擊的角度來看，中平勢的槍身水平，使得對方很難找到革槍必須的接觸點。同時使用中平勢扎槍的時候很容易達到貼桿深入的效果，所以非常有利於攻擊。對抗時具有較旺盛的攻擊企圖心的一方較常採用這個槍勢。也因為無論攻守都離不開這個中平勢，所以有「為六合槍之主，作二十四勢之元。妙變無窮」的讚美之詞。

但是吳殳在《手臂錄・馬家槍二十四勢說》裡對此勢有「槍尖在左，開前門」[35] 的註解。由此得知，此勢可以將自己的槍頭擺在外門，而利用自己的中門來引誘對方來戳槍。如此一來，不但限制對方用槍的變化（只能從中門攻擊），而且在對方攻擊的時候就可以很容易的建立交叉點。作者認為這是中

---

34 見本書的槍制理論。

35 吳殳．增訂手臂錄 [M]．北京：北京師範大學出版社（孫國中校訂版），
   1989：94。

平勢一個非常重要的變化應用。作者自己玩槍以及教槍都很強調利用這種戰術。

3. 指南針勢

書中對此勢的論述為「乃上平槍法。其類用近乎中平，而著數不離六合之變。有心演悟，二十四勢之中，可破其半」。指南針勢一般被稱為上平勢。持槍的高度與胸平。這個槍勢高，對於上半身的防護比較緊密，所以可

以取得強迫對方放低攻擊的效果。如果對方見我取上平勢，而以下平勢攻擊我的腿部，那麼上平勢可以變提、櫓、滴水等等。在戰術應用上，作者建議在對付身材較高的對手時，可以使用上平勢來壓制對方身高的優勢，強迫對方往下攻擊而暴露其上半身。

4. 十面埋伏勢

書中對此勢的論述為「乃下平槍法。門戶緊於上平，機巧不亞中平。精於此者，諸勢可降」。十面埋伏勢持槍的高度只比中平勢稍為低些，其主要特色在於坐胯蹲低，一般稱之為下平勢。

從實際槍技的訓練與競賽的經驗來看「門戶緊於上平，機巧不亞於中式。精於此者，諸式可降」的論述，作者引申數點如下：

1）比較下平勢與上平勢：上平勢持槍的時候兩手的手臂幾乎與槍身平。以生理學的角度來看，並不易於施力。下平勢的持槍類似於中平勢，但是腰腿有往上的爆發力。所以說下平勢「門戶緊於上平」是公允而持平之論。

2）比較下平勢與中平勢：兩勢槍器與身體的相對位置的差別不大，只是下平勢的腿略為蹲低而已，所以說「機巧不亞於中式」。在實際比賽槍技的時候，蹲低可以減少被攻擊面。同時下平勢可以封住自己下盤的

門戶，把對方的攻擊強迫引導到上半身。這樣對方的
變化相對的會比較少，所以容易對付。

3）當對方使用中平勢的時候，可以用下平勢而把槍放在
對方槍的下方。如此以來對方想要扎槍的時候必須要
顧忌到下方的安全，同時還要防備我隨時可用的子午
槍。所以《手臂錄・馬家槍二十四勢說》提到「此勢
（下平）本以驚中平」[36]。

4）當自己的槍被對方革開的時候，多半槍容易落在自己
的側下方，如此很自然的形成了下平勢的持槍狀況。
因為比賽時經常發生這種情形，所以對於下平勢的變
化應該加以注意。

5）由於下平勢的槍身低，所以前手、前手臂都暴露在對
方的點擊之下。所以當對方使用下平槍的時候，可以
用類似鐵牛耕地勢的原則去打、點對方的前手，以擾
亂對方的下平勢，從而扎槍取勝。

5. 青龍獻爪勢

書中對此勢的論述為「乃孤雁出群槍法。勢勢之中、著著
之內，發槍筍人，不離是法」。由此論述可見此勢具有非比尋
常的重要性。一般扎槍都是兩手合在一起扎的，但是青龍獻爪
是用單手扎槍的技巧，所以也叫單殺手。但是這裏為什麼把一
個原本屬於技巧的名稱提升到勢呢？作者認為大槍的特色就在

36　吳殳・增訂手臂錄 [M]・北京：北京師範大學出版社（孫國中校訂版），
　　1989：96。

於攻擊距離長以及有
穿透力。青龍獻爪是
扎槍最長的；同時它
的扎講究身體、手
臂、槍器連成一條直
線，如此扎槍的穿透
力最強。 在《手臂
錄·卷二·戳法》有
「單殺手：即青龍獻
爪勢。練時十二分硬
槍，一發透壁，則槍

頭、槍桿、戳手皆盡善矣。有口授訣」；在《手臂錄·卷一·
短降長說》又有「實發則不過單殺手」，再再的說明了此勢的
特色和重要性。作者認為青龍獻爪勢之所以被列入二十四勢，
不在於單殺手這個扎槍技巧，而是在於其扎槍的長和有力的原
則在大槍諸般扎法技巧中具有原則性和通適性。

6. 邊攔勢

　　書中對此勢的論述為「乃裡把門封閉槍法。守門戶有纏、
捉、顛、拿、閃賺、上穿、指袖股。倘他出馬一槍迎，抱著琵
琶埋伏」。此勢的槍頭低垂而放在自己的外門（對於左手在前
執槍者而言，則是槍頭在自己左下方）。這個姿勢把自己的外
門下方完全封死，引導對方攻擊自己的內門（右側）或者上
身。這樣的態勢就是鼓勵對方攻擊，而自己採取守勢。所以此

勢論述都以「守門
戶」做為論述的重
心。

從防守的角度來
看此勢：由於槍頭在
外門低處，用捉槍或
者拿槍自然帶有纏、
顛的動作。從攻擊的
角度來看：可以用閃
賺上、穿指、穿袖等
等以圈串為原理的技巧把自己的槍轉回到中門，而採取攻擊的
態勢。如果對方自外門扎來（如插花扎等），我則可以用琵琶
勢（又名白牛轉角）的應急槍技來對付。

在《手臂錄》裡也記載：「此勢乃革戳腳者」[37]。若是從
這個記載來看，那麼邊攔勢就是對付圈外戳腳的攻擊。但是同
頁也記載了「邊裙二攔，馬家槍中之雜棍者也。於槍用之甚不
合，可去。」在六合對槍裡也沒有使用過邊攔或裙攔。作者在
大槍對抗的經驗中從未以此勢作為實質性的防禦技巧，而是把
它做為扎槍被對方革槍之後自然形成的一個態勢，而將就這個
態勢（不急著把槍拉回中門）而採取誘敵深入的防禦戰術。這
樣的誘敵戰術應用應該較為貼切的闡釋此槍勢的意義了。但
是，作者還有一個想法：如果在馬背上用槍，即所謂的騎槍，

37　吳殳‧增訂手臂錄 [M]‧北京：北京師範大學出版社（孫國中校訂版），
1989：113。

由於騎槍相對於步兵的攻擊來說，下半段（腿部以及馬的下半部）都處於相對較低的位置，在這種態勢下邊攔勢應該是非常實用的。這個想法只能留待將來發展騎槍對抗時來驗證了。

7. 鐵翻竿勢

鐵翻竿又叫黃龍颭桿、黃龍點桿。書中對此勢的論述有「乃外把門黃龍點竿槍法。一截二進蛇弄風，撲著鵪鶉不放鬆」。此勢槍頭在內門低處（對於左手在前持槍者而言則是槍頭在右側下方），打

鐵翻竿勢

乃外把門黃龍點
竿槍法。一截二
進蛇弄風，撲著
鵪鶉不放鬆。

開自己的外門，引誘對方從外門來扎我。

鐵翻竿的革槍不用手轉、只是用腰力擺動槍桿去壓制對方的槍，這就叫做「截」。「進」指的是在「截」槍成功之後，立刻上前保持著壓制對方槍器的態勢，這就是「撲著鵪鶉不放鬆」的意思。

這個鐵翻竿的槍技應是較短的槍應付長槍的變化技巧。因為槍器較短，所以在「截」槍成功以後必須持續的壓制對方的槍、同時以步法搶進、縮短雙方的距離，然後才能取得扎槍的距離。

在搶進的過程裡，對方自然想把槍抽離、避免被截的控制。所以在《手臂錄・馬家槍二十四勢說》裡另有加以註解：「用撥草手法，兼此步法，方是撲鵪鶉」[38]。「撥草」指的是「撥草尋蛇」，也就是槍頭放低上往左、右兩側撥，如畫「八」字然。也就是在對方想要把槍抽起之時予以打壓，使其無法將槍抽起。

8. 跨劍勢

書中對此勢的論述為「乃群攔槍法。大開門戶誘他來，遂我中途擎剁，他虛我實搖花槍，他實我虛捌退救」。

《手臂錄・馬家槍二十四勢說》裡對此勢的說明極佳：「跨劍與中平左右相對，槍根纏腰」[39]。前述的中平勢

跨劍勢
乃裙攔鎗法
大開門戶誘
他來遂我中
途擎剁他虛
我實搖花鎗
他實我虛捌
退救

採用槍頭在圈外、開裏門的方法；而此跨劍勢採用槍頭在圈

38　吳殳・增訂手臂錄 [M]・北京：北京師範大學出版社（孫國中校訂版），1989：110。

39　吳殳・增訂手臂錄 [M]・北京：北京師範大學出版社（孫國中校訂版），1989：114。

內、開外門的方法。兩勢正好是左右相對的。

　　跨劍勢開外門（又稱後門）引誘對方來扎我，然後我用挈、剁的槍技革開。此時如果對方是虛扎，必然會避開我的挈、剁，我立刻用搖花槍上去搶扎。如果對方是實扎，被我革槍之後必有變化；所以我就要準備用捌退槍來救護。但是如果把邊攔勢做為革圈內低槍的技巧，那麼就會變成無足可取的棍法技巧了。如果把邊攔勢做為一個「大開門戶誘他來」的戰術，那麼就會是極具變化的一個槍勢了。

9. 鋪地錦勢

　　書中對鋪地錦勢的論述為「乃地蛇槍法。起手披挨急刺，高來直擦難饒，若他滴水認針穿，甦法死中反活」。在《手臂錄‧馬家槍二十四勢說》裡對此勢的說明為「下平手法加以蹲坐」[40]，可見其取勢是以下平勢再加上刻

鋪地錦勢

乃地蛇槍法，起手
披挨急刺，高來
直擦難饒。若他
滴水認針穿，甦
法死中反活。

意的蹲得極低。同文裡又說「伏虎槍地蛇槍破」。伏虎勢的槍

40　吳殳‧增訂手臂錄 [M]‧北京：北京師範大學出版社（孫國中校訂版），
　　1989：106。

頭低、但是槍根高可以用來做左右橫革來防護上半身。此勢對應的方法就是用下平勢的持槍方法、配合蹲坐的身形，來攻擊對方的下半身。

在使用鋪地錦勢之後，可以趁對方被迫往下防禦而造成的防禦上的漏洞，用輕拿、輕攔（披、挨）的技巧打開對方的槍，然後急扎。如果我用鋪地錦，對方來刺我的頭部，也可以用輕拿（擦）的技巧對付高來的攻擊。

當我用鋪地錦，對方用滴水、認針往下攻擊時，我可以用死中反活的方法對應。有關死中反活的說明可參考第五合對槍裡的說明。

10. 朝天勢

書中對於朝天勢的論述為「乃上驚下取槍法。搖旗掃地鐵牛耕，那怕他拖刀詭詐」。此勢主要的戰術意義就是「上驚下取」，就是用較高的佯攻逼迫對方反應。圖示中槍頭高指空中，根本就沒有可能收到「上驚」的效果，反而把自己全身暴露給對方攻擊。作者認為這應該是繪圖時過分強調之

朝天勢

乃上驚下取槍法。搖旗掃地鐵牛耕，那怕他拖刀詭詐〔一〕。

誤。按其文意以及作者實際對槍的經驗來看，此勢應該就是直起身、用高槍佯扎對方的頭部，等對方反應之時轉而用搖旗、掃地、鐵牛耕地這些技巧往低處來攻擊對方。作者在比賽時也經常使用這樣的「上驚下取」的戰術。

文內特別說明「那怕他拖刀詭計」。因為拖刀是利用身體退後、把槍放低抽回，然後利用顛提的大幅度圈串來反攔、反拿。由於拖刀的槍頭低，因此比較適合革中平槍。朝天勢的攻擊較高，對方從拖刀轉而革高槍會有一定的困難。等對方抬高槍頭來革朝天勢，我就容易用月牙扎等槍技轉而攻擊對方的下盤。

11. 鐵牛耕地勢

書中對此勢的論述為「乃急搗碓槍法。硬去硬回莫軟，惟有此槍無空，他能平伏閃吾槍，就使黑龍入洞」。

鐵牛耕地勢

乃急搗碓槍法。硬去
硬回莫軟，惟有此
槍無空。他能平伏
閃吾槍，就使黑龍
入洞。

在《手臂錄·馬家槍二十四勢說》裡對「搗碓」解說為「搗，打也。碓，揭也」[41]。這個解說點明了此勢的用法：當

41　吳殳·增訂手臂錄 [M]·北京：北京師範大學出版社（孫國中校訂版），1989：104。

我的槍在對方的上方，而且對方的前手露出來時，就可以急速的劈打；無論中與不中，打後即將槍頭往上挑打。所以文內說「硬去硬回莫軟」。如果對方往下蹲來避開，就用黑龍入洞的技巧往下扎。這裡說的「劈打」不盡然是打對方的前手。可以劈對方的槍器，使得他的槍器被擠到側方，然後打他的前手。

按照《手臂錄》同段裡的記載，搗碓輕用就是雞啄粟的槍技，也就是用槍頭輕點對方的前手。作者認為這個槍勢的意義在於以硬破軟。用硬攻、疾攻破壞對方的防禦。

12. 滴水勢

書中對滴水勢的論述為「乃提顛之法。順手鳳點頭，披撲中取巧進勢用騎龍，出可捫退勇，若還破低勢難同伏地槍，百發百中」。

此勢是用提顛的方法管住對方的槍器，使他不能變化。當提槍管住對方的槍

器以後，以自己的槍桿作為一條防衛線抵住對方，然後立刻往前進步，使得對方抽不回槍器。當滴水勢得手以後，可以把自己的槍頭順著對方的槍桿往上滑打（這是鳳點頭）；或者斜著

抵住對方的槍桿（這是披撲的技巧）；或者後腳往前側方搶出、同時扎槍（此為騎龍勢）。如果對方能夠將槍抽回，還手扎我；我則可以退步用槍桿往上掤架，這就是掤退勢。

從滴水勢和撲地錦勢的論述中，我們可以理解此二勢是相生相剋的。所以研究槍法的最佳方法就是從攻防兩個角度來分析，這正是研究槍法對抗的的奧妙和樂趣所在之處。

一般來說滴水勢易學易用。在比賽驗證時經常看見初學者使用。然而作者個人認為此勢槍根離腰以至槍身虛浮。偶一用之無傷大雅，但是執此以為長技就很難提升槍技修為了。

13. 騎龍勢

書中對此勢的論述為「乃拗步槍法。進有撥草尋蛇，退有邊攔救護，梨花滾袖似穿梭，四面是槍雲罩霧」。一般順步扎槍是指左手、左腳在前，而以右手扎槍。騎龍勢扎槍是後腳往前側方邁出，形成了

騎龍勢

乃拗步槍法。進有
撥草尋蛇，退有邊
攔救護。梨花滾袖
似穿梭。四面是槍
雲罩霧。

右手、右腳在前的情形，這就是拗步了。

騎龍勢應用的先決條件就是兩槍不相接、甚至遠離，如此對方難以革槍。造成這種態勢的方法很多，例如對方扎槍，我

用拖刀、擺尾的技巧先往回抽身、把槍脫離對方的控制，然後回身革槍、扎槍；回身的時候如果革槍、扎槍不上步，那就是典型的拖刀、擺尾的技巧。如果回身的時候後腳往前側方搶出，那就是騎龍勢了。古訣裡說：「回馬尚是虛式，一變騎龍便成殺勢。騎龍戳手最長。」由於騎龍勢要搶上後步，自然扎槍最長了。

明朝的三才陣裡，長槍手的前側方或者是牌手、或者是狼筅手，這兩個同伍的士兵負責正面阻擋敵人的攻擊；在這種相互支援的情形中，長槍手上後步往側方搶進、攻擊的機會就很多，騎龍勢由於攻擊角度大、攻擊距離最長而成為陣法應用的極佳選擇。

在騎龍勢扎槍以後，如果再進步追擊，可以使用撥草尋蛇；退後可以使用邊攔勢來防守。在我使用騎龍勢攻擊的時候，如果對方退卻，那麼我追擊可以使用梨花擺頭在對方的圈內、外做變換。做為二十四槍勢之一，作者認為騎龍勢的意義在於脫離中線、從側方攻擊以及上後步進擊幾個方面。一般槍法的槍圈緊小、疾快而且變化多在中線上，騎龍勢就是打破這種常態的一個選擇。

14. 白猿拖刀勢

書中對白猿拖刀勢的論述為「乃佯輸詐回槍法。逆轉硬上騎龍，順步纏攔捆靠，迎封接進弄花槍，就是中平也破」。此勢的特性就在「佯輸詐回」這四個字。一般對方使用中平槍，或是使用梨花擺頭、圈、纏這些槍圈緊小、變化快速的槍技來

攻擊，這時候如果
用一般的革槍去對
應，很容易失手被
戳。白猿拖刀的原
則就是身體往回退
以避開對方的攻
擊、同時把自己的
槍頭從中門往側方
脫離對方的圈串。
白猿拖刀的技巧到

白猿拖刀勢

乃佯槍詐回詭法之遊
轉硬上騎龍、順步
郎攔削採、迎封接
進弄花纏、就尾中
平也破。

此已經基本解除了對方攻擊的威脅。如果此時上後步往前側方
搶進，那就是形成了騎龍勢；若果不上步、保持順步的姿態，
可以選擇的變化也很多。槍勢中舉出：

1）槍頭自下方往右側轉頭，使用纏攔的技巧革槍。

2）槍頭由下往上搠靠攻擊對方。

3）用拿法封開對方的槍。

　　在本勢的說明裏有「詐回」的回是指將身體往回退、而其
詐則在於以退代替革槍、退之後帶有進的契機。至於「迎封」
的迎字，則是說明在還擊時必須配合身體往回擠的動作。所以
這個白猿拖刀勢非常講求身法的運用。

　　一般來說，中平槍是槍法之母。這個白猿拖刀甚至可以對
付中平槍。在本書「7.5.6 第五合的動作分析」、「6.21 拖刀、
擺尾」以及「7.8.3 對槍訓練的實踐」的第二階段訓練對於此

槍技都有較為詳細的說明。

15. 琵琶勢

　　書中對琵琶勢的論述為「乃白牛轉角槍法。上來鈎崩進挫，中來滾剁挨拏好，下來提橹快如梭，得手青龍獻爪」。此勢得名乃是因為前手蜷曲、將槍靠在胸口，持槍的姿勢類似懷抱琵琶的樣子。這個槍技對付對方的高槍，則是以身

腰的微轉帶動槍桿去碰擊對方的槍，而兩手不用攔拿的轉勁；技巧上有鈎、崩、挫。如果對方以中平槍來扎，則需要兩手將槍輕輕放下，以輕微的拿攔的技巧，如滾、剁、挨、拿，去革槍。如果對方以下平槍扎來，則需要放開前手，以提、橹的槍技來打開對方的槍。在防禦成功以後，可以立刻以青龍獻爪來攻擊。在本書「6.12 鐵幡桿」一節對琵琶勢有較為詳細的說明。作者認為琵琶勢的意義在於槍頭在外門上方，以此待對方的攻擊而施展不同的應對。

16. 靈貓捉鼠勢

　　書中對此勢的論
述有「乃無中生有槍
法。進步虛下撲纏，
賺伊槍動使梨花，遇
壓挑天沖打」。此勢
在六合對槍的第四合
裡已經有過說明。這
個槍技很適合對方採

用低四平勢之時，由於對方的槍放在我的搶下隨時可以挑揭，
所以此勢的戰術就是隨著身形下坐、同時以輕淺的革槍技巧往
下主動的去撲打對方的槍桿，強迫對方移動自己的槍桿，然後
見機以梨花擺頭、挑等等技巧去攻擊對方。

17. 泰山壓卵勢

　　書中對此勢的論述為「乃鷹捉兔之法。勢惟高發，身中變
異，任他埋伏地蛇衝，我又磨旗掃地」。當對方採用地蛇勢之
時，泰山壓卵的戰術就是從上直下的劈、壓對方的槍器，並且
用磨旗掃地的方法把對方的槍器往旁撥開。在《手臂錄》裡對
此勢的評語為：「朝天、壓卵，今之峨嵋決不言之，蓋棍法
耳。古訣有此者欲大全耳，不必實用。」[42] 作者對此說法極為同

42　吳殳‧增訂手臂錄 [M]‧北京：北京師範大學出版社（孫國中校訂版），
　　1989：116。

意，因為在槍技對抗的時候，朝天勢還有上驚下取的用處；然而壓卵勢類似棍法的劈砍。故而對此勢不做牽強附會的解說。

作者認為在戰場上要轉換方向時，由於兵士擁擠，無法平端著槍轉身。必須把槍舉起，然後轉身。這一點可以從近代步兵操典裡步兵持槍轉身必須先將槍豎舉是一樣的道理。否則平端著槍桿轉身，那就「一竿子打翻一船人」了。作者懷疑泰山壓卵勢有可能是軍隊裏士兵持槍轉身的一個必須動作，轉身後如果發現敵人已經貼近，那麼泰山壓卵勢就有用了。

18. 美人認針勢

書中對此勢的論述為「乃盡頭槍法。好破地蛇，防他顛捉，起手鳳點頭，披閃認直戳」。美人認針就是六合對槍第五合裡的盡頭槍。當對方使用地蛇槍準備攻擊我的下盤之

泰山壓卵勢

乃壓提兔之法，勢頭
高發（……）身中桌
黑，任他埋伏地蛇衝，
我又照顧掃地。

美人認針勢

乃盡頭槍法。好破地
蛇，防他船捉（……）。
起手鳳點頭，披閃認
真（四）戳。

時，我提起槍根往下扎對方前手。迫使對方移動其前手，而無法施展其槍技。美人認針勢主要的意義在於破壞對方使用地蛇槍的意圖。

19. 蒼龍擺尾勢

書中對蒼龍擺尾勢的論述為「乃掤退救護之法。電轉風回，驚散梨花閃賺」。此勢與白猿拖刀勢都是屬於顛提圈串類、以大破小的技巧。這兩個技巧基本上是一樣的技巧。唯一不同之處在於：拖刀是槍從中門做逆時鐘（以用槍者的角度來看）的槍圈；擺尾是從中門作順時鐘的槍圈。這兩個槍技都是從對方小槍圈的緊密攻擊中，以大的槍圈把自己的槍桿脫離與對方槍桿的接觸，同時以身體的倒退避開對方的攻擊、也爭取了革槍的空間與時間。當對方的攻擊落空的瞬間，突然回身往前、同時發動革槍。在文字的解說裡：「電轉」是指回身倒退的動作要快；「風回」是指快速的回身攻擊。此戰術利用身法的退來躲避對方梨花三擺頭的攻擊。當對方攻擊落空的一瞬

蒼龍擺尾勢

乃掤退救護之法。電轉風回。驚散梨花閃賺。

間，回身發動反攻擊。本書「6.21 拖刀、擺尾」一節，以及「7.8.3 對槍訓練的實踐」的第二階段訓練對於此槍技都有較為詳細的說明。

20. 闖鴻門勢

書中對此勢的論述為「乃拋梭槍法。身隨槍進，閃坐剁攔，捉攻硬上，經曰六直，妙在其中。用長貴短、用短貴長，此藝中妙理。短而長用者，謂其可禦彼長，長入短不中，則為長所誤。故用長以短，節節險嫩，就近身尺餘，法便不老，彼見我長，安心欲使

我進深無用，我忽節節短來，彼乃智曲心違，倉促使彼對我不及。此用長之妙訣。萬古之秘論也」。

《紀效新書》裡記載大槍技巧的部分是以「長兵短用說」做為全篇的名稱。這個命名正顯示了戚繼光將軍對於軍事武藝應用在實戰的理解。在此篇裡，他開宗明義的就說：「夫長器必短用，何則？長槍架手易老，若不知短用之法，一發不中，

或中不在吃緊處，被他短一入，收退不及，便為長所誤，即與赤手同矣。……其短用之法，須手步俱要合一。一發不中，緩則用步法退出，急則用手法縮出槍桿……」[43]。這一段文字說明長兵容易用「老」了，也就是用過頭了、戳得太過了。此時若是沒戳中敵人、或是戳在不要命的部分，那麼敵人一旦欺身擠進，長兵反而跟空手一樣的無用了。發生這樣的情形時，戚將軍建議：如果有時間則用步法拉開距離；如果情勢緊急，則將槍桿往回縮以便將槍頭收回到正對敵人的位置。

　　但是在《紀効新書·長兵短用說》裏講的「短」與「闖鴻門勢」講的「短」是同一個意思嗎？在現代化的競賽場合上，作者注意到有些人在比賽中故意的、主動的將槍縮短同時往前擠。最後雙方比肩對峙、亂打一通。這樣的「短」真不知何用之有？個人認為這是對原義的嚴重曲解。如果短必勝長，那麼為何不干脆就拿一支短槍比賽呢？那麼古人總結的「一寸長、一寸強」又如何解釋呢？

　　如果從戰術的角度來分析「闖鴻門」的文字記載，作者認為：使用短兵的對手設了一個鴻門宴式的陷阱，等待我戳槍「老」了、「進深無用」了，他就有欺身而入的機會。而我的對應戰術就是「明知山有虎、偏向虎山行」的「闖鴻門」。其方法就是戳槍要「嫩（相對於"老"）」，也就是「節節險嫩」、「節節短來」，也就是說戳槍不能猛扎、深扎，而是要慢慢的、接連的短扎，同時步步為營的「身隨槍進」。至於說

43　戚繼光·紀効新書 [M]·北京：中華書局，1996：111。

逐步進逼到對方「近身尺餘」（當然指的是自己的槍尖離對手身體只有尺餘），這時候的距離應該就是本書「3.2.13 臨界距離」裏定義的臨界距離了，在這個距離戳槍就「法便不老」了！也就說我每次一個短扎並且身隨槍進、不露破綻給對方，如此一直逼到我出手可得的臨界距離。在這個過程中，我硬是不犯「用老」的錯誤、不落入對方設置的戰術陷阱裏，如此一來，用短兵者就找不到可以搶進的機會。最後到了槍頭逼到他身前尺餘的距離，他就會「智曲心違，倉促對我不及」。

如果再進一步看「乃拋梭槍法」這幾個文字：「梭」就是指像織機上的梭子那樣來回往復。也就是說「闖鴻門」的戳槍短，但是要立即抽槍回身而且身隨槍進，就像梭子來回往復一樣。

所以「闖鴻門」講的「用長貴短」的短，是攻擊距離的短，而不是把槍桿縮短；同樣的道理來看「用短貴長」的長，短兵的器械不像長兵還可以縮短，短兵是無法加長的，所以它的「長」也是講攻擊距離的長。作者認為以攻擊距離的「長／短」、「老／嫩」來理解闖鴻門勢才是正確的解讀。而且讀者務必注意這個「闖鴻門」是大槍對付短兵的戰術。是否能轉借在對付長兵呢？作者建議是：偶一為之尚可！賴此為常，必然受辱。

總結而說，《紀効新書・長兵短用說》裏講的「短」是指被敵人欺身而入以後不得不把槍桿縮短來用。而「闖鴻門勢」裏講的短則是攻擊距離的短，始終將敵人保持在我的槍尖之前，使得他沒有機會欺身而入。

21. 伏虎勢

書中對此勢的論述為「乃六封槍法。斜倒硬上如風，退閃提攔纏捉，他如壓卵又朝天，鐵掃迎封接靠」。這個伏虎勢的槍頭斜向下指，但是身形未必要蹲低。它的特色除了槍頭低而外，就在於「斜倒硬上」這個原則。如果

伏虎勢

乃六封鎗法。斜倒硬上
如風，退閃提攔纏捉，
他如壓卵又朝天、鐵掃
迎封按靠。

兩槍相對，一方用中平勢守護中線，那麼另一方使用伏虎勢開中門誘敵。使用伏虎勢的一方絕對無法直進，因為直進就是往對方槍頭上撞。而「斜倒硬上」正是避其鋒芒、從側方斜入，而且這樣從側方斜入有助於兩槍搭接、利於革開對方在中線的槍。

當然這個槍勢也會暴露了自己的上半身。針對這個缺點而提出了退閃提攔纏捉的對抗方法。若是對方使用壓卵的技巧不讓我抬起槍頭，或者在壓卵之後使用朝天勢上驚的方法，則我可以用鐵掃破對方的壓卵勢，或者用迎封接靠的技巧來對付對方的朝天勢。所以伏虎勢的變化也很多。

22. 推山塞海勢

　　書中對此勢的論述為「乃護膝槍法。高來搖旗挨捉，低來鐵帚顛提，中來如箭有虛真，可用鐵牛耕地」。這一勢的特色就是把後手放在小腹前，而且槍頭抬得較高。如果從敵對方來看這個勢子，上身的守護很嚴密，但是身體的中段與下身就有很大的空門。

推山塞海勢

乃護膝鎗法。高來搖旗挨捉、低來鐵帚顛提、中來如箭有虛真、可用鐵牛耕地。

　　在採取推山塞海勢的時候，如果對方攻擊我的上半身，由於我防守的重心就在上半身，所以可以用「搖旗挨捉」，也就是攔、拿槍用在高來槍的方法去革槍。如果對方扎我下半身，就用顛提的方法對付。如果對方扎我身體的中段，這就符合了第十一勢鐵牛耕地的使用條件，而以鐵牛耕地往下劈打。

23. 鷂子撲鵪鶉勢

　　書中對鷂子撲鵪鶉勢的論述為「乃撥草尋蛇槍法。高接雖用纏拏，逢中披擦直過，倘他搠退把槍還，滾手中平一剁」。

此勢就是雙手把槍桿平直的往下撲打；雖然是直下的撲打，但是手上仍有擰轉的力道，也就是解說裡提到的「滾手」。這種直下撲打的方法是利用兩槍接觸點往對方前手移動的動作，而將對方的槍向側方

鷂子撲鵪鶉勢

乃撥草尋蛇鑽法、高接雖用鑽矣、送中拔探真過、倘他攔退把鑽還、滾下中平、剁。

「擠」開。在此勢的說明裏特別提到對方高槍戳來，應該使用纏拿的防守技巧。但是對方中平槍戳來，則可以使用這個槍勢來破解。靈貓撲鼠勢是對付對方的低四平勢。而此勢則是對方對方的中平戳槍。

24. 太公釣魚勢

書中對太公釣魚勢的論述為「乃磨旗槍法。諸勢可敵，輕挨緩捉，順敵提挈，進退如風，剛柔得體」。此勢基本上是個中平勢，但是把槍頭抬高到與鼻同高的位置，同時鼻尖、腳尖、槍尖三點正對著對手的中門。這個持槍站立的姿勢是個非常好的防禦的姿勢。無論對方自圈內、圈外來扎我，都會經過我的槍桿的一側，於是兩槍自然形成了交接點，有利於我的革槍。所以此勢的說明裏有「諸勢可敵……進退如風，剛柔得體」的讚語。

說明裏的「輕挨緩捉」是說明對付中平、高平槍的原則，強調的不是革槍的技巧，而是強調革槍的輕、緩的心理態度。因為我採用太公釣魚勢使得兩槍的交接點已經自然的形成了，不必慌忙的去尋找、去建立革槍必須的交接點，故而可以從容的對付。

如果對方避開我的上段與中段，轉而攻擊我的下半身，我可以順著對方的槍勢以提、櫓槍化之。總的來說，太公釣魚勢是個很好的、比較全面性的防禦性槍勢。

在近代流傳的大槍技巧裡，一般都是採用此勢做為對槍的開始姿勢。主要的原因就是雙方採用此勢則必然會搭槍，而便於做革槍。但是作者認為在槍技競賽時，此勢容易流於被動、保守，還是中平勢比較適合。作者一般建議學習者在對抗過程中感覺疲勞時，或者遇到對手猛攻亂打之時採用此勢以取得「以逸待勞」的效果。

7.6.3 比較《紀効新書》的六合對槍與二十四槍勢

六合對槍是兩人訓練槍技的連續性的動作組合。戚繼光將

軍怕後人無法從六合對槍的訓練裡理解他說的槍技，特別在八母槍、六合對槍和槍論之後還加上二十四勢的部分。用二十四勢來說明單招技術和變化的原理。換句話說，六合對槍是教材，二十四勢則是六合對槍的參考資料。在本書論六合對槍裡曾經說過六合對槍的第六合內容已然佚失。但是如果按照戚繼光將軍寫這本書的理念脈絡去順藤摸瓜，那麼我們應該可以比較兩者的技巧內容，若是二十四勢裡有、而六合對槍裡現存五合裡沒有的技巧，就很有可能是六合對槍裡遺失的內容了。

表 7.4　二十四勢與六合對槍的技巧對照

二十四勢	六合對槍	說明
1. 夜叉探海	無	此為持槍行立之法，無關技巧
2. 四夷賓服	散見各合	此為基本持槍對敵之法
3. 指南針	散見各合	此為基本持槍對敵之法
4. 十面埋伏	散見各合	此為基本持槍對敵之法
5. 青龍獻爪	無	此為戳槍技巧的基礎
6. 邊攔勢	無	此為開內門誘敵之法
7. 鐵翻竿	第二合黃龍颭桿	
8. 跨劍勢	無	此為開外門誘敵之法

9. 鋪地錦	第五合死中反活	
10. 朝天勢	無	此為上驚下取的逼敵法
11. 鐵牛耕地勢	無	往下劈打，而類似棍法
12. 滴水勢	第一合顛槍法，第五合第七段革槍法	
13. 騎龍勢	無	此為上步戳槍的攻擊法
14. 白猿拖刀勢	第五合迎封接進法	
15. 琵琶勢	第二合黃龍颭桿	
16. 靈貓捉鼠勢	第四合與第五合無中生有	
17. 泰山壓卵勢	無	類似棍法
18. 美人認針勢	第五合盡頭槍	
19. 蒼龍擺尾勢	第五合迎封接進法	
20. 闖鴻門勢	無	此為近身救急之法
21. 伏虎勢	無	
22. 推山塞海勢	無	
23. 鷂子撲鵪鶉勢	第三合	
24. 太公釣魚勢	散見各合	磨旗槍法

　　由上表顯示，除了不屬於技巧的基本持槍對敵的持槍勢而外，絕大部分的二十四勢已經在現存的五合對槍裡了。不在五

合對槍裡的技巧有：

1）邊攔勢

這是一種開內門誘對方攻擊的手段。基本上不能算是一個技巧。

2）跨劍勢

跨劍勢類似邊攔勢，以開外門引誘對方進攻。此勢與邊攔勢都近於棍法。對於槍法來說最好避免使用。

3）朝天勢

朝天勢是一種欺敵的技巧。一般在做劈槍、擠槍這類往下革槍的技巧時，都可以先用朝天勢創造條件。從廣義的角度來看，現存五合對槍裡有類似的欺敵動作。

4）鐵牛耕地勢

鐵牛耕地勢是往下劈打，之後再往上挑揭。這種用法也類似棍法。

5）騎龍勢

騎龍勢是一個特殊的扎槍技巧，而且應用極廣。應該在扎槍訓練裡涉及此技巧。

6）太山壓卵勢

如前述說明此勢類似棍法。不是很實際的槍法技巧。

7）闖鴻門勢

闖鴻門勢是對付短兵用的理論與實踐，但是此勢在現代大槍競賽中的實用性值得商榷。

8）伏虎勢

伏虎勢是放低槍頭，讓對方失去對抗目標的手段。這種方法在遠距離接敵過程之中很好用。

9）推山塞海勢

推山塞海勢是抬高槍頭，以防禦為主的姿勢，由此可以開展其它技巧。但是推山塞海勢本身應該還是屬於持槍勢，不能算是大槍技巧。

由以上的分析來看，現存五合對槍的內容應屬相當完備。所未涵蓋的技巧應該可以從其他的訓練裡補強。

7.6.4 看待二十四槍勢的態度

作者主動承認自己解讀二十四槍勢的內容一定有問題、一定會引起諸般的異見！之所以甘冒不諱來申論二十四槍勢，只是想要讓讀者理解「勢」不是招式、而是戰術，因此作者提出一個從戰術觀點為本的解讀。一談到戰術，我們知道「兵無常勢、水無常形」、「千變萬化存乎一心」！所以解讀也可能會有很多不同的角度。這些解讀沒有絕對的對錯，只有相對的優劣而已，最重要的是我們能否從二十四槍勢裏開啟我們對戰術的認識與重視?!

7.7《紀効新書》的槍法口訣

《紀効新書》裡有一段槍法口訣被列於六合對槍之後、二十四槍勢之前。這本書對於這段敘述沒有另加標題，似乎不甚重要。但是《手臂錄》裡對雷同的論述稱之為「古論」[44]。可見其內容流傳已久，的確有值得參考之處，所以本書針對其論述的內容分別論述如下：

1）槍法相剋

在口訣中「伏虎槍，地蛇破；地蛇槍，盡頭槍破；中平槍，中平破。」這些都是很平常的槍法知識。而其真正的意義在於點明槍法技巧之間存在的相生相剋的關係。在練習槍法對抗時會自然的體會這個原則。

2）中平槍的重要性

口訣中說：「中平槍，槍中王；高低遠近都不妨。」由於中平槍守護在身體的中心線，所以從任何角度來的攻擊都有適當的防禦方法，所以稱之為「槍中王」。在《手臂錄》裡對於中平槍「高低遠近都不妨」的特性用技巧的層面做了更為詳細的論述：「高來有勾剔等勢，低來有提攊等勢，遠謂鴻門、回馬，再遠作勢者，近謂梨花、膝蛇，深入逼我者。」[45]

44　吳殳・增訂手臂錄 [M]・北京：北京師範大學出版社（孫國中校訂版），1989：140。

45　吳殳・增訂手臂錄 [M]・北京：北京師範大學出版社（孫國中校訂版），1989：141。

3）對抗時的欺敵手段

口訣中說：「指人頭，扎人面」，這裡說指人頭是佯攻，扎人面才是真正的攻擊目標，然而或者我們會問頭和面不是同一個目標嗎？作者認為這裡可能有文字上的錯誤，如果我們說「指人腳、扎人面」，或者以其它不同的攻擊目標來取代頭、面這兩個字，那麼它的意義就會很清楚了。當然如果使用二次攻擊如串槍的技巧，先佯攻對方的頭，然後在對方革槍的瞬間轉換圈內外、而繼續攻擊對方面部，雖然是同一個目標，但是也完全符合欺敵原則，所以「指人頭，扎人面」也說得通。

4）扎槍要領

口訣中有「去如箭，來如線」，以及「疾上又加疾，扎了還嫌遲」。這都是強調扎槍的要領是快去、快回。快去，可以取對方的不及防備；快回，可以降低對方革槍對我的影響。口訣最後還有「不遮不架是個空」的論述。這句話講的是槍法修為高深以後，可以針對對方的空門予以直接而且快速的攻擊，而不需要革槍這一個過程。這個「不遮不架是個空」理論與前述的拍位理論相吻合，近代拳術理論的「不招不架就是一下」應該是從槍法「不遮不架是個空」的理論而演變出來的。至於說「去如箭，來如線」用在拳法的攻擊理論是一樣重要的。

5）防禦要領

口訣裡說：「高不攔，低不拿」是因為攔、拿都是應付中

平槍的。若是高槍用攔或是拿，那麼就會幫助對方順利轉換為中平槍；「低不拿」也是同一個道理。在《手臂錄》有一段口訣：「圈裡搭，圈外看。圈外搭，圈裡看。」這段論述是針對防禦對方使用槍法攻擊的二次變化，所以在圈的一側革槍時，千萬要注意對方往另一側轉向攻擊。比較《手臂錄》和《紀效新書》的槍論，作者主觀認為《紀效新書》在傳抄過程中遺漏了「圈裡搭，圈外看。圈外搭，圈裡看」這一段非常重要的槍法防禦論述。近代拳術理論的「高不壓、低不挑」應是源自此槍法理論。

6）持槍要領

口訣裡說：「槍是纏腰鎖」。這句話說明了因為大槍槍器重、加上要用腰力來使槍，所以槍根必須附在後腰的拳窩處。這句話再加上「中平槍，槍中王」的說法，那麼持槍的標準方法就很明顯了。

7）槍法三病

口訣最後列出了搶法的三個毛病：「槍有三件大病：一、立身法不正，大病；二、當扎不扎，大病；三、三尖不照，大病。上照鼻尖，中照槍尖，下照腳尖。」若是把「扎」字換成「打」，這三個毛病用在拳法是同樣正確的。

7.8 現代化的大槍訓練

從前述的明代大槍訓練裡，我們可以理解對槍訓練是那個時期槍法訓練的主體。為了切實的理解並且建立一個更為有效的大槍訓練體系，作者根據我國明朝時期兵槍和遊槍的訓練內容為基礎，而且經過相當時間的實踐驗證，重新的建立了以對槍訓練為中心的理論和指導原則，然後提出了五個各有其獨特重心的訓練階段。

7.8.1 對槍訓練的理論

既然對槍訓練在古代槍法訓練裡佔有絕對重要的地位，那麼我們必須對此訓練進行理解，而且這種理解不僅限於訓練的實際、所謂訓練教材的部分，而必須從其訓練實踐裡挖掘其訓練的理論。本書從《紀效新書》與《手臂錄》這兩本大槍經典之作裡，萃取其對槍訓練的理論而分述如下：

1. 對槍訓練是雙人擬真訓練

首先對槍訓練必須是兩個人合練的；其次，它是擬真性的訓練，擬真的手段就是雙方按照事先約定的、固定的大槍對抗思維做為指導而進行訓練，這個對抗思維越是接近實際對抗發生的狀況，那它的實戰效果就愈明顯有效。練習雙方都必須嚴格遵守對抗思維的指導而進行練習，如果不遵守指導性的對抗思維，而擅自改變，那麼就是屬於自由對抗了。在對槍訓練的

過程裡，如果有一方突然不遵守指導的對抗思維，就有可能造成意外的傷害，所以應嚴格禁止。

但是也因為其擬真的特性和要求，所以在訓練時不能彼此將就。尤其是戳槍的一方，不能因為對方反應慢而等待對方、或者放慢戳槍速度，必須在機會許可的情形下直接完成戳槍的動作。這樣的擬真才能暴露出雙方的問題，從而取得進步的效果。

2. 訓練目的之一在於熟悉大槍技巧的應用

對槍訓練每一個訓練的段落都是以一個大槍技巧或者一個原理為其訓練的主題，訓練內容都是圍繞著這個主題而設定的。而其訓練的主要目的在於體驗大槍技巧實際使用時必須掌握的細節，這些細節除了技巧動作而外還包括對方的反應、拍位的拿捏、雙方生理條件等等。

但是在對槍訓練的過程裡發現不能掌握某些技巧的時候，則必須以單人補強訓練來解決問題的根由。例如在做騎龍扎的時候，如果練習者的後腳無法迅速的搶步，那麼必須以單人訓練的手段先來強化其後腿的爆發力，這樣的單人補強訓練就不屬於對槍訓練的範圍了，而且在達到目的以後就要果斷的脫離單人補強訓練。

3. 訓練目的之二在於靈活應用大槍的理論

設計對槍訓練的實際動作時，必須準確的表達每個技巧和其應用原理，以此激發練習者的對抗意志與對抗思維能力。例

如在做串槍、雙頭槍、拖刀、擺尾這些訓練的時候，必須先理解大槍圈串理論[46]，然後以此理論作為指導。在「槍法微言」裡說：「行著甚多，豈能盡練，得其精要者數法，可以稱通微矣。」[47]，其實大槍技巧的差異不大，只要理解其變化的原理，就可以逐漸的在對抗中加以變化應用，所謂「舉一反三」、「見微知著」就是透過對於理論的理解而把學習的效果加以擴大到其它類似的技巧。本書第六章裡只介紹了二十二個大槍技巧，而不是把古書裡記載的全部技巧摘錄出來，就是基於這個道理。

4. 訓練目的之三在於培養應激能力

在大槍競賽的時候，雙方選手除了不斷揣摩對方意圖而外，同時不斷的試圖貫徹自己的意志。比賽進行的過程裡因為自我意志與對方意圖之間的不斷調整而會有非常多不同的狀況產生，針對這種現象所以對槍訓練著重在培養應激能力，而應激能力的表現就在於因應激而產生的對抗意志以及反應技巧。對槍訓練就是不斷的複製這些狀況條件，以強化選手的應激能力。

7.8.2 對槍訓練的指導原則

基於上述的訓練理論，在實際訓練時就會產生相應的指導

---

46 見本書「4.9 圈串」。

47 吳殳·增訂手臂錄 [M]·北京：北京師範大學出版社（孫國中校訂版），1989：81。

原則，以確保訓練的雙方能夠遵守前述的訓練理論、同時鞏固和強化訓練的效果。一般在訓練過程裡經常使用的指導原則如下：

1. 分明「主、客」和「作手、餵手」的角色

因為對槍訓練是「一戳一革，互為主客」，而且這個主客的互換是不斷的在進行的，所以練習者必須清楚的理解每個動作的主客角色，而做出正確的對應。在這裡說的「主」是指戳槍者，「客」是指革槍者。但是每一個雙人對槍的段落都有其訓練的主題技巧或原理，練習這個主題技巧或原理的一方就是「作手」，創造和提供使用狀況條件的一方就被稱為「餵手」。

由以上的說明，我們可以清楚的理解「主、客」和「作手、餵手」是完全不同的概念。「主、客」是同時發生但是又不停的在轉換的，但是「作手、餵手」的角色在大多數的訓練段落之中則是相對固定的。

2. 強調對抗意志的隨機性

在大槍對槍訓練的理論第一條裡就說到：「擬真的手段就是雙方按照事先約定的、固定的大槍對抗思維作為訓練的指導。」既然對抗思維已然固定，難道對抗意志還有所謂的隨機性嗎？如果答案是否定的（不具備隨機性），那麼對槍訓練又再度的沉淪為套路訓練式的雙人舞槍了。

對抗思維作為訓練段落的指導思想，固然有其不變的必要性；但是狀況發生的時機卻是雙方可以掌控的，只有在狀況發

生的瞬間才激發特定的對抗意志。這種條件反射的隨機性是對槍訓練非常重要的一部分。在訓練時最常見的錯誤就是練習者在「等待」特定狀況的發生，這樣的錯誤對於培養實戰能力是有負面影響的。

3.掌握攻防的拍位

每一個槍法技巧都有其特殊的拍位，槍法技巧的難度還不在動作準確、速度這些方面，其最難的部分就在對於拍位的掌握上。對槍訓練必須嚴格要求掌握各個技巧的拍位（見本書4.10 拍位理論）。

作者在做實際對抗時，經常以幾個普通的連環對槍來試探對方，以期理解對方的反應速度、思維變化，從對方的反應中掌握其拍位，再從對方拍位的規律性之中尋求破解的方法。

4. 培養正確掌握時機的能力

對槍訓練雖然有其固定的技巧、以及彼此角色互換的規律性，但是在實際訓練的時候，一定會有一方突然反應不過來、或者反應錯誤的情況。如果對抗意志的隨機性強的話，必然能夠掌握對方突發的狀況，而採取相應的措施。絕對不可以忽略對方的突發狀況，而兀自繼續原來預備要做的動作。

上述對槍訓練的四個指導原則不僅是指導者的原則，練習雙方也都必須隨時的糾正自己、同時提醒對方，若是如此就可以避免把對槍訓練變成雙人套招的形式了。

7.8.3 對槍訓練的實踐

大槍的對槍訓練構成了大槍訓練的主體部分。在《手臂錄》裡把雙人對練區分為：基礎訓練（封、閉革槍訓練）、連環訓練（戳革連環訓練）與行著訓練（破法、勢法、口訣訓練）三大類。作者根據《手臂錄》的資料，加上實際訓練大槍選手的經驗，依照前述的對槍理論與指導原則而重新的設計了一套對槍訓練的方案。

第一階段：以拿槍、攔槍為重心的訓練

1. 拿槍訓練

餵手方取中平勢，作手開內門（槍頭在其左下方）等待；餵手先戳槍、作手以拿槍革開；作手還扎，餵手以拿槍革開；雙方往復數次之後，作手必須掌握拍位而突然施重力拿槍，使得對方的槍頭往側方打開或是捽落至地；作手立刻開步、以單殺手戳對方。雙方對槍到此為一個段落。

重力拿槍以至單殺手戳槍就是此訓練的隨機應用。作手必須從來回拿槍的過程裡去捉摸拿槍的拍位。如果重力拿槍得逞，自然為單殺手的成功取得保證，否則不能輕率的施展單殺手。

2. 攔槍訓練

攔槍訓練與拿槍訓練類似。餵手方取中平勢，作手開外門（槍頭在其右下方）等待。餵手先戳槍、作手以攔槍革開；作手還扎，餵手以攔槍革開。雙方往復數次之後，作手突然施重

力攔槍，使得對方的槍頭大開或跌落於地；作手立刻往右前方搶上後步、以騎龍扎戳對方。雙方對槍到此為一個段落。

　　第一階段的訓練是雙人對槍訓練的基礎，因為其他的對槍訓練都是由此衍生，所以有必要特別加強這個階段的練習。為了避免對槍陷入無意識的機械式動作，所以特別加入了隨機性的單殺手、騎龍扎等等變化，以此提高對槍雙方的對抗意志。在使用單殺手或騎龍扎之前，必須掌握到對方的精神、生理反應，然後突然施重手革槍，以此創造了施展單殺手、騎龍扎的條件。

第二階段：以大槍顛提理論[48] 為重心的訓練

1. 拖刀訓練

2. 擺尾訓練

　　拖刀就是把槍頭從外門（自己的左方）、經下方、轉往內門（自己的右方）。而擺尾則是反其道而行。在練習時可以把兩個技巧結合起來：如果作手用拖刀，那麼餵手立即用擺尾；反之，作手用擺尾，餵手則立即做拖刀。

　　實際操作的方法，以作手開內門為例說明。餵手先戳槍，作手以拿槍革開、立即還扎。如此連環交換數次之後，作手在戳槍被革到恢復持槍這個過程中突然把槍頭從左側拉到右側（此為拖刀），而以攔槍革之、接著立即還扎。而餵手則把槍頭從自己右側拉到左側（此為擺尾），而以拿槍革之、立即還

48　見本書「4.8 閃賺、顛提」。

扎。如此循環往復。當作手覺得可以施展單殺手時，突然以重
手攔槍，接著做騎龍扎結束此訓練片段。

如果訓練開始時作手開外門，那麼作手就可以練習擺尾、
餵手一方則練習拖刀。最後作手以單殺手來結束。

第三階段：以大槍圈閃賺理論[49]為重心的訓練

1. 串扎

串槍是大槍技巧變化的本源，屬於非常重要的技巧。在訓
練時，作手開內門引導餵手戳槍。雙方即按照拿槍、還槍的程
序進行對槍，但是作手在還槍的時候決定使用串槍，在其戳槍
至一半的位置時，餵手開始做拿槍動作的瞬間，作手突然以前
手將槍頭微微放低並轉到對方的外門，使餵手的拿槍放空，然
後作手立刻在外門繼續戳槍。串扎技巧施展成功即訓練段落結
束。

如果作手打開外門引導對方戳槍，雙方及按照攔槍的訓練
進行對抗。作手同樣可以決定施展由外門轉內門的串槍技巧。

2. 雙頭槍

雙頭槍的雙人對抗訓練與外門串槍的訓練方式一樣，只是
把串槍的技巧換成雙頭槍即可。

49　見本書「4.8 閃賺、顛提」。

第四階段：以身、步法的應用為重心的訓練

1. 迴龍扎

雙方可以使用拿槍訓練、或是攔槍訓練開始用中平勢對槍，餵手則可突然選擇用高四平勢快速而且深入的攻擊對方頭部，作手感覺對方戳槍較長、較高、而且急切的想要扎中自己時，突然把槍放低而且不使用革槍技巧，只是身體往回抽、形成敗勢的姿勢，用身法躲開對方的戳槍，當對方抽槍回身時，立刻與對方抽槍同步、回身戳槍。

這個階段的訓練除了使用迴龍扎爾外，還有很多選擇：如果用往下蹲低的方式來躲避、然後戳槍，那就形成了地蛇槍了；如果利用步法往左、右開步來躲避對方的戳槍，那就是鴛鴦扎了。只要是利用身法、步法來閃躲，然後再戳槍的技巧都可以放入這一個階段來訓練。

第五階段：以技巧的相生相剋為重心的訓練

1. 矽扎

假設雙方以高四平勢做拿槍扎的對抗時，餵手突然使用中平勢扎心窩部位，此時拿槍很難找到接觸點來革中平槍，對付中平槍最快捷的方法就是立刻往下蹲低、使用矽槍革開，然後還扎對手。中平槍最難革，所以被稱為槍中之王，而矽扎則是專門剋中平槍的。

2. 投壺扎

假設雙方做中平勢連環對抗時，餵手突然蹲低以地蛇槍扎

腿部，如果作手以提槍來應付地蛇槍必然會陷於被動的態勢，所以不如將前腳立刻收回與後腳並立，同時以投壺扎從上往下扎對方的前手。

從上述的砑扎和投壺扎的訓練裡，我們可以理解大槍技藝裡面很多技巧之間都存在著相生相剋的關係。例如以推山塞海勢來對付雙頭槍、以臘蛇扎對付對方硬力抵抗、以纏槍破解串扎等等。這方面的練習必須依賴指導教練對於大槍技巧的理解程度，來給訓練的雙方設定特定的變化，作手就在受到條件刺激的情況下適時的激發正確的對抗意志、產生正確的反應動作。這一個階段的練習強調對於槍技的廣泛認識，以期取得所謂的「見多識廣」的效果。

這個對槍訓練是根據我國明朝時期軍事和民間的大槍訓練，重新的建立了訓練理論和指導原則，然後提出了各有其獨特重心的五個階段訓練。而且針對這五個訓練階段都提出了一些實際訓練的範例，有志於此的人可以參考這些範例而發展出其個人化的訓練內容。

由上述的對槍訓練裡，我們可以理解大槍對抗具有非常豐富的變化性。大槍競賽雖然是一種鬥力的運動，但是它更是一項以智取勝的鬥智競賽，力與智兩者是缺一不可的，這正是大槍對抗引人入勝之處。

7.8.4 重新建立「勢」的觀念

近代流傳的「傳統武術」講究招式動作，幾乎沒有人講「勢」這個觀念了，但是如果我們翻看明朝或者更早時期的兵

書，它們講武藝都離不開一個「勢」字。在《紀効新書》裏大槍有「長槍二十四勢」、拳法有「長拳三十二勢」，即便是棍與狼筅都有勢。

但是「勢」到底是什麼？近代對「勢」的解讀是以招式為著眼點的，所以把「勢」當作「招式」來解讀，或者以近代「套路」的觀念來解讀。但是這些解讀都是極為牽強的，是無法正確理解古人的原意的。在本書《7.6.1 槍勢的意義》裡已經有初步的解釋，並且把「勢」的理解應用在對長槍二十四勢的解讀。為了提升大槍的修為，作者在這裡把幾十年對「勢」的理解與應用拿來與讀者分享。

在兵書裡講「勢」講得最好的應屬《孫子兵法》。《孫子兵法》裡說「善戰者，求之於勢，不責於人」、「故善戰人之勢，如轉圓石於千仞之山者，勢也」。這裡說的「勢」就是一種自然潛在的能量、一種取勝的戰機，善於用兵者就是能掌握這些能量、戰機的人，所以我們常說「因勢利導」。

那麼在大槍武藝裡，如何解讀「勢」呢？如何用勢的觀念來幫助我們取得勝利呢？我們拿「白猿拖刀勢」來看：「乃佯輸詐回槍法。逆轉硬上騎龍，順步纏攔崩靠，迎封接進弄花槍，就是中平也破。」這麼個簡短的說明裏首先說明這個「勢」是用佯輸的態勢往回躲閃，希望對方受騙而發動較深的攻擊，而往回躲閃其實暗藏了「逆轉硬上」的潛勢，配合這個潛勢則有騎龍、纏攔、崩靠這些技巧可以應用。從這個「白猿拖刀勢」，我們發現一個簡單的回閃的假動作居然隱藏如此變化多端的殺機，這就是「勢」，而且這一個勢居然可以帶動這

麼多不同的技巧。

　　作者在教大槍時，常常說技巧不重要，重要的是如何主動的造「勢」、或者靈敏的察覺正在逐漸形成的「勢」。掌握到「勢」的先機以後，這個勢裏潛藏的勝與負、安與危的機率就會很清楚，一位訓練有素的槍手自然會根據這個勢做出正確的對應，這些對應就會帶動許多的大槍技巧，所以技巧不是刻意勉強去做的，而是自然而然的因勢利導而做出來的！

7.8.5 去除比賽勝負的觀念

　　吳殳在《手臂錄。石家槍法源流述》裡記載了石敬巖與洪記見劉德長學習槍法的故事，文中說劉德長在傳授槍法時要求二人「當息心泯志，不學破法，不與人角技，下死功夫於根本者二年，則可受我法。自今日請辭，至期相見。」這裡說的「不與人角技」就是不要與人比賽。這裡就很有意思啦！我們現在提倡大槍競賽運動，那不就是比賽嗎？按劉德長的說法比賽不是有礙大槍技術的提升嗎？

　　其實大槍練習一定是要雙人練習的，雙人練習必有勝負，除此沒有其它的途徑。那麼關鍵在於「雙人練習與比賽有什麼差別」？據我多年來舉辦訓練和比賽的經驗，我的體會是差別在於「勝負心理」！我注意到一個勝負心很強的人會把他的注意力都放在如何取勝、如何不敗上，而不是能力有否提升、技巧是否正確、戰場上是否有殺傷力這些本質性的問題。等而下之者則在比賽規則的灰色區、裁判的喜好這些方面鑽漏洞，或者在比賽公平性上大做文章，這些都是見樹不見林、斤斤計較

的狹隘心理，缺乏大槍那種大開大闔、勇往直前的氣魄。若是以這樣的心態來練習大槍自然就會走入歧途、永世不得翻身了。

　　我在1998年正式開始訓練學生時，因為希望學生儘早的享受到比賽的樂趣，所以訓練的重心就是如何在比賽中取勝。之後發現選手在比賽中發展出來一些不屬於槍法的技巧，也就是說在戰場上面對穿盔甲的敵人時沒有效用的東西。那些東西是在戰場上無效的呢？例如專門點擊對方前手的技巧、例如戳槍到盡頭以後端著槍往前撞、例如對方戳槍我也戳他希望不丟分，這些都是屬於戰場上無效的東西。如果任其發展下去，這個大槍競賽運動還有啥內涵呢？與傳統大槍還有一絲一毫的關係嗎？是否大槍競賽運動也會步入一些競賽武術的不歸路呢？如果答案都是負面的，那麼我們還有必要繼續推廣嗎？追根究底這些問題都與勝負心太強有關。

　　從1999年首次舉辦比賽以來，部分的這類問題經過比賽規則的修訂而得以改善，其它的部分則必須在訓練時強調「去除比賽勝負」這個觀念來著手。例如我讓學生對抗比賽時，首先不記分，其次做技術講評，特別是戰術、技巧配合得當而取勝的情形，立即叫停對抗，然後對其表現加以講解與鼓勵。當然這麼做要求教練本身對大槍的理解較高，但是這個運動要往前走，不但選手要加強訓練，教練本身也要加倍的要求自己提升能力。如果教練本身都不懂什麼是正確的大槍，那麼怎麼期望學生能做得出來呢？

　　而我設計的「槍士資格制度」更是在超脫比賽成績的層面

上，來檢視選手在比賽過程裡的戰術應用、技術表現、運動精神。希望用這個制度來鼓勵練習者追求正確的大槍技巧以及培養高尚的士道精神。

7.8.6 大槍競賽運動的平台理論

作者從 1979 年開始研究大槍武藝這項傳統武術在走入現代競賽時必然會面對的挑戰、以及相應的改變，這項研究的成果就是作者建立的「平台理論」。什麼是「平台」？平台包括競賽規則、安全器材等等一切可以決定選手行為的因素，這些因素的綜合體就是大槍體系賴以發展的「平台」。一位訓練有素的選手絕對會對這個平台做深度的理解，然後選擇他的打法／技巧。從競賽規則的角度來說，如果我們比較兩種徒手對抗的競賽運動，一個給摔法很高的得分、一個不予計分，那麼這兩個平台上的選手絕對在戰術、技巧方面有極為不同的選擇；如果一個以街頭打鬥為訓練方向的武術，它必須面對以一對多、無體重分類、沒有裁判喊停的平台，那麼快速有效、又不致死的技巧和戰術必然受到青睞，於是乎我們就會常看到點睛手、撩陰腳這類技巧；如果我們分析柔術之於柔道、傳統泰拳之於現代泰拳擂台、綁皮繩的西洋拳與戴拳套的西洋拳等等，用平台理論就可以很清楚的理解它們之間的差異以及變化的原因了。

那麼大槍競賽運動的平台是什麼呢？首先我們必須理解大槍最原始的平台：戰場。在這個平台上殺敵以自保、隨時面對多重的死亡威脅、必須最快速度的解決面對的威脅、沒有閃躲

與退卻的空間而只能一往直前等等，這就是數千年來兵槍賴以
生存與發展的平台；那麼古代有其他的平台嗎？有！民間大槍
的平台就與兵槍平台有所不同：民間大槍的平台較注重安全問
題，所以避免戳槍的勁道、轉而以控制對方無法戳槍為尚，所
以民間大槍的發展比較走技術路線、比較缺乏直面生死的心理
素質。那麼現代競賽運動的大槍應該建立怎樣的平台呢？首
先，我們必須承認大槍是一個早已作古的兵器；即使從防身自
衛的角度來看，大槍的技巧也沒有特殊的價值與意義；那麼大
槍競賽運動的價值何在？作者發展大槍競賽運動其實著眼在戰
場實景以及戰術修養這兩大方向：試想一個選手在面對瞬間決
一生死的狀態而不慌亂、而且保持思維清晰，這需要何等強大
的心理自持能力?!這種心理訓練的確在現代運動裏比較少見。
當然我們不可能完全複製古代戰場的實景，也不可能拿鋒利的
槍刃來比賽，那麼我們只能用比賽規則來做最大程度的模擬，
所以比賽規則的制定是建立這個大槍競賽運動平台最重要的因
素。作者在這方面投入相當時間的研究、比賽驗證，最終推出
了一套最可能接近古代戰場實境又保障選手安全的競賽平台。
除了建立這個平台以外，針對這個平台需要的心理素質，作者
在《4.18 大槍武藝的內修「心定、神靜、容安」》這一節也提
出了大槍競賽運動的內修科目。希望大槍競賽運動的愛好者可
以從這裏得到大槍競賽運動真正的價值與益處。至於比賽規則
方面，在本書《8.5 探討競賽規則對於運動發展走向的影響》
裏有進一步的闡述。

第八章

大槍競賽運動

　　從大槍的發展歷史來看，清朝中葉的軍隊改制使得大槍失去了實戰利器的角色、完全從軍備裏淘汰，自此之後大槍失去了這個戰場平台，以至於直接的影響練習人口和練習的動機，最終使其走上凋零的末路。然而以大槍武藝的體育價值、文化內涵來看，任令其走上廣陵散的絕路不僅是我輩的奇恥大辱，更是人類文化的一大損失。為了挽救大槍武藝逐漸凋零的命運，作者堅信可以給大槍重新塑造一個類似戰場的競賽平台，從而使得傳統大槍技藝得以延續、並且繼續發展。這些正是作者自 1979 年開始立志研究明朝大槍武藝的原因和目的。

　　其實從古籍文獻資料來看，明朝時期的兵槍和民間大槍的訓練和比試其實已經具備了現代化競賽運動的雛形；然而古代大槍與現代化的競賽運動之間，無論在訓練目的、競賽要求、訓練手段各個方面都會存在一些差異。畢竟要面對現代的社會、國家甚至世界而推出這項大槍競技運動，就必須根據現代競技運動的需要，來嚴肅的審視傳統大槍技藝，在保存其原本內涵的原則下重新予以定位和包裝，這是一個非常嚴肅而且必須去做的課題。故而本章以競賽運動的角度回頭審視明朝大槍武藝中潛在的競賽價值和特質，並且在現代化競賽運動的大環境裡給大槍競賽運動做一個明確的定位。

8.1 大槍競賽運動的定位／本質

　　在發展大槍競技運動之前，我們首先必須界定這個運動的內容和範圍，也就是說大槍競賽運動到底是一個什麼樣的運

動？如果無法釐清大槍競賽運動的定位，那麼接下來的發展將會缺乏一個穩定的依托，以至於最終發展出來的競賽運動可能與傳統的大槍體系完全無關。為了避免發生這種情況，作者在設計大槍競賽運動的時候有以下幾個堅定不移的信念：

1）　以技術內涵而言，大槍競技運動是以我國傳統大槍武藝做為此運動的技術核心。而技術內涵的保存則依賴真槍精神，而這種真槍精神來自於古代戰場的實戰，所以作者在制定比賽規則時是以模擬古代戰場實況作為主要的考量。

2）　以訓練目的來看，訓練的目的主要就是透過比賽的方式來突顯其實戰的價值。我國近代武術的發展在很大的程度上是依托於健身、表演和娛樂的目的，這樣的目的嚴重的扭曲了訓練的內容，從技術的角度來論就只能勉強維持著一息尚存的殘軀而已。而且現代社會裡健身、表演和娛樂的選項極多，如果武術繼續寄身在這樣的環境，必然會受到強力的擠壓而難以生存與發展。從長遠的角度來看，武術訓練必須再回歸到實戰的領域，但是這條回歸之路不但遙遠而且艱難。近數十年來我國傳統武術往對抗運動方向的發展不能說不多，但是其實戰的內涵仍然需要大力的提升。

3）　以競賽精神來說，它是以戰場實戰的真槍精神為指導，而體現現代體育公平競爭的精神，上場比賽講究的是揖讓而升的禮讓；在場中則是要求全力以赴，絕

不放棄的拚搏精神；在場下坦然接受勝負的判決。雖
然比賽追求的是勝利，但是必須贏得光明、輸的磊
落，表現出一個現代大國國民的泱泱君子之風，這才
是我們發展對抗性競賽運動的本意。

4）以文化的高度來看，大槍武藝是屬於中國文化的，絕
對不是屬於那門、那派的。在現代化的大槍運動裡我
們應該極力排除過去民間武術的地域和門派的狹隘觀
念，而以中華文化、世界文化的高度來擴展我們的心
胸、提高我們的視野。

5）對於練習者來說，健身、自衛絕對不是練習大槍的主
要目的。在一個現代化的社會裏，以健身為目的的運
動不但多、而且更為有效、有趣；以自衛來說，我們
不可能扛著一桿三米的大槍去街頭自衛。我們練習大
槍應該著重這個運動對於人格、思想、道德修養以及
文化體認方面巨大的、潛移默化的功能。

6）整體來說，大槍武藝是以我國文化特色為依托，最終
形成一個完整地「槍道」文化。這個槍道包涵了體育
的、知性的、人格的和道德的諸多方面的修養。理想
的槍士應該是術德兼備的謙謙君子，同時也是一個堅
持理想、奮戰不餒的勇士。

　　作者堅信大槍競賽運動是傳統大槍武藝的重生，同時它更
具備諸多新時代的意義。由於這項運動的特質，可以增強國民
體質、培養面對嚴格挑戰時內心中堅毅不折的精神、學習進退

的禮儀、強化人格道德的修養、增進民族自信心、加深對於傳統文化的認識等等的潛在功能。它極為適合做為一項全民體育來推廣；它也具備了職業體育運動的潛力，可以發展成為一項與西方職業體育相比而絕不遜色的、具有中國風格的職業體育項目。

8.2 大槍競技運動的體育訓練內容

從上述的大槍競賽運動的定位來看，它毫無疑義的是屬於現代競技體育的類別，它的體育訓練內容涵蓋了身體訓練、技術訓練和戰術訓練以及品格陶養四大部分。

身體訓練的內容分為力量素質、速度素質和柔軟素質三部分。從大槍技巧的角度來看大槍體育訓練，以其槍器重量的原因，所以力量素質訓練應對爆發力與耐力訓練同等重視；而其速度素質訓練因為技巧的運作經常是從靜止狀態突然發動，所以訓練內容比較注重極限速度；至於柔軟素質訓練來說，大槍技巧的發揮注重「長兵擊遠」的特性所以對於身體的柔軟素質要求也非常高。

大槍技術訓練則是以其理論體系做為基礎，訓練內容應該是以攔、拿的革槍技巧和扎的戳槍技巧為訓練的重心；在熟悉這些基礎訓練以後，就可以開始做行著訓練。

大槍的戰術訓練則是訓練的終極項目，作者建議戰術訓練應該和行著訓練密切的結合，因為戰術是對抗的大佈局，戰術是先於行著的，也就是說戰術是對抗的指導原則，行著只是執

行戰術的實際手段而已。大槍競賽不是比個人的絕對速度、也不是比絕對力量，它強調的是相對的、局部的優勢，競賽的勝負相當一部分取決於選手的意志力、智慧以及臨場的應激能力，簡單的說就是在對抗時針對對手的特性、臨場狀態而選擇適當的戰術。有關大槍戰術在本書第九章裡有更多的論述。

　　由於競技運動的特質，在實施訓練的過程裡容易偏重於戰術、技巧訓練，而容易忽略較為枯燥無趣的體能訓練。其實在對抗過程中體能扮演著極為關鍵的角色，技巧和戰術依賴充沛的體能才能發揮，所以在大槍訓練的內容裏一定要維持相當的體能訓練。

　　至於大槍訓練裡的品格陶養的部份在本章「8.7 大槍運動與傳統士道的結合」裡有說明。

8.3 大槍競技運動的特色

　　其實現代競技運動的項目很多，以參與的人數來區分有團隊性的、雙人性的以及單人性的；以競賽的內容來說有：球類的、智力的、徒手的以及以其他各種方式進行的。與這些眾多的競技運動做比較，大槍競技運動基本上是屬於雙人對抗、使用器械的技擊性運動，與之類似的運動項目並不多，其中有西洋式的擊劍、日本的劍道，然而這些現有的器械技擊運動與大槍競技運動相似之處絕少，特別在長兵競技項目這方面，大槍競技運動可以說是獨步全球、絕無僅有的。

　　當然除了大槍競技運動的獨特性而外，我們必須確切地理

解這個運動的獨特性從何而來，從而針對這些特色加以包裝，而與其它器械技擊類型的運動做出明顯的區隔。苟能如此，大槍競技運動才能夠適當的切入潛在的運動人口，最終受到愛好者的支持。這些特色不是虛無的理論，而是從實踐裡真正能夠發揮出來、讓大家切實感受得到的。以下針對作者自 1999 年以來，每年舉辦的大槍競賽活動中顯現的特性加以分類，說明如下：

1）極具有中國文化特色的武術競技

正如本書對於大槍理論的闡述，大槍技巧在其深層的理論部分是以我國的道家、儒家、釋家、兵家等等哲學思想作為其內涵，選手在比賽中表現的對抗思維在很高的程度上是實踐了這些傳統哲學思想。而在競賽的形式上，選手的服裝、競賽的禮儀、節制競賽節奏的金鼓等等，都能表現出我國文化的深厚累積。在作者設計的比賽規則裏也特別的強化了這些文化特色。

2）屬於長兵器類別的競賽項目

在舉辦大槍競賽的同時，作者也曾經嘗試將大槍與其他短兵器，如雙手劍、雙刀等等，做實際的對抗，從這些對抗來真正的體會到大槍做為長兵器的代表所具備的威力與其特性。放眼世界體壇，長兵競賽這個項目還處在一個真空的狀態，大槍絕對具備足夠的潛力可以在這個項目裡發展成為一項國際性的運動。

3）無量級限制的競賽項目

　　一般武術類別的競技項目，尤其是徒手競技，都需要按體重來區分量級，否則體重的差別會主宰比賽的勝負。當體重成為決定勝負的主要因素之一時，會在某種程度上淡化了技巧、智力等等的因素，而大槍競技與體重、身高的關係不大，無需以體重來區分量級，因此更突出了大槍競技的技巧性、以及運動員的智力以及臨場發揮。這樣的運動對於亞洲這樣缺乏大級別的地區尤其具有吸引力。

　　有些朋友建議要以身高、手長做區分，其實這些因素在比賽成績上造成的差異是相對較小的；同時這些差異不但可以用戰術來彌補，而且大大的增加了比賽的可觀賞性，有利於運動的推廣。

4）對於生理要求的全面性

　　大槍槍器的特色就是重與長，以其重量重，運動員的生理訓練必須在速度與力量兩個因素之間求取平衡。也因為槍器長，所以身體對於槍桿控制的細微動作會被其長度放大，但是以槍頭運動不需要超過身體在側面投影的寬度來看，運動員的生理動作必須非常細膩。這種重量大、肌力要求高，還需要細膩的肌肉控制的運動是非常特殊的。

　　大槍運動的肌力不僅要求高度的爆發力，也同時需要高度的肌耐力。而且必須利用全身性的協調來達到對於槍器的良好控制。從本書對於革槍槍圈的生理運動的說明以及第六章大槍

行著的敘述，我們可以理解大槍運動對於生理協調能力的高度要求。

5）高度的競賽趣味性、觀賞性和觀眾的參與感

由於大槍競技沒有體重、身高的量級分別，僅僅從選手的生理差異就已經提高了比賽的緊張強度；而且在賽場的勝負往往取決於選手臨場的機智以及瞬間的技巧發揮，所以競賽結果的隨機性很強、變化性大，戰況往往在電光石火間發生出人意料的轉變，這種意外的機率會在賽場上緊緊地抓住選手與觀眾的情緒。2001 年在多倫多舉辦的第三屆雲樵杯大槍邀請賽裏就充分的流露出這個特質，當時多倫多疾風隊與台灣逢甲大學倉海隊在做對抗，由於雙方選手的得分較為接近，經常有雙方來回的交換戳槍都無法得分的情形，以至於比賽成為膠著的拉鋸狀態。現場氣氛呈現非常戲劇化的緊張狀態，場邊的觀眾則是一片靜悄悄的，但是當一方突然得分的瞬間，全場爆出歡呼與嘆息，觀眾甚至激動的跳了起來。當時的競賽場內的氣氛非常感人。這應該是典型的槍法競賽的現場氣氛，也是未來成功發展大槍運動的一個保證。

6）風格特殊的競賽運動

槍法運動表現了槍器重且長的特色，所以在動作之中自然兼具了陰柔與陽剛、豪邁與細緻、粗曠與文雅、忍耐與果決的混搭風格。這是大槍運動相當特殊的一種特質，在做推廣時千萬不要因為模仿其它的競賽運動而犧牲這些特質，如果刻意的

追求某些效果則會有偃苗助長的負面影響。根據 1999 年以來在北美地區推廣大槍競賽的經驗，很多喜愛大槍運動的選手都是被這些風格吸引。由於作者在推廣此項運動時，特別強調運動精神，所以參賽的選手之間都能建立惺惺相惜的友情，勝負雖是兵家必須面對的常事，但是友誼卻是永恆的。這些因素凝聚起來造成大槍競賽運動的特殊風格。

7）易於推廣

槍法技巧有易學而難精的特色，所以對於初學者而言很容易學會基礎的技巧、很快的可以參與競技對抗的活動。加上只需要一支大槍，就可以開始單人或是雙人的練習。不受到場地、設備的限制。這些特性有助於大槍運動的推廣。

對於有興趣深造的選手而言，本書介紹的槍法體系具有一定的深度，從而提供給選手不斷深造的材料，以及精益求精的空間。吳殳在《手臂錄》裡也說：「練革無終期，十年、二十年益善。」[1]

在目前已經舉辦的武術競技運動的類別裡，大槍運動由於具有以上七點的特質，所以與其它武術類別的競賽項目的重疊性很低。作者堅信大槍競賽運動將會是一項別具一格的武術競技運動。

1　吳殳‧增訂手臂錄 [M]‧北京：北京師範大學出版社（孫國中校訂版），1989：90。

8.4「真槍」精神

　　固然現代化競賽運動是傳統大槍武藝往前發展的唯一選擇，但是競賽運動是否能夠保存其原始的價值而且繼續其生命呢？還是技擊意義最終蕩然無存、以至其原本價值流失殆盡呢？這是作者從開始研究大槍武藝就一直在慎重思考的題目。

　　對抗性運動當然首先就要考慮選手的安全，否則這個運動就難以為繼。然而選手安全受到某種程度的保障以後，另外一種奮不顧身、暴虎馮河的現象就開始出現在賽場中。在作者發展大槍競賽的過程裡，常常遇到選手一到比賽就突然變得躁進、亂打的困擾。尤其在比賽得分制度的影響之下，很多選手突然成為了不死金剛-根本不理會對方的攻擊，只是自顧自的亂戳對手，而對手在比分的考慮之下，也只有以同樣的亂戳來回應。比賽到了這程度非僅極度的缺乏技術內容，大槍武藝原本的精神更被摧毀殆盡。這種劣質的比賽現象非僅不是傳統大槍武藝之福，反倒是給一息尚存的傳統大槍武藝補上最後一刀。事實上，很多其他的兵器對抗運動都已陷入同樣的困境。對於這種現象，少數人能體會問題的嚴重性而感到憂心，但是大多數的人只看到眼前推廣面的開展而沾沾自喜，而沒有認識到技術層次正面對寸步難行的艱苦狀態，所以作者在協助各地開辦大槍競賽時特別的強調在此階段必須重質優於重量，必須埋首培養優質的選手，而不是一昧追求更多的參賽選手。

　　為了糾正比賽時奮不顧身式的亂打現象，作者曾試著讓學生真正地面對一桿裝有利刃的大槍，讓他們體驗一下發自內心

的那種全然不同的心態、思維、戰術、甚至包括那股發自內心的、讓人股慄的、寒冷的恐懼感，經過這樣的體驗以後，練習者基本上建立並且鞏固了對於大槍的正確認識。作者將這個認識稱為「真槍精神」。那麼「真槍精神」到底是什麼呢？簡言之，「真槍精神」就是用戰場的「生死心」取代比賽的「勝負心」，其實踐的方法如下述：

1. 充分而且真實的理解大槍的殺傷力

《手臂錄》裡說：「真槍手手殺人」[2]。雖然大槍殺敵不過就是前面小小的槍刃而已。然而槍刃鋒利，即便在身體無關緊要之處戳一個口子，都可能會因為時間長、流血過多而發生昏眩或暈倒的問題；若是被槍刃刺中軀幹，即使只是 8 到 10 公分深的創傷都可能立即致命。雖然比賽用的槍頭是橡膠的材質，但是大槍練習者應該真正體認槍刃的殺傷力，而自內心裡將之視為真槍利刃，從而建立一種「敬畏」的心理，這就是「真槍精神」。

2. 謹慎的態度

在上述的「敬畏」心理之上，對抗時就會產生面對生死抉擇般的心態，對於對抗中所有的攻防細節都會以非常謹慎的態度來處理，就不會有魯莽、不智、甚至有自殺式的行為。

2　吳殳．增訂手臂錄 [M]．北京：北京師範大學出版社（孫國中校訂版），1989：1。

3. 明智、果斷的抉擇

正因為態度謹慎，所以才能體會攻擊機會的來之不易。在機會來臨的時候會更加地珍惜而予以充分的掌握，也就是在危機四伏的情況之下，做出明智的抉擇、並且果斷地、義無反顧的貫徹攻擊動作。

這個「真槍」精神就是大槍競賽運動的根本，也是延續傳統大槍武藝生命的依賴。所謂的「本立而道生」，只要「真槍」精神這個「本」建立好了，大槍競賽運動的發展就不會走入歧途。沒有真槍精神的大槍比賽只是「借屍還魂」——只具備外型、沒有實際內容的低級模仿而已。

在本書「4.18 大槍武藝的內修「心定、神靜、容安」」一節裏提到練習大槍最大的收穫就是內修的鍛鍊，但是沒有真槍精神做為基礎，對抗的心態就會流於輕忽，以至於內修根本無從下手；非但內修無從下手，大槍的生理鍛鍊的效果也會嚴重的減少，以至於大槍競賽運動的價值蕩然無存。由此可見「真槍精神」對於大槍競賽運動的重要性。

8.5 探討競賽規則對於運動發展走向的影響

除了前述的「真槍」精神而外，大槍比賽的規則對於競賽運動的未來方向也具有同樣的影響力。從表面上來看，比賽規則不過是判決勝負的準則以及規範運動員在比賽場內的行為；但是從深層的影響來看，比賽的規則會左右選手的訓練內容和比賽的戰術。拿散打運動為例，假設今天散打的規則裡不允許

摔的技巧，或者使用摔的技巧不計入得分，那麼可以肯定今後的散打訓練內容裡就沒有摔的技巧了。從很多的武術競賽的發展過程裡，我們可以發現一些規則的制定，本來是為了保護選手的安全、或者一些特殊的考量，但是長久下來，這些規則嚴重的左右了訓練的內容，以至於無法忠實的保存傳統的技藝。所以錯誤的比賽規則非但不能保存、發揚傳統文化，反而是摧殘傳統文化了。

　　有鑑於此，作者在制定大槍競賽規則的時候採取了非常謹慎的態度，絕對不允許為比賽而違背了傳統大槍的精神。為了確保大槍競賽運動的正確方向，作者首先決定了比賽規則制定的五大原則：

1） 必須為傳統大槍武藝創造一個能夠存活與繼續發展的環境。

2） 比賽勝負必須直接與正確的反映出選手能力的差別。

3） 必須簡單而易於執行。

4） 必須提供一個公平、合理和安全的競賽環境。

5） 必須能充分表現出我國傳統文化的特色。

6） 必須讓觀眾很快的理解並且融入，繼而以支持。

　　每年在多倫多舉辦的雲樵杯大槍比賽結束之後，都會針對以上的五大原則來檢討比賽的規則，並且重新修改、制定明年的規則。自 1999 開始，從多年跌跌撞撞的經驗裡，總結實際比賽遭遇的困難而不斷的追求改進。其中較具有決定性的變革包括：

1）提高取勝的總分

　　第一屆雲樵杯大槍術比賽（1999年）以首先得7分者為勝方。在比賽的過程裡發現許多選手專注在點擊對方前手的技巧。這種技巧得分相對的容易，而且在施展技巧的過程中較少暴露自己。但是這類技巧在古代戰場的實際殺傷力是屬於輕度傷害，而且選手表現出來的是取巧、畏縮的負面精神，缺乏戰場上勇敢、果斷、大開大闔的氣魄。這樣的結果與作者原來的設想有很大的出入。

　　針對這個問題，作者從比賽戰略的角度來分析其原因：在以七分判決勝負的規則之下，保守型選手採用點打前手的技巧需要七次成功的攻擊；積極型選手採用頭部與軀幹為目標最少要有三次的成功的攻擊，兩種戰略對比只差四次的成功攻擊，加上淺攻擊比較安全、不易失分，所以間接的鼓勵選手採取保守的作為。

　　針對這個問題，從2000年第二屆比賽開始，勝負分提高到11分。此時保守型的選手必須成功的攻擊對方前手十一次；而攻擊型的選手則只需要四次成功的攻擊對方的頭部或軀幹。兩者的差別立即從四次拉大到七次。新的比賽規則無形的激發參賽選手的企圖心、獎勵了選手使用較為高級的槍法技巧。自2001年開始的比賽就可以明顯的看到選手技巧、戰術方面逐漸向傳統大槍武藝靠攏，並且從那次比賽以後，槍法訓練的內容逐漸的開始往正確的方向移轉。然而點擊前手的技巧並沒有完全被淘汰，這個技巧一般仍然被使用在擾亂對方戰術

以及急於搶分的情形（例如已經取得 10 分的一方急於再取得
1 分）。

2）砍、割、抽拉等等攻擊一律給於一分

在頭兩屆的比賽規則雖然是以攻擊目標給分：頭與軀幹得
三分，四肢得一分。然而少數選手在扎槍落空的時候立刻往下
割擊（極小幅度的砍擊），甚至有完全以割、砍為主的情形。
以這種技巧得分、以及施展這種技巧的錯誤心態都不是發展大
槍武藝的正途。針對這個問題，作者與參賽選手討論之後決定
更改計分方法：砍、割、抽拉等等攻擊方式，無論其擊中身體
任何部位一律只給於一分，而且這些動作不可以做為戳槍以後
的附加動作（不屬於原來攻擊技巧的動作）。這項規則的修改
不但符合古代戰場的實際情形，同時它也成功的減少了砍擊的
使用，引導選手回歸到槍法以戳為主的特色。而且對於戳槍落
空以後不收槍、反而往前推頂的現象，完全不計算成績，同時
允許對手可以放手的還擊。

3）為安全考量而做的規則修改

除了槍頭與身體護具而外，比賽的規則同樣的影響到比賽
的安全性。根據過去數年的比賽經驗，目前的規則嚴格的禁
止：(A) 大幅度的揮舞槍器。這是一種類似棍法的攻擊，而且
對於選手安全造成很大的威脅。(B) 無意識的往前猛衝。練習
過某類拳法的選手，習慣了以猛衝、大吼的氣勢來震撼對手。
在 2000 年第二屆的比賽裏就曾經發生過選手做這類無意義的

猛衝，以致發生該選手的面罩撞到對方的槍頭而被擊碎的情形。

最近的比賽除了主審、邊審而外，另加一位安全員負責幫助主審密切的觀察與維護比賽的安全。

從上述的經驗裡，我們可以理解：研究古代的槍法技巧是一回事，一旦開始舉辦比賽以後，比賽的規則就會嚴重的影響到槍法技巧和訓練內容，甚至決定了未來大槍競賽運動的整體走向。所以作者對於比賽規則抱著非常嚴謹的態度，而且不斷的根據比賽的實際發生狀況而修改。作者疾風拳社的學生們也積極參與了整個比賽規則的制訂，他們從 1999 年開始的比賽裡總結的實戰心得對於塑造這個運動具有非比一般的貢獻（目前的比賽規則可以參考附錄三）。

8.6 競賽驗證的成果

自 1979 年決定進行大槍武藝研究以後，作者就把競賽做為實踐驗證的主要手段。一個槍技的優劣必須經得起競賽活動的考驗才能顯現其實戰價值，否則就是空中樓閣式的妄談。

作者在進行大槍競賽活動的研究時，主要是以槍器、安全以及槍法技巧／戰術三個題目同時進行驗證的研究。茲將競賽驗證成果分列如下：

1）槍器

練習大槍技巧首先必須要有一支合手的槍器。在本書第四

章的大槍理論中對古代大槍的形制有所探討。雖然能夠理解古代槍器規格的標準，但是今日的環境裡取得一支稱手的大槍都非常困難，遑論數量龐大而且規格一致的比賽用槍。所以作者很早即已開始從事槍器規格的制定與槍器製造的研究工作。最為重要的考慮是：槍器長度、重量、彈性（撓性）這幾個槍器的性能參數。

　　在長度方面，最後決定競賽用的大槍長度為 3 公尺。與古代的長兵做比較，3 公尺是相對偏短的，但是從大槍技巧的角度來看，3 公尺的大槍絕對比 4、5 公尺的大槍更容易發揮。在《手臂錄・馬沙楊三家用法說》裡曾拿較短的馬家槍法與較長的沙家槍法做過比較，其中對馬家短槍的評價為：「馬家槍短硬，其用在腕，臂以助腕，身以助臂，足以助身，以成全體。……所謂馬用在腕者，何也？馬家拿攔，兩腕之陰陽互轉，百變藏於其中。神妙莫測，實為槍之元神也。」[3] 至於較長的沙家槍法，同文裡又評論：「沙家竿子長軟，其用在兩足，身以助足，臂以助身，腕以助臂，以成全體。……所謂沙家用足者，何也？竿子長軟，兩腕雖陰陽互換，但可以助順臂力，使無倔強而已。實不能用馬家之法。拿攔盡處，槍尖正搖，戳即斜去；搖定而戳，彼已走出…」[4] 由此可見，大槍長度不宜過分強調其長，因為長就容易軟、技巧不易發揮；反而

3　吳殳・增訂手臂錄 [M]・北京：北京師範大學出版社（孫國中校訂版），1989：168~169。

4　吳殳・增訂手臂錄 [M]・北京：北京師範大學出版社（孫國中校訂版），1989：168~169。

較短些、較硬的大槍容易發揮大槍技巧的精華。至於馬家槍到底短到什麼程度呢？《手臂錄》裡記載：「敬巖雖有九尺七寸之語。而未問其為周尺、為工部營造尺？當更考之。」[5] 如果以明、清兩朝的營造尺來計算，馬家槍正好是 3.1 公尺長。作者考慮攜帶的方便，所以制定標準大槍長度為 3 公尺。如果加上槍頭的長度正好 3.1 公尺。

　　至於槍身的撓度則以硬為尚。在前一段論述沙家竿子「拿攔盡處，槍尖正搖，戳即斜去；搖定而戳，彼已走出」，這就說明了軟槍難以控制槍頭。比賽時要求掌握瞬間的攻擊契機，所以軟槍絕對不適合；從兵槍應用來看，軟槍在戳擊目標時，容易彎曲以致穿透力不足，所以在《手臂錄・卷二・戳法》有「練時十二分硬槍，一發透壁」[6] 的說法，如此才能夠在戰場上穿盔破甲。即使在競賽的環境，硬槍也有「其身鐵硬，故運用如彈丸之脫手」[7] 的好處。但是槍器硬就容易戳傷對手。這個問題就必須從槍頭的設計來解決。

　　至於重量的考慮更為複雜：太輕，則容易變成花槍；太重，技巧難以發揮，而且比賽時容易傷到對手。

　　作者早期是以松木為材質的大槍（見圖 8.1）。這種手工製作的大槍要比天然生成的木桿在彈性、重量、安全性各個方

5　仝 3。

6　吳殳・增訂手臂錄 [M]・北京：北京師範大學出版社（孫國中校訂版），1989：42。

7　吳殳・增訂手臂錄 [M]・北京：北京師範大學出版社（孫國中校訂版），1989：28。

面都具有優勢，而且手工製作的大槍比天然木桿較為容易取得。槍頭部分（見圖 8.1）長 10 公分；是以海棉、矽膠製作，外部再纏以膠帶以增加槍頭的韌度。這種槍頭可以提供一定的保護功能。木桿部分先以桐油處理；然後以熱縮套管包覆桿的前節，避免槍桿劈裂而發生傷人的情形。

　　但是 3.1 公尺長（連槍頭）的大槍非常不容易攜帶。這個問題嚴重的影響到大槍運動的推展。直到 2001 年翁中良師弟來多倫多看大槍比賽，賽後他對我表達願意鼎力相助的意思，我就提出開發兩節式碳纖維大槍的構思。果然翁師弟劍及履及，雲樵杯大槍邀請賽在 2002 年正式採用可拆卸的兩節式碳纖維大槍（見圖 8.2）。這種以現代碳纖維材料、機器製造的新型大槍不僅解決了槍器攜帶的問題，同時全面的統一了槍器的規格參數，使得大槍競技完全排除了槍器差異的因素，而使得大槍競賽更為公平，而且其硬度完全達到古籍裏「十二分硬槍」的要求，對於發揮傳統大槍技巧非常有幫助。

圖 8.1　作者從 1995 年開始手工製作的木質大槍（前端 2/3 部分以
　　　　熱縮套管包覆）

圖 8.2　兩截式碳纖維大槍配有哨音的安全槍頭（上方為組裝後，下
　　　　方為分解的大槍）

2）槍法技巧

　　由於大槍競賽活動的目的之一就是驗證槍法技巧的實用性以及學術研究結果的真偽，所以在此方面的收穫最大。透過競賽的具體技術表現，有些被認為不實際的技巧，如雙頭槍、青龍出水、單殺手，其實用價值被重新的評估；有一些被誇大以至神化的技巧，如纏槍等等，也在比賽實戰裡驗證了它的真正價值。透過比賽，我們可以真正的、清楚的理解每一個槍法技巧。

3）安全

　　競賽運動中選手的安全非常重要。如果安全沒有保障，這項運動基本上就無法開展。同時，安全的顧慮也會嚴重的影響到選手技巧的發揮。所以在設計大槍競賽運動時，安全問題始終是首要的考量。

　　目前選手的安全問題可以從技巧限制以及護具兩方面來解決：

A）限制砍擊的動作

　　在本書的大槍理論裡特別說明大槍是以刺擊為主的兵器，基本上沒有砍擊的技巧。而且砍擊技巧的接觸面在器械的側面、而不僅在尖端的部分，以至於安全保護的裝置極為困難。大槍競賽為了技巧提純和選手安全的雙重考慮，所以嚴格的排除了砍擊動作。這個限制非僅對於大槍技巧的完整性有正面的影響；而且大幅度的維護了選手的安全。

B）槍頭的安全設計

　　由於限制了砍擊的動作，所以大槍的槍頭部分是唯一可以接觸對方而得分的部分，所以槍頭的安全設計非常的重要。目前槍頭是作者設計開發的、10公分長、具備哨音的海綿／矽膠槍頭（見圖8.2），它的長度、硬度都能達到保護選手安全的部分要求。尤其是在扎中目標時，槍頭會向側方折彎，引導槍桿向側方移動了大約5公分。由是之故把槍頭對於目標的部分正面衝擊力引導為滑擦的分力。大槍安全槍頭的設計會是一個長期研究發展的項目，有待大家共同的努力。

C）護體設計

　　除了海綿槍頭以外，選手也必須對於身體的重要部位予以防護。最早比賽使用的護具包括：冰上曲棍球的頭盔以及全面罩、護頸以及越野摩托車用的護胸（見圖8.3）。這一組護具有效的保障了選手的安全；但是作者推廣大槍的立意是要發揚我國傳統的文化，所以

圖 8.3　早期越野摩托車護具

一直在積極的研究我國古代的盔甲設計，希望比賽時更具有我

圖 8.4　漢朝魚鱗甲護具

國的文化風格。 於 2008 年終於製作完成仿秦朝的皮質護甲，並於當年比賽試驗其實用性。2009 年在台北舉辦的劉雲樵老師百年冥誕紀念會舉辦的大槍比賽正式使用作者手工製作的仿秦甲護具，這個護具不但受到選手的喜愛，同時觀眾們也非常欣賞仿秦甲的文化風格；從 2012 年開始，在多倫多舉行的大槍比賽首先使用漢朝的軍袍、配以更為輕便而且柔軟的漢朝魚鱗甲（見圖 8.4）。

D）比賽規則的安全設計

在比賽的規則方面，目前的規則嚴格的限制了無技巧內涵的衝撞和砍劈。同時在比賽過程裡指定一名安全員，負責監督比賽的安全進行。

以上所述的是目前針對選手安全問題而採用的措施，經過數年的比賽驗證可以證明這些措施沒有妨礙到傳統大槍武藝的保存和繼續發展，而有待努力的則是培養與強化選手的「真槍精神」。

8.7 大槍競賽運動與傳統士道的結合

　　如作者前述，大槍體系極具有中國文化的特色，但是文化特色如何地從這個運動裡實際體現呢？作者對於這個問題做了長時期的思索與探討，結論是技術層次的東西還不足以充分表現文化的意義和深度，最能夠表現出文化深度的東西應該是在技術層次之上的戰術思維、人格和道德的內涵。

　　以非常普遍的射箭運動來說，東西方世界裡各個地區、各個文化都有射箭的體育活動。但是很大一部份的射箭體育活動僅僅在於把箭射出去、射得準。只有中華文化以及其他少數周邊地區的文化能夠把射箭的體育活動昇華到一個射者的內修體現，所謂的「射以觀德」：從進退安然得體的禮節、合節合拍的彀弓和釋箭，到內審的固持，到揖讓而升、退而飲以及反求諸己的道德表現等等。因為有了這一切的內涵，射箭方才能從體育項目提升為一個有文化深度的射藝。有鑑於此，作者在發展大槍競賽運動之始就在思考如何適當的把這些文化內涵在大槍運動裡具體化。

　　《周禮‧地官‧保氏》裡說：「養國子以道，乃教之六藝：一曰五禮、二曰六樂、三曰五射、四曰五馭、五曰六書、六曰九數」。這裡說的國子就是先秦時代的士，士是尚未入仕的讀書人，當時的讀書人不光是埋首於書籍，士所受的六藝教育的內容是文武兼修的。禮與樂的教育是人格與道德的陶養；射與馭的訓練是作戰的戰技；書與數則是在廟堂之上為官的學問。儒家思想裡把士的擔當看得非常重要，所以說「士以天下

為己任」，和平時期，士可以在廟堂之上為政，戰爭時期則有能力領軍作戰。一個理想的士是要具備了「出將入相」的能力，具備了「橫槊賦詩」、「上馬擊賊盜、下馬草露布」的多面才華。

作者在傳授大槍武藝時強調的「士道」就是以先秦士子的行為規範、道德自律、生命的理想和抱負做為範本。而且作者特意的用造字會意的方法來解釋「士」的意義：「士」的結字很簡單、只有三劃：最底下的一橫代表了士的給養，在先秦的某時期，士是沒有官職、沒有封土、但是有食俸的一個特別的社會階級，但是士對於給養不應求其豐厚，若是求其豐厚就成「土」了，有了封土的士就會受到封土的限制，沒有封土的士才有「以天下為己任」的胸懷，這也標明了一個「士」應該具備淡泊名利、無欲則剛的特性；「士」的正中一豎則代表了「天、地、人」的天人合一的體現，同時它也代表了「士」在道德上的剛正不阿、風骨耿直的修養以及其學養的深厚；而「士」上面長長的一橫則代表了「士以天下為己任」的擔當、士的肩膀，在古代就是齊家、治國、平天下的治世之用，兼以「捨我其誰」的抱負和「為理想而死」的決心。

在那個封建時代，特別是戰國時期，天子、諸侯、大夫的治世之才受限於其封土，而四民裡的「農、工、商」各受其技能所限，惟有士這個階級的士子最為自由，他們能遊走各國、待價而沽；他們有「入楚楚重、出齊齊輕、為趙趙完、叛魏魏傷」的自信和自負。在我國數千年的歷史長河裡，在封建走入集權的漫長過程裡，作者認為先秦時代的士子具有最完整、最

獨立的人格，而為後代的讀書人所仰慕與效法的。如果把現代
社會的中產階級與先秦士子相比較，兩個群體身處的環境竟然
非常類似，因為現代企業就類似封建王國，而那個時代的士就
是近代的專業管理人才。身為現代的知識分子，我們賴以安身
立命的本源正是先秦士子那個完整而獨立的人格特質、專業素
養與高超的道德自律。當然以上所述的是作者對傳統士道的個
人解釋，以此來建立大槍競賽運動的核心精神的。

　　大槍作為我國數千年來傳統的軍事武藝，作者認為它的文
化內涵應該是寄託在我國先秦士道的。也就是說在大槍的武藝
基礎之上還有先秦士道的道德、人格的修養，以及以天下為己
任的熱情和理想。當然這麼說或許太過於籠統。作者試圖為槍
士的道德修養舉出八個條目：禮（守禮）、智（養智）、誠
（誠實）、信（篤信）、仁（仁愛）、勇（勇敢）、樸（樸素）、
毅（堅毅）。其中守禮、養智、誠實、篤信、仁愛是做為一個
謙謙君子必備的修養；而勇敢、樸素和堅毅則是習武人必須具
備的人格特質。

　　至於說在大槍練習和比賽之時內心的修持，作者建議學習
者以「內審」為修煉的主要手段，以其達到「心定、神靜、容
安」[8]的修為。

　　以上所述的禮、智、誠、信、仁、勇、樸、毅八個道德、
人格的條目，以及心定、神靜和容安三個內修的要求，就是作
者為槍士的士道所定的內容。大槍武藝配合上述的士道內容必

8　見本書 4.18 大槍武藝的內修「心定、神靜、容安」一節。

然會造就一個極具文化內涵的體育競賽運動。

8.8 小結

作者早自 1979 年立下研究大槍武藝、並且使其成為現代競技運動的心願。早期的研究努力多半集中在槍器規格、製作、解讀槍法古籍和破解技巧幾個項目；直到 1999 年研究工作終於稍具成果，在大槍理論、技巧、訓練以及競賽安全措施各方面都已就緒，於是在當年九月舉辦第一屆的雲樵杯大槍邀請賽，之後成為年度性的比賽。2000 年戴玉強老師帶學生一名來參觀比賽，2001 年台灣逢甲大學曾啟莊老師率領 16 人的隊伍來多倫多學習和比賽，在曾啟莊老師和王志財兩位的大力推動之下，逢甲大學從 2004 年起也開始了台灣地區的大槍比賽。在這些比賽的過程裡，作者驗證了槍器的適用性、槍法技巧的實用性以及訓練方法的效果，而最重要的是，經由這些比賽經驗的累積，而逐步的了塑造了一個與古代戰場極為類似的現代化體育競賽項目。2007 年作者帶 5 位學生參加台灣區的比賽，2009 年作者再度帶學生參加了在台灣舉行的劉雲樵老師百年冥誕的紀念活動，作者的學生們再度與台灣的選手比賽，精彩的競賽吸引了為數眾多的觀眾，見證了多年來兩隊選手在槍法技藝上取得的長足的進步。作者堅信大槍競賽運動具有豐富的體育價值以及濃厚的中華文化的色彩。假以時日，這項文化遺產終將會成功的發展成為一項世界性的競賽運動。

第九章

大槍武藝的戰術：勢

「功力」這個名詞經常被用來論述一個人在武術方面的能力高低，但是這個名詞的內涵一般比較偏重於力量、勁道、靈活度這些生理的表現，習武的人說"練功力"意指提升這些生理的條件，所以「功力」一詞並無法涵蓋武術實戰的全部內涵。其實武術的實戰除了「功力」而外，還有非常重要的心理戰術的應用，如果只強調功力的作用，那麼實戰就會流於牛鬥；但是，相反的如果只強調戰術的功能，就會流於華而不實。所以功力和戰術這兩個部分必須做有機的結合，作者喜歡用「修為」這個名詞來統一這兩個相輔相成的部分。

9.1 大槍武藝的修為

大槍武藝的修為其實是一個相對的概念，它沒有一個絕對的衡量標準。也因為如此，大槍武藝的修為無法以個人單練的方式來表達，它必須在兩人實際對槍的過程裡顯現出兩人修為的差異。那麼我們怎麼比較大槍武藝的修為呢？

既然大槍武藝的修為只有在實戰裡體現，所以我們必須理解大槍實戰的勝負關鍵：兩人持槍對抗的時候，首先比的是雙方生理鍛煉的優劣，其主要內容包括充沛的體力、技巧掌握的嫻熟程度、速度和拍位拿捏的優劣和革槍勁道的差異四個大項目。當然在這四個項目之中如果有一項特別突出，那麼這個特別突出的項目就有可能會主宰比賽的勝負，例如一方的扎槍非常的快速，快到對方連革槍的機會都沒有，那麼他專以快速扎槍就能取勝了；若是雙方的扎槍速度相當，那麼革槍有力的一

方就容易取勝；若是雙方在速度、力道都相當的情形之下，嫻熟串槍、梨花三擺頭這些高級技巧的一方較為容易取勝；如果一切都相當，那麼體力充沛的一方在持久戰中必然取勝。在這個層次上，我們當然可以說勝方的大槍修為比對方高了一籌。

　　但是如果雙方在生理鍛煉方面是處於旗鼓相當、或者程度差異並不顯著的狀態之下，勝負就要決定於戰術的應用了。什麼是大槍競賽的戰術？簡單的說，戰術就是《孫子兵法》裡說的「致人而不致於人」的一些策略。我的老師，劉公雲樵，在傳授我八極拳應用的時候常說：「打人不難，就是要能把對方當猴子耍！」他的意思就是說打人的時候必須具備控制對方反應的本事，這就是「致人而不致於人」最白話的解釋。如果對方的反應都在我的掌控之下，那麼取勝就會易如反掌了，當然這話說得容易，但是對方自有他的思維，怎麼會就按照我的要求而動作呢？這，就是戰術運用的神妙之處了。

　　傳統武術把這種戰術統稱為「心法」，而且把它神化為「無所用、而神其用」、「只能意會、無法言傳」的不傳之秘。的確，如果沒有前述的生理鍛煉做為基礎，心法就只會落得紙上談兵、夸夸其談而實無所能的窘境。但是在堅實的生理鍛煉的基礎上，心法的靈活運用就可以把平淡無奇的技巧運用到極為神奇的境界。

9.2《手臂錄》對於心法的論述

　　雖然心法對於槍技的提升具有相當關鍵的作用，然而古籍

裡對此的論述不但少，而且難以成篇幅。在《手臂錄‧附卷‧
峨嵋槍法‧治心篇》裡有：「用技易、治心難。手足運用莫不
由心。心火不炙、四大自靜。泰山崩於前而色不變；麋鹿起於
左而目不瞬。能治心者也。」這裡說的治心之法不過是保持自
己的冷靜而已，與作者在前面提出的「心定、神靜、容安」的
內修是完全符合的。雖然保持冷靜在對抗的時候很重要，但是
這只是心法的必要條件而已，並不是心法。

　　至於說與技巧緊密結合的戰術，例如《手臂錄‧閃賺顛提
說》裡的「蓋圈手、螣蛇緊小銳進。見肉之革但能開之，不能
勝之；而開之又甚危。故以滴水、認針、拖刀、騎龍，步法闊
大者脫其槍尖，而仍以圈手、螣蛇、貼桿之閃賺從旁直進。然
後得勝。正變互用、大小相資缺一不可。夫以大破小，須於彼
此皆小時，忽然用大乃勝。若執大為門牆，恃為長技，即沖斗
矣。」[1]這段文字裡說的戰術，如「正變互用」、「大小相
資」，已經進入到真正心法的範疇了。但是這些心法純粹是基
於技巧間相生相剋的原理，是槍法變化的固然、而不是用槍者
獨立思維的結果。

　　《手臂錄》裡到底有沒有真正論述實戰時的心法、或者戰
術呢？有！在《手臂錄‧槍法微言》論述槍技六品的最高一品
的時候，說到：「一曰神化。我無所能，因敵成體，如水生
波，如火作焰。」這一段文字說明自己不要心存己見，要隨著

1　吳殳‧增訂手臂錄 [M]‧北京：北京師範大學出版社（孫國中校訂版），
　　1989：33。

對方之變而應變。這個論述的確類似於兵法裡說的「因敵致勝」的戰術。在《手臂錄》裡把這種戰術應用列入槍法最高品位的「神化」。可見明代大槍武藝的練習者也知道戰術的重要，只是言詞難以盡述以至語焉不詳而已。

9.3 大槍戰術的本源

如前面所述：成功的戰術就是讓對方不理解、或者誤解我的意圖，以至於不自覺地按照我的意圖而動。這是什麼呢？這就是詭道！而講求詭道之精莫過於兵法，而兵法之精以《孫子兵法》為極致。《孫子兵法·卷上·計篇》裡就毫無遮掩的說得清清楚楚：「兵者，詭道也。」

但是《孫子兵法》都是文字敘述的教條、原則、理論而已，光是讀《孫子兵法》很難把理論與實際結合起來。想要把《孫子兵法》實際的拿來應用就要看自己的心領神會了，所謂的「運用之妙、存乎一心」。劉公雲樵在教導作者八極拳應用的時候，雖然也經常的拿《孫子兵法》來講解。但是他最常做的則是拿他自己親身的經驗做為故事講給我聽。而且喜歡在故事講完之後再加上一個結尾：「老師教學生只能教學生向善。應用時的詐術，你能從這些故事裡體會多少就看你的本事了！」承蒙老師諄諄教導，所以作者幾十年來研究八極拳、研究大槍，以至於實戰都離不開以兵法做為本源的戰術摸索。

作者模仿劉老師只可意會、無法言傳的教學方法，也拿自己比賽曾經使用過的戰術做為實例，用這些實例來淺顯的說明

大槍的戰術：

1）攻其不備，出其不意

　　當雙方在執槍對峙的時候，作者會先以一些淺短的佯攻刺激對方、讓對方提高其緊張程度；當對方不知不覺進入精神高度緊繃的時候，作者突然的站起身、上身猛然往前傾、同時槍頭直指對方的面部，這其實是一個假動作，目的在讓對方誤認為我真要扎其面部了，以至於其精神緊張程度邁過了臨界點，下意識地把槍頭抬高來做革槍；我在一起身之後，只要一看到對方抬槍往上革槍，立即下蹲、同時隨著身形降低而把槍頭往下帶而直指對方腹部，隨之用中平槍扎其腹部，這就是一個簡簡單單的鎖槍扎的技巧。但是對方怎麼會讓腹部失去防護呢？怎麼會沒想到我會攻擊其腹部呢？這就是我對其頭部佯攻而取得的效果。「攻其不備，出其不意」就是先誘導對方按照我的暗示而有所備、有所意，因為掌握了對手的所備、所意之處，所以我才能「攻其不備，出其不意」。

2）故能而示之不能，用而示之不用

　　扎槍講究「深重」之扎，「深」指的是扎的深度，「重」指的是扎的力道。一般來說「深重」之扎很難以革開，但是如果戰術運用得巧妙，也可以讓對方的「深重」之扎成為他的遺恨之舉，例如雙方對峙到很緊張的時候，作者故意的逐漸顯示體力不濟的狀態，而隨手扎了一個既沒速度、又沒力道的「輕淺」之扎，讓對方抓住這個機會、做一個漂亮的革槍，把我的

槍頭一下子甩開了，以至於我的前胸空門大開，此時對方必然見獵心喜立即抓緊時機還我以一個「深重」之扎；但是對方沒有注意到我在槍頭被打開的那瞬間後手已經把槍根拉回腰間，而且槍頭雖然在外側下方，但是那是埋伏在距離中線不遠的側翼，對方一旦還槍扎我，我立即可以做一個完美的革槍；對方因為扎的深，被革槍時抽槍回身必然慢，因為扎得重所以槍頭一旦被革必然去得遠，他的槍把抽不回、槍頭去得遠，對方眼看我的還扎唯有坐以待斃了。在這一個戰術裡，我用「淺輕」之扎誘敵是以「能而示之不能」故露破綻；我讓對方把我的槍革開到槍頭落地的程度，則是「用而示之不用」而暗中張羅佈網的安置了陷阱，在我敗槍形成之際，我前胸的門戶大開，必然是對方攻擊的最佳選擇，所以這個戰術也可以解釋為「守其必攻」的應用。

3）不入虎穴、焉得虎子，將計就計

如果對方也使用上述「能而示之不能」的戰術，讓我把他的槍革開而把他的上半身暴露給我，設好了陷阱邀請我扎他；當然我也理解他的槍根已經回到腰邊，有能力做一個完美的革槍，此時陷阱已經擺在那裡了，我應該闖這個陷阱嗎？不闖，固然沒有立即的危險，但是也沒有扎槍得手的機會；闖嘛？就有自投羅網的危機！此時最好的戰術就是拿出「不入虎穴、焉得虎子」的豪情勇氣而將計就計，所以我立刻發動一個似模似樣的、深重的還扎，讓對方誤會我已中計而大力的來革我的槍，就在對方大力革槍的當下，我立刻用抽拔扎、串槍、雙頭

槍這些技巧讓他革槍落空，我接著立刻深入的扎槍。這種將計就計的戰術不但要有相當的技巧實力、不但要有臨危不亂的修養，還要有闖虎穴的勇氣與豪情。在時機之前就應該當機立斷，豈可猶豫不決而坐視時機流失？也就是因為這個競賽的環境，大槍選手可以自然而然的、逐漸的培養出當機立斷、勇闖虎穴的個性。

作者在教大槍時常常被問：「我知道對方在設伏，但是我該出手攻擊他嗎？那是他設的陷阱耶！」其實對抗時最怕摸不清對方的意圖，當對方設伏等待我踏入時，他的意圖已經固定了、他能做的技巧也因此被限定在小範圍的選擇了，此時我只要大膽的踏入陷阱，讓他發動他的戰術，而我心裏早已經準備好破解之法了！所以不怕對手設伏，只怕自己看不出來、或者看出來了但是沒有破解之法。

4）因敵致勝

《孫子兵法‧虛實篇》裡有「兵因敵致勝」，作者在一次比賽裏真正的體會到「因敵致勝」這句話。那次比賽作者遇到的是一位以嚴密防守為戰術的對手，作者幾次進攻，包括了雙頭槍這種二次攻擊的技巧，都被對方緊密的槍圈革開而失敗；於是作者把槍頭放在外側地上，試圖以此邀請對方主動攻擊，但是對方堅持打防禦戰術；在積分落後的情形之下，作者不得不回到主動攻擊的態勢。但是作者在接下來新的一輪攻擊就想法子摸清對方的反應習慣，作者首先兩次試探性的扎對方的前腳，結果對方每次都把槍頭落下來做防禦動作；在抓住對方反

應習慣之後，作者先以一個高四平扎頭做一個很明顯的假動作，緊接著高四平的佯攻，作者立刻使用了鎖槍扎，蹲低用地蛇槍扎對方的腿，在對方槍頭往下防禦的同時，作者立刻做了一個反向的鎖槍扎，起身直立而一槍扎中對方的喉嚨。這個戰術的成功首先在於準確地掌握了對方對於低四平槍的反應，然後以高四平扎頭作為一個極為明顯的佯攻，讓對方心理開始進入緊張的狀態，同時忐忑的等待著佯攻之後的真正攻擊；作者接著做低四平扎腿的攻擊，對方因為被我以同樣技巧試探過兩次，腦子裏的想法已經被我成功的鎖定，因此不疑有它的相信這就是真的攻擊了，特別順手的就把槍頭往下壓來防禦；其實這個低四平扎腿還是一個佯攻，唯一的目的就是利用對方對付低四平的習慣，請他自動地把他的槍頭放下來以解除去他上半身的防禦；等到對方發現這還是佯攻之時，為時已晚，因為槍頭太低而再也來不及防禦扎喉那一槍了。雖然那次比賽最終是以失敗結束、雖然說敗軍之將不可言勇，但是作者對於這個戰術運作的成功而沾沾自喜、非常得意。那次比賽是作者首次遇到完全以防禦為主的選手、首次遇到會「纏槍」的選手，以至於措手不及、一邊比賽一邊思考破解的戰術，那也是作者打得最累的一次比賽。

從作者以上四個戰術實例來看，我們可以理解戰術運用巧妙與否直接的關係到比賽的成功。而大槍競賽的樂趣就是在用計、計中有計、將計就計之間的無窮變化。

作者自 1979 年開始立志研究我國明朝時期的大槍武藝，頭二十年幾乎全心沉潛於槍法技巧的研究，但是之後就是鑽研

大槍競賽的戰術應用，此期間幾乎手不離《孫子兵法》。2007年作者帶了五位學生去台灣參加逢甲大學舉辦的大槍比賽，其中一場比賽，作者一位185公分高的學生被台灣一位矮小的對手連連攻擊下盤得手，比分被拉到7比0的懸殊差距，作者的學生被對方的身高以及蹲得極低的打法迷惑了，也跟著蹲低還把槍頭放低來革槍。作者當時看出戰術運用的錯誤，但是比賽進行中無法與學生溝通，幸好當時對方的護具出了問題，裁判喊暫停；由於時間緊迫無法細說，而且選手思維受到比賽成績的影響而顯得紊亂，所以作者對著學生痛罵：「他矮可以蹲低。你這個大個子要和他比誰蹲的更低嗎？他一蹲，你就用手長的優勢扎他頭！逼他站起來和你對抗！」這麼一喊果然驚醒了夢中人；恢復比賽以後硬是把對方打得無法再用低四平，只能站起來正面應戰，最後作者的學生連得12分，竟然以12比7取勝。該場比賽一結束就有很多老朋友圍上來問作者到底說了什麼秘訣，居然可以起死回生？等作者說明以後，這些朋友都罵我「老狐狸！」其實《孫子兵法》裡說得非常直白：「兵者，詭道也。」不具備狐狸般的詭道要想在戰場上存活？那是難上加難呀！大槍競賽的樂趣、機巧就是在這些兵法戰術的應用。

9.4 大槍武藝戰術的深層價值

　　《孫子兵法・勢篇》裡說：「凡戰者，以正合，以奇勝。」對於大槍武藝來說，大槍的理論、技巧都是大槍武藝的

「正」；而戰術就是大槍武藝的「奇」。所以對於練習者來說，在紮實的生理訓練之上多多做戰術訓練是很重要的。事實上，近幾年來作者在教學方面，已經把技巧和戰術結合成為一個整體來訓練學生了。

大槍的戰術訓練是智的鍛煉。首先它培養選手一種非線性的、多角度的邏輯思維能力；其次，它培養選手臨場「審時度勢」的判斷能力；第三，它鍛煉選手在非常緊迫的時間壓力之下做出明智的抉擇；第四，也是最重要的，它清楚地告訴選手你要戰勝的目標是一個「活生生的人」：他有自己的思維、有自己的優缺點，想要戰勝對手就必須「知己知彼」才能「百戰不殆」。

《孫子兵法》這部名震古今中外的軍事巨著，被今天許多的學術領域拿來作為教材，然而除了文意理解而外，能夠拿《孫子兵法》來做個案研究的極為少見。但是在大槍競賽中很容易的融入兵法的戰術，因為大槍競賽做為一個載體，它有兩個特性：其一，只要是人與人的競賽行為，它就存在戰術的問題、它就需要戰術來提升戰果；其二，這個載體還特別講究極速的反應，只要狀況一出現，立刻要做出相對應的戰術決定，此間快到容不得細細思量，在這種時間壓力之下，戰術修為的高下很容易的被區分。戰術研究、思維能力、思維速度的鍛煉正是大槍武藝更深一層的價值所在。作者深信大槍競賽運動不僅僅是為愛好大槍武藝的朋友而存在，其他任何喜歡《孫子兵法》的人都可以通過練習大槍武藝而實際體驗兵法的應用。

最後作者想用何良臣《陣記・卷三・戰機》的一段話做為

本章的結束語：「得戰之機者，藏形於無，游心於虛。故聖人常務靜以待敵之有形。所以放乎九天之上，蟠乎九淵之下，以其無形可見也；深間不能窺，智者不能謀，以其無隙可乘也。」

第十章

對於大槍武藝的
一些疑問與探討

　　在作者研究大槍武藝近四十年，特別在推廣大槍競賽運動
的二十多年期間，遭遇到很多的誤解、質疑、甚至是責難，當
然也有很多善意的建議。這些問題本身比較零散，所以整理後
在此做分析解答。

10.1 戚繼光對於楊家槍「孤注」的批評

　　《紀效新書·長兵短用說》裡有：「收退不及，便為長所
誤，即與赤手同矣。須是兼身步齊進。其單手一槍，此謂之孤
注，此楊家槍之弊也，學者為所誤甚多。」一般對於大槍武藝
稍有涉獵的人對此應不陌生。如果對此段文字做直接的解釋就
是「戚繼光將軍批評單手一槍是楊家槍法裡孤注的毛病」。一
般人受到這種直觀解釋的影響，以至於產生「單手出槍是槍法
弊病」的誤解。由於這個錯誤的觀念對於大槍競賽運動的發展
影響至大，作者在此特意加以解說。

　　「其單手一槍」當然指的就是單殺手，也是二十四勢裡的
青龍獻爪。無論是《紀效新書》裡的二十四勢或是其他如《手
臂錄》這些槍法書籍，對青龍探爪這個槍技都是推崇有加的。
在《手臂錄·短降長說二篇》裡有「實發則不過單殺手」[1]的
論述，可見單殺手這個技巧絕對不能只從「冒險莽進」的角度
來批評。所以從大槍技擊原理的角度來看，《紀效新書》此段

1　吳殳·增訂手臂錄 [M]·北京：北京師範大學出版社（孫國中校訂版），
　　1989：35。

對楊家槍的批評不太可能是針對單殺手一勢，而是針對楊家槍對單殺手的解讀。

《手臂錄・槍法微言》裡對楊家槍的批評：「楊家槍威勢最動人，而一遇馬家槍即敗。以初學之時，馬家槍步步進，於人槍頭上奪得性命，故手腳緊密。楊家槍多半以退誘人，故粗疏。楊家槍破短槍用退，短槍破刀棍亦退。法固然也，莫咎楊家。但學者不當株守一楊家耳。」[2] 由這段文字的批評，可以理解「以退為用」是楊家槍的原則。扎槍時退步自然就會犯了身步不能與手齊進的問題，即便扎中也容易有力道不足的問題；而且兵士在戰場上唯有上前殺敵，那能容許擅自退後？而且排兵佈陣、相擁而前，也沒有後退的空間。所以作者認為戚繼光將軍批評楊家槍的單殺手應是針對楊家槍法身步不能隨手進的問題，而不是針對單殺手這個槍技。

10.2 長兵應否強調其短用？

《紀效新書》裡闡述槍法技巧的篇名即是「長兵短用說」。在此篇裡，他開宗明義的就說：「夫長器必短用，何則？長槍架手易老，若不知短用之法，一發不中，或中不在吃緊處，被他短一入，收退不及，便為長所誤，即與赤手同矣。……其短用之法，須手步俱要合一。一發不中，緩則用步法退出，急則

2　吳殳・增訂手臂錄 [M]・北京：北京師範大學出版社（孫國中校訂版），1989：74。

用手法縮出槍桿……。」由於這篇文字的誘導，以致很多人在練習大槍、甚至在比賽的時候特意的去發揮大槍短用的功能。

　　我們不是有「一寸長、一寸強」的說法嗎？為何要強調短用呢？若是以短為上，為什麼不乾脆把槍身改短呢？其實戚繼光將軍強調的短用是有其一定的適用性的。其適用狀況就在上述文字裡的「被他短一入，收退不及，便為長所誤」和「一發不中，緩則用步法退出，急則用手法縮出槍桿」。這些敘述再再地說明了長兵短用是在被敵人的短兵進攻到長槍之內了，此時槍器之長反而成了累贅，所以必須短用以應急。即便是被短兵攻入了，若是情況不是那麼緊急，最好還是要用步法退出以保持長兵的特性；只有緊急之時才會採取縮短槍器的方法。

　　有些人喜歡用二十四槍勢裏的「闖鴻門勢」來論證長兵應該短用。作者在「7.6.2《紀効新書》中記載的二十四槍勢」裏已經詳細說明一般人對此文字記載的極大誤解，在此不再贅述。

　　所以說「短用」只是當對手使用短兵、並且攻近身時的一個應急的辦法，在大槍對抗的時候都是長兵對長兵，雙方都要發揮長兵的特性，如果主動地去近身短用自己的大槍，那豈不是害自己嗎？!

10.3 為什麼大槍比賽不可以抓對方的槍？

　　在作者為大槍比賽而舉辦競賽規則講解時，經常有人提出「為什麼比賽中不允許抓持對方槍器」的問題。對此提出解釋

如下：

　　大槍比賽的技術內容是以我國明朝時期的大槍技藝為主體。戰場上唯有用槍頭扎敵以取勝，用手抓對方槍桿首先自己單手持槍、把自己的槍廢了，其次對方猛力抽槍非常容易割傷自己的手掌。而且古代在槍頭之後的槍桿上有時候會裝上一截細長的鐵刃，這截鐵刃的功能一方面要防止槍桿被對方兵器砍斷，另一方面就是防止對方抓槍桿，這就是古代戰場的實況。

　　如果我們發展的大槍競賽運動允許選手抓持對方槍桿的話，那麼這個競賽運動的平台就背離了古代戰場的實戰平台，發展的技巧、戰術必然會有很大的不同。並且在雙方互相抓住對方槍桿之時，是否可以繼續以拳腳對抗呢？如果允許，那麼我們到底是在發展一個什麼樣的競賽項目呢？綜合考量大槍技藝的原貌、大槍原本的實用環境、技巧純度以及競賽運動的方向，故而作者在制定大槍比賽規則時限制用手去抓對方槍桿。

　　而且作者注意到提此問題的絕大多數是初學者。由於革槍的能力不足，所以才會有用手抓對方槍的想法。一般來說，稍具革槍能力的人就不會有這個問題了。

10.4 大槍比賽為什麼要嚴格限制劈擊？

　　作者在 1979 年選擇研究項目的時候，刀槍劍棍都是在選項之中。針對於劉老師雲樵傳授的捧把棍法，作者曾做過一系列有關棍法競賽的研究，然而在研究的過程裡發現發展棍法競

賽運動很難解決器材和選手安全的問題，當然現在能看到的棍法競賽都是把棍的兩端厚厚的包裹起來，這樣擊打到對方固然較為安全，但是這種設計完全無法施展我國棍法的特色，如摔把、倒打等等技巧。如果因為安全的考量而限制了棍法技巧，甚至扭曲我國棍法的特色，那麼推廣出來的運動是真的在發揚我國棍法嗎？作者再三思考之後的決定是：暫時不要動它；若是心急於此，最後推廣出來的棍法競賽反而與我國傳統棍法缺乏血緣關係，反倒會扼殺了我國珍貴的棍法體系，成為我國棍法承傳的罪人，所以作者寧願等待高明者來日解決這些問題。

　　既然棍法競賽受限於劈砍的安全問題而無法開展，那麼我們為什麼要把困擾棍法發展的因素強加到已經可以安全比賽的大槍競賽運動呢？作者曾在賽場邊聽到一兩位喜愛棍法者的抱怨，他們認為限制劈砍動作的大槍競賽對他們不公平。就是因為安全的考慮，其實他們平日不敢、也無法練習棍法對抗，在極度缺乏實際對抗練習的情形下，為什麼自認有能力上場比賽？而且以三米長的槍桿能做出倒打、摔把的技巧嗎？那是絕不可能的！所以作者完全無法理解他們這種夜郎心態。而且在賽場上看到的一些類似於劈砍的動作其實以其揮舞的幅度來看，這些根本就不能算是棍法，即使以這樣小幅度的劈砍而得分，但是這種技巧也與棍法沒有任何的關係。以槍器的結構來看，這些小幅度的劈砍在戰場真實情況下的殺傷能力極其微弱的。所以也不是屬於值得大力提倡的技巧。

　　《手臂錄》開宗明義就說「語云：『槍為諸器之王。』以

諸器遇槍立敗也。」[3] 作者為了證明這個說法，曾經多次的驗證大槍與大刀、雙刀、劍和棍的對抗。當然這些驗證受到前述的安全問題限制，無法讓雙方完全放開的自由發揮，但是大槍的優勢在這些驗證過程之中一顯無遺。

　　但是也有朋友對此提出異議：如果大槍是諸器之王，那麼古代軍隊為什麼不全部配備大槍呢？其實從軍備為著眼點來看，武器的配備並非單純的從單兵的角度來考慮，而是從一個團隊的角度來看攻、守、長、短等等的均衡搭配。就像維生素這類補品有益於健康，但是能不吃飯、光吃補品嗎？

　　至於大槍競賽運動的唯一目的在於發揚我國傳統大槍武藝，所以在「大槍理論」一章裡面特別對於槍與棍的差別提出了詳細的說明。為了純化大槍武藝、為了選手安全諸方面的考慮，所以在發展大槍競賽運動時特別利用比賽規則來限制劈擊的動作。作者認為從技術保存以及選手安全的角度來看，這個限制是極為合理的。作者近年來還在研究其他兵器的競賽。希望有一天我們可以看到不同兵器在賽場上做安全的、公平的競賽。在其他兵器可以安全的開展競賽以前，讓我們先一起來珍惜大槍競賽運動吧！

3　吳殳‧增訂手臂錄 [M]‧北京：北京師範大學出版社（孫國中校訂版），1989：1。

10.5 大槍比賽可不可以搭槍？

比賽規則對於選手是否應保持搭槍沒有任何規定或限制。我國近代的武術承傳似乎都有雙方搭手或者兵器相搭的習慣，但是作者始終認為這樣搭手或兵器相搭的比賽方式不太可能發生在古代的戰場。以大槍對抗來說，攻擊性較為積極的一方多選擇不搭槍，因為不搭槍則攻擊的變化多；相反的，以防守為主的一方選擇搭槍則較為有利於革槍。所以作者強烈支持比賽規則不予以限定，而讓選手自己來做選擇。由於近代我國武術發展的關係，很多人都認為搭手、搭兵器才是傳統的對抗方式，所以對大槍比賽規則有所質疑。針對這個質疑，作者特地為 2007 年台灣地區舉辦的大槍比賽撰寫了一篇《大槍對抗搭槍與否的論證》[4] 以破除對於搭槍的錯誤認知。

10.6 革槍時發生兩槍碰撞而打開的問題

許多選手都遇到革槍時還沒有做槍圈、兩槍已經因碰撞而打開，以至根本無法進行正確的革槍，這個問題的嚴重性和普遍性已經造成一些選手開始懷疑槍圈理論的實用性，甚至已經嚴重的扭曲了他們革槍。由於我國大槍武藝的精華和特色就在革槍的槍圈，所以導正選手觀念的偏差、輔導選手掌握革槍技巧是發展大槍運動的重要課題。

4　見本書附錄二。

　　從作者的經驗來看，兩槍碰撞以至無法正確革槍這個問題有兩個原因：其中一個是選手心理慌亂，臨場慌亂代表平日訓練不足，或者平日訓練的擬真度不夠，因為實際比賽的狀況與平日訓練的差異太大，以致一時無法適應而造成慌亂，心裏一亂，自然無法達到平日訓練的水平；第二個原因是革槍沒有正確的使用腰腿，而用手力來革槍，手臂的活動度遠大於腰，所以很容易造成橫力革槍，而橫力就是造成兩槍碰撞的直接原因，如果用腰腿力來革槍的話，橫向移動就會受到很大程度的限制，因此而避免了橫力過大的問題。基本上，一旦選手能夠掌握正確的革槍技巧，就不會發生這種槍桿因碰撞而打開的現象。

10.7 用槍握把的探討

　　在討論用槍握把方法的時候，時常聽到「前把」、「後把」的說法。所謂的前把就是後手著腰、固定不動，而以前手運轉槍頭。所謂的後把就是用前手做為一個支點，後手離開腰部以後手轉動槍根來運轉槍頭。根據作者多年的實際體驗，前把用槍會造成槍圈難以控制、經常有槍圈過大的問題；後把用槍則有槍身浮動、與身體脫節，以致革槍勁道虛浮。這兩種握把的方法對於大槍修為都會產生一定程度的限制。

　　大槍是屬於重量級的長兵。因為其重量，所以自古以來就有「槍是纏腰鎖／索」的說法。其操作的方法就是後手著後腰，而側身以腹部貼於槍把，革槍的時候是以腰腿的動作來運

轉槍頭、兩手只負責槍身撐轉的勁道，這樣的用槍可以把身體與槍器做緊密的結合，使得革槍勁道自然帶有厚重的質量，而且由於腰部的運動幅度有限，所以槍圈的大小自然會被受到限制，於是才有可能達到「緊、小」的要求。這種握槍的方法原本沒有特別的名稱，為了明顯與前把和後把區隔，作者基於「以腰為把」的特色而創造「腰把」的名稱，以此彰顯這種握把的特色。

10.8 八極大槍？

作者經常被一些有興趣於大槍運動者問及有關「八極大槍」的問題。對於這些問題，作者可是一頭霧水、無從回答，因為劉老師雲樵一生從來未曾教過「八極大槍」；同樣的情形也發生在劉老師傳授的「捧把棍」，劉老師曾多次對作者提及「捧把棍」是他老家鄉間所傳。而且自詡「當年在家鄉與人對棍從未輸過」。可能受到根深蒂固的門戶觀念影響，而誤認為練習八極拳的人練習的兵器必然是屬於八極門的，所以現在普遍把劉老師教的「六合大槍」、「捧把棍」誤稱為「八極大槍」、「八極棍」，即使劉門弟子裡也有很多對此認識不清。

劉老師傳授大槍時從未使用「八極大槍」的名稱，甚至很少提及「六合大槍」，最常用的就是簡潔的「大槍」。而其傳授的內容主要在於大槍「攔、拿、扎」的基礎訓練；至於技巧部份，劉老師也是不斷的在《手臂錄》裡挖掘。作者在劉老師家裡習武期間，經常被劉老師考問此書裡的技巧，由是之故，

作者一生都把《手臂錄》、《紀効新書》置於身邊。本書裡介紹、說明的大槍技藝都是作者在過去的四十多年來從明代古籍裡逐漸的推敲、演練而來的。所以此書整理、介紹的大槍體系實屬明朝時期的傳統大槍武藝，所以作者絕對不敢冒然的冠以「六合大槍」之名，更不敢私心自用的套上「八極大槍」的偽稱。

更有一位網民居然質問作者：「你是練八極拳的，你練的大槍當然是八極大槍！」感覺這位可能也是練過八極拳的，想要用「八極大槍」的名稱來攀親戚，以此和大槍沾點關係；作者也非常清楚的知道一旦這個親戚關係確定了，他就會開始胡謅「這是我老師傳給我的！」。所以作者這樣回答他：「我也練螳螂拳、陳家太極拳、劈掛掌、八卦掌。你咋不說我練的是螳螂大槍、太極大槍、劈掛大槍、八卦大槍呢？」我研究大槍四十多年，對於每一個技術的研究歷史心知肚明、對其來龍去脈清清楚楚。輪到他來告訴我這是什麼大槍嗎?!可笑至極！

作者一生習武對於狹隘的門戶觀念已到深惡痛絕的地步，武俠小說裡宣揚的門派之間莫名其妙的、不共戴天式的仇恨更是愚昧無知到了無以復加的地步。過去關著門內鬥的那種心態不能再繼續了，正如本書第一章裡的介紹，大槍武藝是我國數千年文化的一部份、是我國數千年來軍備的一部份、是我國各個民族共同的文化遺產。試問有那一門、那一派的武術系統有與大槍相當的歷史背景？故而本書以中華文化的角度名之以「大槍武藝」。若是對外推廣，最多可以用「中國大槍武藝」名之。冀望有志於此的讀者朋友們立足於中華文化的基礎，拿

出遠大的眼光、無比開闊的心胸來看待大槍運動、來面對世界。

10.9 武術？武藝？

作者在上海體育學院攻讀博士的時候，有次一位朋友劈頭問我：「你這個大槍是武術嗎？還是武藝？」當時我真不知道怎麼回答，因為我一生研究的方向都是走實戰的路線，除此之外別無他想。所以對我來說武術、武藝只是名稱的不同，其意義是相同的。這位朋友看我似乎被問的迷糊了，他接著解釋：「武術是花架子，武藝是能用的！你這個大槍是武藝，不是武術！」在弄清了他的意思以後，我不禁莞爾，也感謝他對於大槍競賽的理解和建議。對我來說花架子的東西根本就不能算是武術，最多不過是「有武術動作的表演藝術」而已。不過事後想想這樣的區分也有其一定的時代意義。作者過去三、四十多年因為愛惜傳統武術的實用性，所以一直投身於傳統軍事武藝的研究和練習，多年研究下來的累積，的確與一些只研究近代傳統武術的朋友在想法上有很大的歧異。為了彰顯大槍技巧的實戰性，作者欣然接受這位朋友的建議，特別使用了「大槍武藝」這個名稱。藉此希望有志於此的朋友們繼續保持大槍武藝的實用特性，不要為了表演、為了譁眾取寵而再度的走入花槍的歧途。

10.10 木桿大槍比較好？

　　作者為了比賽公平、安全、技巧發揮和便於攜帶幾個原因而開發了碳纖維大槍，但是在推廣大槍競賽的過程就是因為這款碳纖維大槍而遭到很多質疑。這些質疑的出發點都是從木質大槍而來。在此特別加以說明：

1）木桿大槍比較適合革槍

　　持這種說法的人一般是在使用碳纖維大槍遇到了革槍做不出來的問題，所以產生了這種說法。據作者的本身的經驗以及觀察，發現木桿大槍較軟，如果革槍的時候如果有一點「橫力」，木桿會彎曲來吸收部分的橫力，就因如此所以兩槍的接觸時間可以維持較長，於是便於革槍的繼續進行；但是碳纖維桿本身極硬，任何一點橫力就會在兩槍一接觸的瞬間把對方的槍撞開，兩槍一分開就無法進行革槍了。因為這樣的差異，使得有些人認為木桿大槍才能發揮正確的大槍技巧，其實精準的說法應該是「木槍容許革槍犯一些橫力革槍的錯誤」。古人選擇槍器有「十二分硬槍」的說法。任何達到「十二分硬槍」標準的木桿大槍也都會和碳纖維大槍一樣不允許革槍勁道裡有一絲橫力，所以雖然碳纖維是現代的材料，但是碳纖維製作的大槍絕對符合古人對大槍的要求標準。所以遇到使用碳纖維大槍無法正確革槍的時候，不應該改用較軟的槍，而是應該改進自己革槍的技巧、消除其橫力，藉此提升掌握正確革槍的能力。

2）木桿大槍是傳統，不容更改

　　很多人都認為「木桿大槍是傳統」，而進一步的咬定「是傳統的就不容許更動」。但是問題不是應不應該或者可不可以更改傳統，真正的問題應該是對於傳統的正確認知，也就是說「傳統大槍一定是木槍嗎」？如果我們翻一翻歷史書籍裡介紹的古代名將，很多記載都有特別說明"某鐵槍"。以能使用鐵槍作為其作戰神勇、技藝高深的代表。從這些記載，我們是否可以任憑自己的解讀而做如下的推論："鐵槍才是傳統的大槍"、"木槍不是傳統的大槍"，或者說"木槍是給技藝一般的人使用。技藝高深的應該使用鐵槍！" 從同樣的歷史資料裡，我們可以得到各式各樣的解讀。但是無論怎麼說，木槍絕對不是傳統大槍的唯一材質，即使木質大槍還要選擇特定的木料，也不是任何木料都可以拿來做大槍。那麼什麼木料適合呢？其實木料不是重點，重點在於能否達到古代「十二分硬槍」的標準。

　　所以作者認為對於大槍槍器的認知不應該陷溺在其材質這一個片面的、表象的問題，而是應該從其物理特性的要求來理解。也就是說傳統大槍、特別是實戰兵槍的絕對要求應該是「十二分硬槍」的特性，而不是其材質。在這樣的認知之下，如果還要從材質的角度問"碳纖維大槍是傳統大槍嗎？"這絕對是一個令人失笑的傻問題。問題的本質應該是"碳纖維大槍符合十二分硬槍的要求嗎？"答案當然是肯定的！

3）木桿大槍比碳纖維大槍重，比較貼切實際

不知道從那時候開始，很多人都認為兵器越重越顯得功力高超！殊不知古人實戰要求「軟弓長箭、快馬輕刀」，都在突顯其「輕、快」的特性，作者採用碳纖維大槍就是取其重量可以調整。《紀効新書・射法篇第十三》就強調了「量力調弓」的原則，我們練習大槍當然也應該「量力調槍」。在合理的範圍裡選擇適當的重量，以其容易發揮大槍的技巧，並且提高大槍競賽的安全性。如果大槍競賽的選手都抱一支死重如電線桿般的大槍，在比賽做形同「牛鬥」的蠻力對抗，這是發揚傳統文化的正確方法嗎？還是在摧殘傳統文化？在《論語・八佾篇》裡記載了孔子對於禮的保存做了「爾愛其羊，吾愛其禮！」的評論，他的意思就是說不要把眼光狹隘的放在一隻羊的價值上，而是要在禮的存廢這個高度做思量。同樣的，我們是愛大槍的重量呢？還是大槍的技巧、對抗的思維和其文化內涵呢？孰輕、孰重？其道理既明，其答案應該是不言而喻的！

總的來說，碳纖維大槍對於革槍技巧的要求較木槍為高，所以對於提升革槍技巧有很大的幫助，再加上碳纖維大槍安全、攜帶方便、容易發揮大槍技巧、規格統一等等因素，採用碳纖維大槍成為推廣大槍競賽運動的絕對的必要。

10.11 必須要有拳術的基礎才能學習大槍嗎？

所謂的近現代傳統武術的確有「先練拳、才能練器械」的

說法，但是從其訓練的內容來看，無論近代的拳術還是器械都離不開套子的訓練。對於拳術套子和器械套子有沒有訓練先後這個問題，作者不予置評。但是單就此書所言的大槍武藝來說，它的內容只有雙人的實際對練，而沒有大槍套子。以《紀效新書》裡說的大槍武藝來說，它則是完全不需要拳術訓練做為基礎的，戚繼光將軍在《紀效新書·拳經捷要篇》裡開宗明義的就說：「此藝（拳法）不甚預於兵，能有餘力，則亦武門所當習。但眾之不能者，亦聽其所便爾。」所以他認為拳術訓練對於以器械為用的軍人來說是可有可無的。據作者的教學經驗，如果有學習過徒手對抗的來學習大槍，他們對於大槍對抗的戰術、策略很容易就上手，幾乎不用老師費心。但是如果只有拳術套路的訓練，那麼對於大槍訓練的幫助則是極其有限的，甚至是負面的。在各類學生中分析，作者發現有傳統武術背景、特別是有大槍／類似大槍背景的學生最難教，因為這類學生對於大槍實戰都有很多不切實際、先入為主的想法，革除這些想法非常不容易。

　　現在的器械競賽運動，無論是西洋劍、東洋劍，都是以單項運動的方式來運作，它們與西洋拳、空手道、柔道這些徒手武術沒有必然的關係。作者認為如果要推廣大槍競賽運動，那麼長期目標一定是要脫離拳術訓練、必須走單項運動這個方向，而且更要把大槍競賽運動徹底的與近現代傳統武術的門派觀念做切割。

10.12 大槍無用論

　　鑑於大槍競賽運動逐漸受到一些年輕學子的關愛，於是某幾位"武術大師"竟然發表了"大槍無用論"的謬見，意欲扼殺這股方興未艾的潮流。我們不去探討這種言論背後的企圖，而只就大槍競賽運動的內涵來看這種言論荒謬之處。

　　如果我們只看大槍武藝的表面價值，那麼大槍這個傳統兵器在百年前就隨著大批冷兵器而被淘汰了，大槍在軍事方面的"無用"那是百年前就已蓋棺論定的共識，作者也沒有傻到把這個定論拿出來再議。但是如果僅僅是因為其在軍事應用方面的無用，它就應該被我們毫無異議的淘汰嗎？那麼以同理心來看標槍、鐵餅、鞍馬、鉛球、馬拉松賽跑等等從軍事武藝演化成的現代運動，怎麼還被世界許多的人在練習？難道世界之大，只有這幾位大師才看得清楚這些運動的無用嗎？那麼這些"武術大師"賴以糊口的武術、他們傳授的套子武術就有用、能用嗎？

　　其實現在一般人所謂的"無用"就是說它"沒價值"。那麼我們怎麼看待大槍運動的生理鍛練的價值呢？怎麼看待大槍運動背後深厚的文化內涵呢？怎麼看待大槍競賽對於選手心性、個性、人格、甚至於智性深遠的而且正面的影響呢？作者正是因為看到了這些價值，所以才在 1979 年開始立志要全面的掌握明朝時期的大槍武藝、將之推廣成為一個新興的運動。

10.13 中平勢的槍頭是否可以微微抬高？

　　這是作者經常被問到的一個問題。中平勢的槍身應該是水平的，槍頭與槍根同一高度。但是一般人為什麼都會以為中平勢的槍頭應該高於槍根呢？那是因為近代傳授的大槍，包括劉雲樵老師傳授的，在做中平勢之時都是槍頭微微的抬高。這其實是受到了近現代傳統武術「搭槍」、「搭手」這個觀念的錯誤引導。因為雙方的槍頭微微抬高則會自然的形成搭槍的態勢。有關搭槍與否在本章前段已有討論，在此不再贅敘。至於說中平勢的槍頭可以抬高嗎？回答這個問題就必須回到對抗的戰術層面。也就是說：抬高槍頭的目的是什麼？抬高槍頭的利與弊在那裏？有沒有能力得其利且避其弊呢？戰術應用不同，答案可能就會有出入了！

10.14 什麼是大槍技巧？什麼不是大槍技巧？

　　這兩個問題其實困擾了包括作者本人在內的所有大槍練習者。作者在講解大槍競賽的錄像時，常常說這只是兩個小孩子拿著長長的繡花針在對戳的兒戲，而不是大槍，其實說得更直接些就是這兩個選手根本不懂「大槍」、「真槍精神」。但是什麼是「真槍精神」？什麼不是「真槍精神」呢？2012 年有幾位選手從台灣來找作者進修大槍技巧，經過第一天的訓練以後，作者決定要讓他們理解「真槍精神」，否則訓練很難有任

何的進展。第二天一早，作者拿著裝有利刃的大槍和他們拿著海綿槍頭的大槍對峙。當時這些選手面露畏懼，而不敢出手攻擊。作者事後給他們解釋：這種畏懼出自於對於槍頭利刃的殺傷力的認知，那麼我們在面對真槍刃時無法逃避，只能把畏懼轉化為謹慎攻防態度，然後在面對安全槍頭的時候依然保持同樣的謹慎態度，那麼這就是「真槍精神」。在大槍競賽場上的「真槍精神」就是：得分一分的攻擊代表受傷流血；得分三分的攻擊就代表一條性命。心裏有此真槍精神，表現出來的必然也是真正的大槍技巧了。

當然在比賽時保持「真槍精神」也不容易，因為目前大多數的裁判、教練對此都還無法理解。在比賽時裁判的判分會無形的鼓勵選手做一些沒有大槍意義的攻擊，只要一方選手如此，另外一方的選手必然也會跟進，這就造成了大槍技藝無法提高的困境了。如果選手真心要提高自己的大槍修為，那麼在面對無法維持「真槍精神」的比賽時，必須放棄比賽勝負的功利思想，轉而以技巧發揮為目的的比賽，也就是無論輸贏，而專注在技巧的高度發揮。只有這樣大槍競賽運動才會有走出陰霾、迎向光明的一天。

10.15 戳槍不是戳的越深越好嗎？

作者在教學時強調臨界距離，在此距離戳槍對於目標的有效穿刺深度大約在 8 到 10 公分。就有很多學生問：戳槍不是戳的越深殺傷力才越大嗎？為什麼要求只穿刺 8 到 10 公分

呢？

回答這個問題首先要從「有效殺傷」的角度來分析，根據一些警方的資料我們理解刀刃刺傷致命只需要 8 到 10 公分的深度，這個資料可以旁證我國古代從長刃的矛轉變為槍的過程中，槍頭的刃部縮短到 8 到 10 公分這個長度。也就是說刺到這樣的深度時已經達到了有效殺傷、能夠致命的程度了。

其次，我們從戰場平台的角度來看，當一位士兵在與一位敵人廝殺時，或許有更多的敵人在旁邊虎視眈眈的等待出手的機會，所以對於一位士兵來說解決眼前的敵人、然後立即回防準備下一場廝殺是戰場存活的必然，絕對不可以戀戰停留。

從上述的兩個角度來看，有些人強調的要一槍穿透目標，然後將槍拔出造成二度傷害，事實上在戰場上無此必要，這樣做甚至對自己是非常危險而致命的，因為拔槍的過程中是完全沒有自我防護能力的，而戰場上絕對不是只有一個敵人，隨時都會有敵人虎視眈眈的等待著機會攻擊。

對於我們發展大槍競賽運動而言，如果只用槍頭輕輕的點擊對手，那麼競賽就失去了大槍那種豪邁的特性，這是絕不可取的；但是過深的戳擊也會造成雙方的安全問題。所以作者在設計大槍競賽運動的安全槍頭、制定戳擊深度時是依據古代戰場實際而設計的。

10.16 傳統大槍比試不是將槍先排在地上嗎？

在清末、民初期間大槍比試的確有將雙方的槍首尾相對的

並排在地上的情形，而且在彎腰取槍時還要先用腳踩住對方的槍頭，等拾起槍把之後才放開對方的槍頭。我的老師，劉公雲樵解釋：將槍並排在地上是比長短，拾槍前先踩住對方的槍頭那是怕對方偷襲。偷襲?!對！那不是江湖裏下三濫的黑手嗎？對！姑且不談這是不是傳統，先試問這是我們應該效法的、應該提倡的嗎？而且作者可以保證在戰場上絕對不會有把兵器放地上比長短的傳統！

　　作者提倡的大槍競賽運動已經將槍器標準化了，根本沒有槍器長度差異的問題；而且競賽運動不是黑社會的廝殺，競賽運動的精神就是公平、公正、光明磊落，是「揖讓而升、退而飲」的君子之爭。我們要把那些江湖的陋習完全的摒棄！

10.17 練習大槍是發洩情緒壓力的方法嗎？

　　在作者開始推廣大槍競賽武藝之後，出現了一些個別的、獨立的發展，雖然這些發展有借鏡作者研究的槍法技巧以及比賽規則的成果，但是也有他們自己的修改。且不論這些修改的對與錯，讓作者大為吃驚的則是看到一則網路廣告：「如果你有生活、工作的壓力，來練習大槍是你釋放壓力的最好方法！」作者認為這種推銷手段完全是對大槍武藝的褻瀆。

　　大槍對抗的內修是強調在面對壓力時如何的自持，這種自持要求保持自我心態的平衡、不受壓力的干擾，這才是大槍對抗的內修；大槍對抗絕對不是一個傾瀉你病態心理的地方。如果把大槍對抗當作壓力傾瀉的場所，那麼你的對手何其無辜？

你以及你的對手的安全何以維護？身為一位提倡這種壓力傾瀉的大槍練習者，何能承擔一位合格教練的重責大任?!如果一位練習者帶著心理壓力來尋找傾瀉的場所，作者會立即停止他的練習，在他達到「心定、神靜、容安」的狀態以前，絕對不能允許他繼續參加練習的。

第十一章

大槍武藝和競賽的願景

　　要開創一個新的競賽運動絕對不是一件簡單的事。作者四十多年的研究成果能夠走到今日的局面，當然內心裏是有一絲絲的高興，但是更多的是擔憂。擔憂的是很多的參與者並不理解什麼是大槍武藝、並沒有想要追求更高深的大槍技藝、並不理解大槍武藝的文化內涵、並不理解大槍武藝對於個性和人格的陶養功能。這本書雖然是以闡述我國傳統大槍武藝為目的而寫的，但是作者願意在書末用一些篇幅，與讀者們做一席交心之談。

11.1 腑肺之言

　　大槍競賽運動絕對不是一個相互對著戳的兒戲，這個運動具有深厚的傳統中華文化的內涵，這些內涵不僅僅存在於大槍的理論、技巧和戰術之內，它更存在於練習場、競賽場和我們的日常生活之中。可以說一個槍士日常生活裡的一舉一動、一言一行都會受到大槍武藝訓練的影響，而浸潤於傳統文化之中。當然，對於一個初學者來說這樣的文化內涵似乎是虛無飄渺而顯得遙不可及的，指引學生進入這個文化殿堂固然是一個合格的老師的責任，但是初學者必須要有這個體認、這個抱負、這個理想，隨著練習的增加，最終才會理解這個文化內涵而去身體力行。

　　大槍武藝是一門實學，若是沒有刻苦的鍛鍊，那麼一切都是如鏡花水月般的、毫無意義的臆語、妄語。我國傳統武學沒落的原因之一就是說理如天花亂墜、動手則是一塌糊塗、理論

成篇大論、實際則是空空如也。武學雖然與我國的哲學有很密切的關係，但是武學不是哲學，武學既不能代表哲學、也不能取代哲學。在武學的範疇內，任何無法實踐的哲學理論都是沒有必要的空談。想要專精大槍武藝一點也不難，就是不斷的刻苦鍛鍊，別無他途！雖然說我國哲學思想影響了我國大槍武藝，但是那不是直接的影響，而是大槍練習者的思維方式受到哲學思維的影響而已。

　　大槍武藝在訓練合理的情形下，當然對於練習者的健康有所助益。但是作者反對以健康為目的而來練習大槍武藝。一般來說，大槍武藝的老師不具備醫療從業者的資格，因此沒有資格、也不應該談改善健康的問題。即使是一位具備醫學背景的老師，大槍武藝的練習場也不是合適的看診場所。對於只有興趣於增進健康的人來說，這個社會裡有許多運動是針對於健康問題而設計的，何苦受罪來練習大槍武藝呢？

　　大槍競賽雖然是一種對抗競賽，但是它是一種特殊的對抗競賽，它不能取代徒手對抗。目前練習大槍的人很多都是有徒手武術背景的，但是其中很大一部分人是一直是在套路練習裡打滾，從來沒有接觸過實際的徒手對抗，這些人在接觸到大槍競賽以後，把大槍競賽變成了他們唯一的武術對抗，更精確的說就是他們把大槍競賽做為徒手對抗的替代品。實際上，一個不敢做徒手對抗的人，他的恐懼心理不會因為大槍競賽活動而有所改善，反而是造成他無法理解「真槍精神」的最大障礙。從作者多年教學的經驗裡看，在徒手對抗方面具備良好基礎的人，只要練習大槍的技巧部分，大槍對抗對於這些人來說是非

常自然而且簡單的。對於沒有徒手武術訓練背景的初學者來說，也沒有必要一定要去練習徒手武術，只是需要在對抗心理、特別是在「心定、神靜、容安」這些方面多加注意和鍛鍊。

想要練習大槍的人首先必須要清楚大槍到底是什麼？或者說它到底不是什麼？這裡說的「是什麼」、「不是什麼」絕對不是光指外形的槍器，而是指其特性、功能、比賽的規則。例如說有人來和我談劍術，我首先得問他：你說的劍是什麼劍？單手劍、雙手劍？文人劍、武人劍？雙方穿甲還是不穿甲？要比賽的話，還要講清楚什麼比賽規則？這些問題重要嗎？當然重要！要不然我們來做點到為止的君子之鬥；但是你得用兩人才抬得動的御用寶劍，而我拿一支輕飄飄的劍。你肯嗎？我想有頭腦的人絕對不會答應這樣不對稱的比賽的。這就是我說的「是什麼」、「不是什麼」。如果切實的理解大槍是什麼、不是什麼，那麼就不會把一些亂七八糟的想法帶到大槍的練習場。

那麼本書裡講的大槍武藝是什麼？它是專指戰場上的兵槍，雙方是披甲戴盔的軍人，講究的是一槍致命的技巧和精神。這種槍曾經是戰場除了拋射武器之外唯一的長兵、重兵。只要正確的一擊，即使有甲具的保護，8 到 10 公分的穿刺深度就可能是要命的一擊。把這些理解付諸於實際的訓練和比賽就是作者極為強調的「真槍精神」。因為它是長兵，所以練習者不可以盲目的往前縮短距離而丟失了長兵的特性；因為它戳刺 8 到 10 公分就可以致命，所以沒有把握不可以莽撞；更因為每一個攻擊的機會都是極為難得，所以要審時度勢，當扎之

時要斷然的出手，容不得猶豫不前；因為是戰場的模擬，所以點擊對方前手沒有啥意義、賣弄革槍能力沒啥意義、劈打的攻擊沒啥意義、只有對於軀幹的有效一刺才是我們追求的唯一目標。

　　想要練好大槍，首先還得把面子拿掉。只要大家遵守比賽規則，輸贏光明磊落，這裡根本就沒有什麼面子的問題；如果計較輸贏，那麼最好還是別練大槍，因為沒有人保證會永遠都打敗對手。武術之所以會走上沒落這個命運，很大的原因就是面子作祟，講到面子，固然老師不願意和學生真正動手對打，就是朋友之間都不願意一試。久而久之，當然是不會用了。除了面子而外，心胸也要夠寬闊，在武俠小說的世界裡，只要一個人打敗了，那就是門戶蒙羞的大事；一個人打不過，還要拉幫結派的打群架，說穿了，就是好面子、心胸狹窄。即使是以人海戰術打敗了對方，就把面子爭回來了嗎？作者強調現代化的競賽運動，就是在一個安全、公平、規則合理的平台上做君子之爭。

　　大槍武藝離不開實戰，其中甘苦惟有親身嘗試過的人才能知曉；不敢親自下場比賽、未曾親自下場比賽的人沒有說三道四的資格。

　　大槍競賽絕對不只是生理上的拼鬥，它很大一部分是靠智力來取勝，無論是對對手的理解和分析、戰術選擇、臨場的審時度勢，再再地顯示了選手智慧的作用。

11.2 制度化

　　作者在年輕時即開始關注一門武術的興盛與衰亡，一般來說這個興衰過程大多數不超過二十年，其中主要的原因就在承傳太迷信於大師。當然有一名國際級的大師固然是好事，因為他登高一呼，愛好者必然群起膜拜，風潮之盛沛然莫之能禦；但是大師方逝世、偶像已死、後者難追，這個風潮就如風捲殘雲般消失得無影無蹤。

　　作者對於這些歷史教訓的解答就是「制度化」：基礎訓練要制度化、選手資格鑑定要制度化、競賽規則要制度化、槍器規格要制度化。因為唯有制度化我們才能保證我們訓練的水平，我們才能保證我們選手的水平，我們才能在一個穩定的平台上驗證我們的實際能力，我們才會有一個永續的發展環境。

　　對於大槍有興趣的人來說，這本書的內容應該已經提供足夠的大槍武藝的資料，按此書的資料循序練習，作者相信練習者應該可以理解我國傳統大槍武藝的大概面貌而不會有很大的誤差；至於說選手資格方面，作者有計劃按照比賽成績和比賽中的技巧表現，把選手分為「勇、健、捷、銳、士」五個階級。在最後取得槍士資格時，除了比賽成績和比賽技巧表現而外，另外還有對於候選人的大槍知識、人格、道德、應對儀容、上台講演各個方面的審核。這個制度一直在作者的籌劃階段，由於受限於目前大槍競賽的規模，所以這個資格鑑定制度尚未正式的推出。當比賽到了一定規模以後，希望可以拿出來付諸實踐。

　　至於說比賽規則的制度化，這是作者最為擔心的。現代武術競賽項目幾乎無一例外的走向純運動化的路子，也因此無法保持原來的武術精神和技巧。對於這些案例，作者在開始發展大槍武藝以前就做過長時間的分析，而分析的結果一致的指向了「競賽規則改變了整個運動的內容和精神」這個因素。所以從 1999 年開始舉辦第一屆雲樵杯大槍邀請賽開始，每次比賽結束就要檢討、分析、試驗，以期完善比賽規則，讓比賽規則發揮保存傳統大槍武藝原貌的功能。對於作者來說，只要比賽規則不偏離古代戰場的實際，那麼即使某些技巧的原貌尚未完全被理解，但是藉由比賽的實施一定會逐漸恢復這些技巧的原貌。

　　對於目前以 11 分判勝負的規則，有些比較高階的選手有在呼籲「一槍定勝負」的新規則。也就是高階選手比賽時只計算對於頭部和身體軀幹的戳擊，而且這個戳擊必須具有一定的力道。這個呼籲當然更為貼切戰場的實際情形，對於選手技巧的要求更是成倍的增加。經過數年的準備，作者在 2012 年多倫多的比賽裏試驗了「一槍定勝負」的規則，但是這次比賽證實了「一槍定勝負」在短期來說無法實施[1]。除此之外，作者正在做團隊競賽（三至五人）的規則試驗，希望這種團隊競賽不但能貼切於古代戰場的實際狀況，更能增加大槍競賽的豐富性。

1　「一槍定勝負」的比賽由於沒有戰場的緊迫性，使得選手選擇相對保守的戰術、較好的選手不願意嘗試更難的技術，所以整個比賽顯得沈悶，對於運動推廣來說是有負面影響的。

11.3 作者的願景

　　作者四十多年努力不懈的研究大槍武藝，除了自身的興趣使然，內心還有一個大槍競賽運動的願景，這個願景在本書「8.1 大槍競賽運動的定位／本質」已有說明。或許對於一些參與大槍競賽的人來說這是一個很好玩、很特別的運動；然而對於作者來說，作者冀望藉由這個運動能夠徹底地增強我們民族的體魄，甚至更進一步的強化我們積弱的民族性；更深一層的，期望這個運動激發大家對於傳統文化的興趣、從而去親近我們數千年傳統文化、去探索它的精華。

　　先秦士風沒有消逝，它就在我們每一個讀書人的胸懷之中；雄漢盛唐不僅僅是一段歷史，它就在我們日常生活的一言一行裏。希望有一天咱們的國家儀隊在國際禮儀上展示的，不是現代的軍裝和配備，而是手持三公尺長槍、身穿秦漢軍裝和護甲的衛士。這絕對不是復古，而是對自己文化的自信和深刻的理解。於此書末，願與有志者分享這些理想。

附錄一：作者學習、研究和發展大槍武藝的歷程

學習的過程

　　作者是在 1971 年的寒假首次拜見劉師雲樵，隨後因為距離遠，所以跟隨老師學拳是處於斷斷續續的狀態。1975 年 5 月服完兵役以後，一面加緊練武，一面申請國外的學校準備出國攻讀碩士。老師看我練武的進度，希望我在出國以前把武術練到一個完整的階段，所以要我在出國讀書以前空出一年的時間專心隨他練武。由於家父和劉老師也很熟，很樂意的答應了我的請求，所以一直到 1976 年 8 月以前的一年多，我就住在離老師家不遠的舅舅家裡，每天上午 9 點多就到老師家報到，一直到清晨 3 點在劉老師去教總統府侍衛隊之時，我才回家休息。這樣每天與老師相處長達 18 個小時。除了晚飯後有其他學生來訪而外（訪客必須在晚上 10 點以前離開），其餘時間都是我和老師單獨相處、一對一的教學。很多人認為劉老師偏愛個子高大的、山東籍的學生，所以特別喜歡我，其實我個子不算高大、更不是山東籍的，劉老師對我的青睞有加其實有很多原因：武術學習的能力當然是最基本的，其次則是組織能

力、寫作能力以及與他談笑沒有隔閡。

　　在 1975 / 6 這一年多，在拳術方面劉老師將八極拳、劈掛掌、八卦掌傾囊相授；在兵器方面則包括了點穴針、雙鉞、虎頭雙鉤、棍法以及重頭兵器的大槍。我的師祖，李書文，在當年有「神槍李」的外號，就是因為他專擅大槍。劉老師自幼跟隨李師祖練武，每日早課必定是兩人對扎大槍，所以劉老師對

劉老師送給作者父親的對聯

1976 年劉師送給作者的對聯。上聯為劉師所作，當時還在思索下聯。作者即席對出下聯。老師聽後大樂，立刻磨墨揮毫。

於大槍有一份極為深厚的感情和偏愛。早年在台灣沒有大槍，後來劉老師託人從山上做了幾支硬木桿子，但是除了非常偶然一次的示範之外，老師平日絕對不碰這些桿子，他經常罵：「這些桿子死重！啥技巧都做不出來。」但是有時候老師要我練手勁，也會叫我拿這些死重的桿子練習攔拿扎的基本功。而且有時槍一戳出去，他不喊收的話，我就得挺在那裡；在他眼裡那些死重的玩意也只能練練基本功夫。

　　晚上 10 點清場以後，老師家就只剩我們師徒倆。半夜以後老師一般就是說說手法、心法、理論以及講述他自己的一些經歷。由於我常寫些武術方面的論文，或者把老師講的理論集成文章，所以老師經常看我寫的文章然後提出批評和建議。他偶而也會拿兩根掃帚柄來教我大槍的實際技巧，如纏槍、研槍、黑白鵠等等；有時候他會翻開《手臂錄》指明一段文字叫

1976 年 7 月出國前，送行宴之後與老師、師母合影於老師景美的舊宅

我看，隨後要我發表意見，但是我那時候對大槍能有多少認識呀？在這種場合都是急得一頭汗；在我支支吾吾發表那些蒼白的意見的時候，老師經常是眼看前方、嘴上嗯嗯的應付，其實他腦子裡在做深度的思考，有時候他甚至會叫我拿掃帚柄和他一起比劃，我理解他是在研究書裡記載的大槍技巧，我只是個伴讀的書僮而已。但是我在 1976 年離開台灣的時候，行李裡就有了一本《手臂錄》。一直到 1995 年劉老師去世後三年周年的忌日，完成此書的第一版手稿本的時候，我已經翻爛了兩本《手臂錄》。

研究大槍的過程

由於大學的本科是機械、而我又特別喜歡力學和數學，所以我的武術研究工作不但開始較早而且大致的研究方法就已固定。遠在大學時期我就寫了一篇《拳法五弓理論》，並以此論文得到劉老師的青睞；大學畢業後，在服兵役期間寫了一篇《拳景說》來應答老師講授的武術內修。正因為這兩篇論文以及練武的表現，所以才有服完兵役後，劉老師要我全天候跟他習武一年的因緣。

1979 年定居多倫多之後開始電機工程師的工作以及業餘教武的生涯，同時也重新的展開了我在武學方面的系列研究課題。其中第一個專門為大槍武藝做的基礎研究就是《纏絲勁的數學分析》，這篇論文曾在 1991 年北京舉辦的第一屆世界武術論文比賽發表，並且拿到金牌獎。之所以研究大槍的競賽運

動，則是受到西洋傳統軍事體育轉化成現代運動的啟發，當時在選擇大槍武藝以前，曾經對劍術、刀術（單刀、雙刀）、棍術、大刀／關刀作過多方面的可行性評比，最終決定了大槍做為我此生最重要的武學研究項目。

　　研究大槍的主要困難來自於兩方面：其一，近代大槍武藝已瀕失傳，除了攔拿扎而外，實際技巧幾乎不傳；其二，大槍文獻極少，少數傳世的文獻又是文字極不詳盡，所以研究一個技巧如果只是拿技巧本身的文字記載來研究，幾乎是行不通的。針對文獻資料匱乏的問題，作者想出了一個「角色易換」的研究方法：如果研究戳槍技巧，就從其相對應的革槍技巧來分析；反之亦然。這個研究方法充分的利用了槍法相生相剋的關係，例如研究中平槍，就從防禦中平槍的矼槍、顛提等等技巧的文字記載反過頭來看中平槍。這樣的研究手段不但使得文字記載的內容立即豐富起來，最重要的就是把槍法技巧編織成了一張經緯相連、相生相剋的關係網。雖然在初期大量投入在織網的努力，但是建立這張大槍技巧關係網之後，只要在網上找到一個突破點，經常會產生冰裂散佈的效果，遇到這種情形時，心裏的暢快只能以「飛流直下三千尺，千里江陵一日還」來形容了。

　　當然，古籍文字方面的研究只是一個知性的理解，研究結果是否正確、是否合理，最終需要實際的比試來驗證。而實際比試又離不開合乎標準的大槍，作者早期到處尋找，最終決定自己動手製作。為此，作者開始學習木工。從木材的特性、工藝、到傳統家具的製作，最後製做出非常合手的三米長的杉木

大槍。但是杉木易裂，最怕在比賽的時候突然開裂而造成選手的傷害。經過一番尋覓，決定使用地下電纜的熱縮套管，用此把槍桿的前三分之二包起來。再加上海綿的槍頭，終於有了合手而且安全的槍器了。

　　講到實際驗證大槍技巧，絕對必須提到疾風拳社的學生們。這些學生們在接觸到大槍以前就已經有了相當豐富的徒手對抗的經驗，而且常出去交流或者比賽，所以對於實戰有很正確的理解。在我教他們大槍的時候，經常給他們介紹一些我仍有疑問的技巧，正如同當年劉老師要我看《手臂錄》提意見一樣。例如單殺手這個技巧在《手臂錄》裡就有正反兩面的評價，讓後學者莫衷一是；而且對沒有見過這個招式施展的人來說，單手（其實只有前三指）持一支扎出去的大槍似乎是一件不可能的事，但是我對學生們講解古籍記載內容以後，他們自動自發地組織起來先研究生理上的要求，然後設計針對性的重量訓練，之後再研究使用的時機、戰術等等細節。最後有一位學生以單殺手連拿三年的雲樵杯比賽冠軍。有樣學樣當然簡單多了，之後單殺手成為很流行的一個戳槍；其他如青龍出水等等技巧都是疾風拳社這批學生們首先在比賽中成功的應用出來的。這批學生們為了擁有自己的大槍，每一個人都跟我學習木工手藝，然後自己動手做自己的大槍。當然其中也有令人落淚的故事：有一位學生選料不精，花費了幾天功夫做出來的大槍，實際使用不到一分鐘就斷了。但是這些辛苦和挫折沒有減少他們對大槍武藝的熱情，他們一路陪伴著我做這些大槍技巧的研究工作。直至今日，他們在推廣大槍競賽方面還是保持持

續的投入。

發展大槍競賽的過程

從 1995 年此書第一個手稿版到 1998 年的研究成果初步就緒，作者即開始著手籌劃比賽的細節。比賽中最重要的無外乎規則和安全考量，以及如何模擬古代真實的戰場環境。1998 年到 1999 年 7 月規則制定完畢，選手的護具也都已經有了著落。所以 1999 年 8 月底就舉辦了第一屆雲樵杯大槍邀請賽。為了這個比賽，作者和疾風拳社的學生們對外舉辦了數次的免費講習。之後的數年之間的發展，如台灣三次派隊來多倫多學習和觀摩。至於作者開發兩節式碳纖維大槍、秦漢時期的護甲這些細節，在本書第八章大槍競賽運動裡已有詳細的敘述，在此不再贅敘。

大槍武藝研究的再提升

在 2004 年以前，作者只有在加拿大和台灣的武壇／八極拳系統裡介紹這個全新的競賽運動。但是作者希望整個的研究成果接受更為嚴格的學術檢驗，所以毅然地接受好友王志財博士的挑戰，而去報考上海體育學院武術系的博士班。幸運的是不但通過博士班的考試，而且在邱丕相老師的指導下做博士生。由於作者以往的研究幾乎是以《手臂錄》裡的民間槍法為主，很想強迫自己徹底的研究兵槍。於是博士論文題目就敲定

為《明代兵槍及其競賽運動化的研究》這個題目。所以 2004
年到 2007 年那段時間專心的解讀以《紀効新書》為主的明朝
兵槍。

　　在上海讀博士期間，除了邱丕相老師指導撰寫論文而外，
也很高興的遇到幾位相知的師友。例如華東師範大學的張洪潭
老師，本來是邱老師要我去拜見他，去聽聽他對於社區體育的
意見，做為將來推廣大槍運動的參考。張老師本來不理解我在
說什麼，後來他看了我們 2000 年和 2001 年比賽精華片段之
後，立刻站起來和我握手。他對我說：「郭老師！我小時候也
練過武，懂得一些。這個大槍武藝真是我國傳統武術的寶藏
呀！你要好好地把它發揚光大。」再如王崗教授在看過我的博
士論文草稿以後，對我說：「你研究出來的真是古代戰場實戰
的大槍。這是能用的武藝！這不是用來表演的。」在 2007 年
博士論文答辯會上，全國武術協會康戈武主席就對論文總結：
「這是原汁原味的明代兵槍。」這些認同和鼓勵對我有相當的
激勵作用。在論文發表之後，我即著手將論文裡的兵槍內容添
加到此書之中。特別在大槍訓練方法上，也按照兵槍體系而做
了一些改進。

大槍天使會的建立

　　在 2012 年作者去逢甲大學倉海國術社演講之後，我們倉
海國術社的社友王志財與黃世杰留我在台中住一晚。晚餐之
後，他們兩位提出推廣大槍的迫切性：那時候作者已經六十多

歲了。其實作者對於推廣已經有一個宏觀的構想，所以向他們介紹推廣的藍圖。次年，以倉海國術社的社友為主體的天使會成立，負責籌款、推廣、器材等等繁瑣之事，志財與世杰兩位分別擔任天使會的正、副會長。於是在內地與台灣逐步幫助有興趣的人組織自己的槍隊；志財並且承擔巡迴教練的工作。

後記

　　記得 1976 年初的一天，劉老師看我練完一趟八極拳，他對我說：「肖波！你將來要是不能在國術這方面有所作為，那你不但辜負了你自己，你也辜負了我對你的期望！」雖然我自十歲起就喜愛國術，但是當時的我真不知道怎麼回答他，只是笑了一笑。

　　之後，在 1978 年我拿到碩士學位回國度暑假的期間，老師曾對我說：「小波，你可以開始嘗試著寫書了！」那時候年輕氣盛、對自己也有一些不知道那來的自負與期許，我對老師說：「我有練武人的傲氣和對自己的期許！如果只是把前人的東西原樣的敘述，那麼這只是述而不作。這樣的書，我不敢署名為作者！我寫的書一定要有我自己的想法、我的創見。」劉老師是個英雄人物，他常訓示我說：「言行不可有驕氣，胸中不可無傲骨！」對於我年少輕狂的自我期許，他並不以為意，反而很讚賞。他笑著說：「好！有志氣！如果你不能為國術做點什麼貢獻的話，你對不起你自己、你也對不起我！將來看你的！」他講這些話的時候，是在他家的客廳，坐在他那張專用

的單人沙發椅上，右手拿著煙，左手邊桌上放著他的茶杯，他
那講話的神情至今依然鮮活的烙在我的記憶裡，這也是我幾十
年不斷鞭策自己的動力。

　　1982 年的暑假，老師、師母在孫慶餘師弟的陪同下，來
北美洲遊玩。此行中老師見到了每一位居住在北美的學生，最
後一站就是多倫多。他在此地看了我的學生們練習，也仔細的
看過我的八極拳，以確信我在離開他多年之後仍然能夠謹守師
教。當然我也把我對於大槍的理想和研究向他報告。他對此覺
得非常高興，但是也覺得這需要一個非常長時間的投入，也會

1978 年 8 月離台前一天去老師家辭行。
在老師家前院留影

遭遇到很多的困難，必須要很堅強的毅力才有可能做出一點成績。我當時以「士不可以不弘毅，任重而道遠」來表明我的決心和毅力。在老師離開多倫多返回台灣的前一天，他把親手書寫的「八極門」匾額交到我手中。他對我說：「本來76年（丙辰年）你出國的時候我就想寫這幅字要交給你。觀察了這麼幾年，最後還是決定把它交給你了。這個匾代表我劉雲樵的劉氏八極拳的正法眼藏！你好好的把它收藏起來。」當時我還傻傻的問：「怎麼上款沒有我的名字呢？」劉老師說：「上款沒有你的名字，那是因為這不是給你個人的。是交給你保管的，你負責把它一代一代地傳下去！但是目前你不要把它露出去。等我死後再拿出來。」

1991年秋我帶學生去濟南參加比賽，老師用毛筆親自給我寫了一封信叫年輕的師弟轉交給我。信裡囑咐我在濟南辦完事以後即刻到北京見面。雖然在濟南時已經知道老師行動不便了，但是心裏還是那個颯爽的英雄形象。然而在北京，我見到

劉師手書的「八極門」匾額

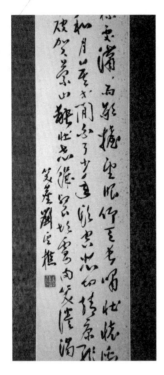

劉師交給作者的岳武穆《滿江紅》（局部），以此告示學生、後人他一生的抱負與遺憾

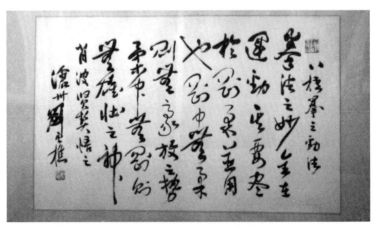

1982 年劉師送給作者的「八極拳之勁法」書法作品

坐在輪椅上、垂垂老矣的英雄。「日落黃昏、西風白髮」，此情此景讓我心頭湧上一股壓抑不住的淒涼之感。次年年初老師就去世了。之後三年，我快馬加鞭的加緊大槍武藝的研究和寫作的工作。終於在 1995 年老師忌日當天完成此書第一次手稿。我在「八極門」這塊匾前點了一炷香、獻上我的手稿。給老師焚香祝禱，向他報告我沒有忘記 1978 年的承諾，這來給老師回復了！

對於 1978 年的承諾，特別是年輕人的傲骨和自我期許，作者沒有食言。此書內有關中線理論、槍圈理論、對抗時搭槍與否的論證、二次攻擊理論、大槍訓練法以及戰術運用等等都有作者自己創新或者改進的理念，整本書裡談到的內容都經過作者親身的驗證而絕對不是囫圇吞棗、望文生義式的照書抄。君子重然諾，雖然事隔四十多年，作者完成了對老師的承諾，也完成了老師發揚我國武學文化的部分心願。

在末尾特別要為「八極門」這個匾額解釋一下：劉老師拳腳功夫包括八極拳、劈掛掌、六合螳螂拳、八卦掌等等，器械方面更是除了專精刀、槍、劍、棍、八卦雙鉞而外，還有各種奇門兵器。他本身就是講究實用，對於各門各派有個人的偏好、而無歧視。作者本人更是對門派之見深惡痛絕！

這幅字必須與老師交給我的那張《滿江紅》一起來看，因為老師多次告訴我：「練武人首要就是"忠"，這個"忠"是要獻給國家、民族與文化的。」所以這個匾額與《滿江紅》兩幅字放在一起看，它們的含義絕對不是一門武術之私，而是代表劉老師對於整體傳統武術發展的期望！對於作者來說，這兩

幅字掛在家裡，就是我一生研究武學、為人處事的燈塔，鞭策自己不能辜負老師。

附錄二：大槍對抗搭槍與否
的論證[1]

摘　要

大槍對抗時保持兩槍相搭的狀態似乎被很多人視為理所當然，甚至引以為「傳統」。作者從戰場實際狀況、持槍三勢、防禦應用、攻擊應用和不同類型兵器對抗的數個角度，來分析大槍對抗時是否需要搭槍以及搭槍的意義。最後對於現代化大槍競賽運動應否搭槍提出了一些建議。

關鍵詞：大槍；對抗；搭槍；競賽

1. 前言

現在練習傳統武術總是有個觀念：徒手對打先要雙方的前手搭在一起，然後才開始進行對抗。更有甚者，當雙方打着打着以至於兩手脫開了，兩人會很自然的稍做停頓、再回復到搭手的狀態，然後才繼續對抗。至於劍術比賽似乎也是遵循了同樣的觀念。這個觀念延伸到新起的大槍競賽運動，許多練習者

1　本文發表於 2007 年逢甲大學大槍比賽專刊。

似乎覺得兩槍不搭在一起就失去了傳統的風味，甚至沒法施展技巧了。

但是追究大槍對抗時候為什麼需要兩槍從相搭的狀況開始？一個相當方便、而不須思考的回答就是：「這是傳統！」。但是，大槍對抗可以不搭槍嗎？經常的回答是：「違反傳統！」「違反傳統」這是一頂何其沉重的、何其難以承受的大帽子呀！所以相當多的人就陷溺於這個傳統而無以自拔。

然而經過數年來大槍比賽的實際體驗，已經有部分的選手選擇了兩槍不相搭的對抗方式。雖然這種不搭槍的方式有利於取勝，但是在傳統派的心裏多少會存有"非我族類"的疑問。

如果我們暫時拋開傳統的束縛，重新思考大槍對抗需要兩槍相搭嗎？搭槍到底有什麼好處？搭與不搭的差別在那裏？這一連串的問題就是本文試圖論證的題目。

2. 從應用的角度來分析大槍對抗應否搭槍

2.1 戰場的應用

無可否認的，大槍是我國古代軍事上非常重要的武器。它的特性可以從《陣記》的記載裏理解：「能殺人于二十步之外者，六合槍法也。」[2] 這裏說的六合槍法就是《紀効新書》記載的兵槍體系；而其槍器就是所謂的大槍。所謂能殺人于二十

---

2   何良臣：《陣記‧卷二‧技用》，P.721。

步之外，倒不是大槍有那麼長能夠一伸出去就戳到二十步之外的敵人。這個二十步的距離反映了大槍在戰場上的應用思維。我們從《紀効新書・比較武藝賞罰篇》的考核方法可以概略的理解大槍在戰場上的應用：「復以二十步內立木靶一面，高五尺、濶八寸，上分目、喉、心、腰、足五孔，各安一寸木球在內。每一人執槍二十步外，擂鼓，擎槍作勢，飛身向前，戳去孔內圓木，懸于槍尖上。如此遍五孔，止。」[3] 從這段考核方法的記載，我們可以理解二十步正是即將進入到近戰接敵前的衝鋒距離。這個訓練要求在到達二十步的距離時，要能夠「飛身」向前。既然飛身向前，絕對不可能在快要接近敵人之時遽然停止，讓敵人把他的兵器搭住我的大槍，然後才開始廝殺吧？

　　假設古代兵槍都是要搭槍以後才開始廝殺，那麼我們就會看到這麼一齣歷史笑劇：「數十萬鐵騎飛快的往前衝，那鐵蹄像擂鼓般的震撼着大地。當雙方衝鋒到可以很清楚的看到對方鬍子的距離時，遽然的收韁停馬。幾十萬大軍各自的尋找對手，把槍搭好，然後雙方主帥再一聲令下開始廝殺！」

　　相信在世界各地的古戰場上從未發生過上述的笑劇。即便是禮儀之邦也不可能這樣迂腐的用兵打仗。那麼我們至少可以說在清朝中葉以前以冷兵器為主的戰場，兵槍之為用都是不搭槍的！

　　做為戰場上近戰殺敵的利器，戰場上是不管門派、無論技

3　戚繼光：《紀効新書・比較武藝賞罰篇》，P.58。

巧的、更沒有勝負之分的,唯一的目標就是能在戰場存活。所以兵槍訓練的觀念比民間槍法更為實際。如果兵槍應用不搭槍,那麼民間槍法如何呢?以民間槍法的兩個主要目的,從軍報國和保家自衛來看:如果要從軍報國,必然要與兵槍接軌而接受兵槍的概念;如果以民間村落之間的械鬥來看,這種打鬥近似戰場廝殺,也沒有廝殺前先搭槍的禮數。

從上述的角度來看,不搭槍比搭槍更為傳統囉?嗯～可能哦!

2.2 持槍三勢

有些人為搭槍做辯護:「如果雙方以中平勢持槍對峙,自然會形成搭槍的態勢。」這個論點乍看似乎成理,但是仔細分析就會發現論證的起點出現錯誤。我們看看《紀効新書》裏面記載的三種持槍的姿勢,上平、中平和下平(請參考本書7.6節中的指南針勢、四夷賓服勢和十面埋伏勢):這三種持槍的姿勢除了站姿的高度和持槍位置的高度差別而外,槍身都是維持在水平的狀況,而沒有槍頭高於槍根的情形。如果雙方都使用這三種持槍姿勢的任何一種,而且雙方都保持了槍法要求的三尖對照[4]的原則,那麼就不可能會發生搭槍的情形。所以「雙方以中平勢對峙會自然搭槍」的說法根本不可能成立。

---

4 郭肖波:《明朝兵槍及其競技運動化的研究》,上海體育學院,2007年,P.65。

2.3 防守的應用

　　大槍對抗的過程之中，雙方除了外靜內動的等待狀態而外，必然是在防守和攻擊兩個狀態不停的轉換。對於防守而言，要革槍就必須先把自己的大槍與對方的槍先建立交點，也就是說先要搭住了對方的槍。否則根本無法進行革槍。

　　古諺說：「槍箚一條綫」。這一條綫指的是槍頭的戳槍軌跡。但是對於面對這條綫終端的被攻擊者來說，這條綫卻是一個點。這個點的最前端就是具有殺傷力的槍頭。在這種情形之下，革槍絕對不可能迎着對方戳來的方向，而必須從對方戳槍進行路綫的側方來尋找兩槍的交點。那麼如何在對方槍頭箚到我之前，迅速的在對方槍頭的後方，也就是槍身上建立交點，然後進行革槍？這就是革槍成敗的關鍵。

　　根據革槍必需先建立交點的先決要求，我們看《紀効新書・二十四槍勢[5]》裏介紹的革槍類的槍勢，莫不是取自己槍身的斜勢以方便建立兩槍的交點。例如鉄翻竿勢、跨劍勢是把自己的槍頭放在左、右側；邊攔勢（請參考本書 7.6 節）是槍頭在圈外下方；滴水勢、伏虎勢是槍頭在正下方。這些防禦的技巧都是把中門讓給對方、自己的槍在對方攻擊路綫的側方埋伏。當對方在中門箚槍時，只要適時的把自己的槍往中門拉回，就一定會建立兩槍的交點。這幾個槍勢是利用了「在對方戳槍必經路綫的側方埋伏」的原則，為自己革槍創造了有利的

5　　戚繼光：《紀効新書・比較武藝賞罰篇》，P.116~122。

條件。

　　然而推山塞海勢（請參考本書 7.6 節）和太公釣魚勢卻是槍頭往上抬高、緊緊的佔住中門。這樣的姿勢強迫對方在我的槍身兩側來攻擊。這兩個槍勢不必費心費力的去建立交點，對方的攻擊自然會與我槍建立交點。所以此兩勢非常適合進行防禦技巧。

　　目前一般人練習大槍都是依循了以革槍為主的觀點，而主動的把槍頭抬高。雙方都從搭槍的狀態開始進行訓練。但是革槍槍圈不僅僅只是為了革槍發勁那一瞬間。在作者的博士論文裏把一個功能完整的革槍槍圈按其功能而劃分為建立兩槍交點的接觸運動、發勁運動和慣性運動三大部分[6]。如果革槍訓練從搭槍的狀態開始，就沒有了接觸運動部分的練習。所以無法培養選手在動態中主動建立交點的能力。而這個能力正是革槍最為困難的一部分。所以如果革槍訓練從搭槍狀態開始，就算訓練時可以做得中規中矩，但是一上場比賽就手忙腳亂了。

　　所以說兩槍相搭是革槍的必要條件。但是相搭的狀態不是靜態的、恆態的，而是動態的、瞬間的。而且兩槍相搭不是刻意追求的，而是順其槍法的自然而自然建立的。

　　從訓練的角度來看，對於初學者來說立刻進行不搭槍的革槍訓練，的確有其相當的難度。所以在學習革槍的初期階段，不妨使用常態搭槍的方式來實施訓練。但是，一旦掌握到革槍

6　　郭肖波：《明朝兵槍及其競技運動化的研究》，上海體育學院，2007 年，P.67~75。

發勁的原則以後，應當立刻進入沒有搭槍的革槍訓練。《手臂錄》裏講到提升革槍時說「扎者必用子午槍，革手自密」[7]。這裡就是利用子午槍很難被對方搭住的特性，來提升革槍者的能力。

2.4 攻擊的應用

由於兩槍搭住以後方便防禦方的革槍，所以攻擊方就要儘量的避免製造兩槍交叉接觸的機會。基於這個考量，「貼杆深入」就形成了槍法攻擊的最重要的理論。也就是說在攻擊時要儘量的靠近對方的槍、儘量的與對方的槍平行。如此以來，對方就很難建立交點；就算有了交點也因為非常接近而難以施力革槍。前述的子午槍就是這種攻擊原則的典型。

另外從槍法變化的「圈串」理論來看：如果我在攻擊的過程之中讓對方成功的建立了交點，那麼我做圈串的時候就必須把槍頭壓低才能完成圈串的動作。這樣就減慢了圈串的變化速度。更有甚者，如果對方如前所述的使用了推山塞海勢或太公釣魚勢，基本上我就很難使用圈串的變化。

總而言之，對於攻擊型的槍手而言，不給對方以兩槍相搭的機會絕對的有利於保障攻擊的成功。如果我們以《紀効新書》裏記載的三才陣法來看，這五人組合成的一伍之中，包括了藤牌、狼筅、短兵各一名和槍手兩名。藤牌、狼筅在槍手之前提供防禦和阻擋的功能，短兵在槍手之後做為槍手危急之時

7　吳殳：《手臂錄》，P.45。

的救急之用。所以在《手臂錄·槍法微言》裏說：「戚公鴛鴦
陣每隊用十二人，唯槍手四人，名曰「殺手」。」[8] 可見大槍
是伍的絕對攻擊主力，必然不會想搭敵人的槍來施展其防禦的
功能。

2.5 大槍與其它兵器的對抗

在我國以冷兵器為主的古戰場上，大槍是除了弓箭而外最
具殺傷力的武器。古代的軍事訓練對於各類兵器的考核都是以
其對付大槍的能力做為評鑑標準。這種觀念一直影響到近代的
兵器對練的表演套路。一般兵器對練套路都是雙刀破槍、棍對
槍、三節棍破槍、哨子棍破槍、藤牌刀破槍等等。這些對練套
路不但突出了大槍在我國軍備上的重要性，同時反映出除了大
槍以外的傳統兵器的訓練和對抗思維。

大槍做為近戰長兵的唯一兵器，佔有了長度和變化快的優
勢。而其它短兵器要戰勝大槍就必須想法跟大槍建立交點。然
後從這個交點來控制大槍，使其無法再產生變化。所以其它短
兵要戰勝大槍，首先要想法搭住對方的大槍。而大槍就要避免
被對方的兵器搭住。如果被搭住了，就要立刻使用抽拔扎、回
龍扎這類的技巧來脫離被搭的狀況。所以如果使用大槍對付其
它兵器，最重要的就是避免被對方的兵器搭到。絕對不可能主
動的搭住對方的兵器。

8　吳殳·增訂手臂錄 [M]·北京：北京師範大學出版社(孫國中校訂版)，
　　1989：84。

3. 搭槍的意義

如前所述，搭槍的目的是為了能夠施展革槍的技巧。那麼為什麼近代練習大槍時喜歡保持經常性搭搶的狀態呢？這個觀念是從何而來的呢？由於這是一個長時期發展以後而約定成俗的習慣。我們很難明確的說明這個觀念的來龍去脈。王志財博士把這種觀念總結出對抗禮節、距離測量和準備開始三個假設。作者在此把這幾個假設做些說明：

1) 大槍對抗的禮節：也就是說在對抗開始之前兩槍相搭（當然要把槍頭抬高些才能搭槍）一下。這樣的禮節動作就類似於和拳擊選手在每回合比賽開始前相互以拳套接觸一下。
2) 距離測量：利用搭槍來判斷雙方適當的攻防距離。
3) 準備開始：在對抗訓練或比賽時，以搭槍做為已經準備好可以進行比賽的表示。

當然上述的三種假設都很有可能。但是在比賽開始進行以後，不能老是搭槍表示禮貌、也不可能一直用搭槍來測量距離、更已經超過了準備開始的階段，所以就沒有必要繼續保持搭槍的狀態。

作者從實際的經驗裏體驗出：搭槍對抗比不搭槍對抗較為安全。因為雙方一直保持搭槍的狀態，即使被對方扎到，一般由於搭槍的原因還能有所反應。因此不容易受到較為嚴重的傷害。這個安全的考慮可能正是近代大槍對抗習慣於兩槍相搭的

主要原因。但是近年來，作者在槍器以及護具方面的開發設計，基本上解決了大槍對抗的安全問題。所以沒有必要因為安全的考慮而搭槍。

4. 結論

從以上的論述中我們可以理解：從古代軍事用途的角度來看，大槍在戰場上不可能先搭好槍、再開始格鬥。對抗採取兩槍相搭的方式也絕對不是傳統用槍的原則。

對於以現代化大槍競賽運動為目的的大槍訓練來說：

1）大槍之所以被讚美為「遊龍」就是因為大槍的攻擊具有豐富的變化性。但是一旦槍器被對方搭住了，就像四肢被人拴住了一般，以至於變化受到了極度的限制。所以在大槍對抗過程中，防禦的一方積極的想要建立兩槍的交點以利於革槍。這是天經地義的道理。但是戳槍攻擊的一方則萬無主動讓對方搭上來的道理。

2）在做革槍訓練時，應該儘量的保持對抗的仿真程度。所以不宜從兩槍相搭的狀態開始。但是對於初學者來說，這樣不搭槍的革槍訓練是有一定的困難度。為了理解和掌握革槍的發勁方法，可以酌情使用搭槍的方式進行訓練。但是必須迅速的回到不搭槍的革槍訓練。

3）在做連環訓練或者對抗時，攻擊技巧的變化在很大程
度上取決於對方搭槍的可能性。如果對方很難搭住，
那麼不妨長驅直入的攻擊；如果對方很有可能搭住，
那麼我就必須考慮攻擊過程裏加上變化。

總而言之，搭槍是革槍的必要手段。然而，搭槍的時機是
稍縱即逝的暫態。不可能長時間的保持搭槍的狀態。對於防禦
方來說，常態的搭槍狀態是可遇而不可求的。不能依賴搭槍來
保證革槍的成功。對於攻擊方來說，於己無搭槍的必要，也無
主動讓對方搭槍的義務，所以最好以不搭槍為原則。

附錄三：國際大槍武藝組織制定的競賽規則

（2019/07/12 版）

1・槍器

1.1　比賽一律使用主辦單位指定或提供的標準大槍。

1.2　標準大槍採用碳纖維材料、兩節接合式。

1.3　槍桿長度為 305±10 公分，根部直徑 4±0.2 公分，尖端直徑 2±0.2 公分，重量 1.5±0.2 公斤的範圍。槍頭為海綿類材質製作，長度為 15±2 公分。

2・護具

2.1　選手自備頭盔，以 NHL[1] 協會認證的冰上曲棍球式頭盔為準。

2.2　選手自備面罩，以 NHL 協會認證的全面罩為準。

2.3　護喉由選手自備。護喉必須有效的保護喉部正面及側面的打擊。

2.4　護甲由主辦單位提供或者選手自備。護甲的主要保護區域為上半身正面及側面。

1　NHL: the National Hockey League, 國家冰球聯盟

2.5　護襠由選手自備。

2.6　護手由選手自備。

2.7　以上護具，前四項（2.1～2.4）為必須使用的護具。 第五、六項由選手自行決定。

2.8　比賽主辦單位須盡一切能力維護比賽的安全，但是如果發生選手受傷的不幸情形，由雙方選手視當時狀況承擔責任。

2.9　選手如有惡意採取違規、違禁行為而造成對方傷害時，必須對受傷害一方負法律責任。

3・有效攻擊

3.1　以刺擊的動作使得槍頭刃部（參考本規則 13.1.2）擊中對方身體為有效攻擊。

3.2　槍器的其他部分擊中對方不得算有效攻擊。

4・得分計算

4.1　以直刺的有效攻擊（見 13.2）擊中對方的頭部或身體軀幹，得三分。如屬於擦擊（見 13.2）則得一分。

4.2　以直刺以外的其它有效攻擊（見 13.2）擊中對方的頭部或身體軀幹，得一分。

4.3　以任何有效攻擊擊中對方的四肢，得一分。

4.4　在同一攻擊的過程中，由於技巧的連續性造成擊中部位超過一處時，以得分較高的目標計分；不得重複計算。

4.5　比賽時一方無法以槍器做正常攻防表現時（如槍器同時脫

離兩手），對方自動得三分（不需要實際的攻擊）。但是如果是在有效攻擊成功之後，為了避免對方受傷而鬆手，或者其他原因，則不以槍器脫手失分計算。

4.7　若一方在比賽過程中因跌倒或其他因素使其無法正常操作槍器時，為保護其安全，裁判應立刻停止比賽；並將此視同槍器脫手的情形予以處理。

4.8　若一方在被攻擊時用手抓持對方的槍器，而導致對方失去得分的機會，除以犯規計而外，主審應給於攻擊一方得三分。

5・比賽方法及勝負計算

5.1　賽制可以採雙淘汰制、單淘汰制或者其它賽制。

5.2　賽制由主辦單位決定，至遲在比賽前由裁判長宣布。

5.3　每一回合限時三分鐘。在比賽時限之內，積分先達 11 分者為勝方，該回合即告結束；或達到比賽時限時，以積分高者為勝方。

5.4　當回合到達時限但雙方積分相等時，則採 3 分賽決定勝負（無時間限制，先取得 3 分者為勝方）。

5.5　考慮參賽人數、比賽總時數等等因素，可由主辦單位、裁判長與各隊領隊商量合適的比賽方式及勝負計算，並將協商結果公告之後執行。當無法達成共識時，主辦單位和裁判長有最終決定權。

6・選手行為準則

6.1　本比賽是以切磋槍技為目的，以槍技的高下決定勝負。

6.2　選手必須保持光明磊落、謙虛的風度。

6.3　選手不可以有故意犯規、傷害對手的犯意與行為。

6.4　當一方被擊中時，無論裁判有無反應，被擊中的選手應自覺的停止攻防動作，並以最安全的方法退出對抗的距離，並豎槍示意。嚴禁趁機反擊。

6.5　當攻擊方選手自覺有效攻擊得分以後，無論裁判有無反應，除原攻擊動作的自然延續外，不得再向對方做第二次的攻擊。而且應該立即的、安全的主動脫離對抗的距離，並豎槍示意，等待裁判的判決。

6.6　主審在未察覺攻擊得分的情況下，看到任何一方選手退出對抗距離並且豎槍示意時，應立即喊「停」，查明其原因後，做出判決。

6.7　比賽過程之中，選手應完全聽從主審、邊審的指揮。

7・賽事工作人員及職責

7.1　比賽設裁判長一名；裁判長負責監督比賽正常、公平的運作，並且授權與監督主審、邊審和其他工作人員的工作執行。

7.2　每場比賽設主審一名（見 13.3），主審為裁判長授權，負責該回合的比賽秩序、判決以及安全。當邊審報告選手失分時，主審應立即裁決，除大聲宣告外，並且監督計分員

在計分版上顯示正確的積分。

7.3 每場比賽設邊審兩名（見 13.4），邊審為主審授權，負責該回合特定選手被有效攻擊擊中的判決。當選手被擊中時，立刻以口令（"中"）停止比賽的進行，然後以口頭說明、旗號顯示等方法向主審報告。

7.4 每場比賽設安全員一名，安全員為主審授權，負責協助主審維護比賽的安全。若無適當人選時，主審必須承擔此責任。安全員負責監督該回合的所有安全問題（包括選手、主審、邊審以及場地周邊）。若是發現安全顧慮，應立即以口令（"停"）停止比賽、然後向主審報告；由主審裁決。

7.5 每場比賽依照需要設計時員、計分員各一名；計時員負責隨主審指示計時，在回合時間結束時，立即通知主審。計分員負責紀錄得分情形。每次選手得分時，必須高聲複誦得分宣判，並宣布雙方累積得分。

7.6 每場設司鼓一名。司鼓按主審指示行事。如果沒有司鼓，比賽的鼓號可另行設定。

7.7 比賽場地可以因地制宜，但須保證選手有充分的活動空間發揮槍技為原則；建議場地不小於 10 公尺乘 10 公尺。

8・比賽程序

8.1 各場比賽於裁判、工作人員以及選手進入準備完成狀態以後，由主審宣布該場比賽開始。比賽依以下程序進行：

8.2 主審宣布次場的選手及左右位置。被唱名的選手即刻到著

裝區穿著護具、取槍器。著裝後，立刻到等待線[2]上等待，取休息勢（見 13.5.1）。

8.3　主審示意司鼓開始。

8.4　《第一通鼓》：選手從等待線走到預備線[3]，並舉槍抱拳向邊審敬禮。然後立正並將大槍直豎身旁，取休息勢（見 13.5.1）。

8.5　《第二通鼓》：選手一腳踏出（一般比賽的姿勢），站高四平勢，讓邊審做安全檢查，檢查項目包括：槍器與護具。如果邊審同意選手合乎比賽安全的要求，立刻站在選手內門位置（選手左手在前，內門即為其右側。反之亦然），然後舉旗向主審示意；選手取暫停勢（見 13.5.2）。如果邊審認定選手未能達到比賽的安全要求，應立即向主審報告，由主審裁示。當需要改善安全條件時，主審應限制選手必須在五分鐘之內改善以達到比賽安全要求，否則主審有權取消其比賽資格，並宣布對方獲勝。

8.6　《第三通鼓》：雙方選手做舉槍抱拳勢相互敬禮，然後取預備勢（見 13.5.3）準備開始。

8.7　主審下令「開始」，同時開始計時，雙方選手立即進入對抗狀態。

2　等待線設於靠近賽場的預備線，但是不可以妨礙到進行中的比賽，以及不可以妨礙到觀眾的視線。

3　預備線設於賽場中心線上，兩條預備線的距離大約 4 到 5 公尺。或者設定為一個區域。讓選手自行選擇開始的距離。

8.8 當一方得分、回合時間結束或是其他因素，而下達停止比賽的命令時（"停／中"），雙方選手必須一手握槍根、另手扶槍桿於肩、將槍直豎（詳 13.5.2 暫停勢），等候主審命令。若是需要繼續比賽，主審必須重新下達「預備」、「開始」的口令，以引導選手進入比賽狀態。

8.9 比賽結束時（見 5.3 及 5.4），由主審宣布成績，隨後雙方選手相互行舉槍抱拳禮，再轉身向主審行舉槍抱拳禮，然後離場；該場比賽結束。

9·違規、違禁行為

9.1 違規行為

9.1.1 畏縮不前，持續採取避戰的行為。

9.1.2 連續大幅度地揮舞槍器，而不具備正確的槍法攻擊或防禦的意義（見 13.2 有效攻擊）。

9.1.3 持續地做欺敵的動作而沒有實際的攻擊作為。

9.1.4 在未將對方槍器革開以前，貿然地正面衝擊對方。

9.1.5 故意以槍桿打擊對方。

9.1.6 把槍頭接觸地面。

9.2 違禁行為

9.2.1 做出與槍技無關的動作、語言、姿態。

9.2.2 謾罵、侮辱任何人。

9.2.3 甩擲槍器、護具。

9.2.4 服裝不整。

9.2.5 態度傲慢不恭。

9.2.6 有明顯傷害對方的犯意或行為。

9.2.7 被對方扎中後，不立即停止攻防動作。

9.2.8 扎中對方後，不立即停止還繼續攻擊。

9.2.9 手抓或者用手革架對方的槍器。

9.2.10 以槍頭刃部以外的部分攻擊對方。槍頭刃部的定義見本規則 13.1.2。

10・違規、違禁行為的處理

10.1 主審對於一般違規行為可以給予警告，三次警告即取消該選手的比賽資格與成績。

10.2 主審對於違禁的行為可以斟酌採取警告、立刻取消比賽資格與成績，或者其它懲罰。

10.3 當違規或違禁行為造成對方沒有得分時，主審有權判決給予應得的分數。

10.4 當違規、違禁行為存在或者已經明顯造成安全問題時，裁判得嚴重警告，並判對方得分、或者取消比賽資格。

11・特別狀況的處理

11.1 搶扎

11.1.1 在一方已經明顯攻擊得分、並且豎槍開始脫離對抗距離的情況下，無論裁判是否及時判決，另一方仍然出槍攻擊，屬於典型的搶扎。

11.1.2 對方已經開始攻擊，在無戰術或技巧表現的情形下倉皇

出手戳槍，屬於典型的搶扎。

11.1.3　搶扎不能得分，並以一般違規論處。

11.1.4　符合槍法「後出先至」、「不招不架就是一下」等的技巧屬於正常技巧，不算搶扎。

11.2 同時扎中

11.2.1　先確定沒有搶扎的情形；若有，則以搶扎論處。

11.2.2　若一方的攻擊不屬於有效攻擊時，先排除此方的得分計算。

11.2.3　上述兩種情形以外者屬於同時扎中，雙方分別依扎中部位按正常扎中計分。

11.3 距離

11.3.1　比賽時如雙方距離短於大槍長度時，為安全及技術發揮考慮，雙方不應有任何攻防動作，並應立即拉開距離至大槍長度以上的距離。如果選手未主動拉開距離，或未能即時拉開距離，裁判應立刻喊「停」，命令選手回復到準備位置。

11.3.2　如果一方故意往前擠而造成間距短於大槍攻擊距離，裁判應立即喊「停」，並按 9.1.4 規定判以違規。如果有造成對方因此而無法得分的情形，裁判可按情節給以對方三分。

11.3.3　比賽過程中選手如一動至賽場邊緣時，裁判應在雙方無技術作為時立即喊停，並命令選手回復到準備位置。

12・其他

12.1　未盡事項由裁判長與主審商討後決定，並公佈之。

12.2　當比賽規則出現不同版本時，以最新版本為準。

13・說明

13.1　槍頭

13.1.1　器材及安裝：槍頭以海棉材質製成，其總長度為 12 公分，內部前方以圓柱形實心海綿填充，長度 8 公分；前端並以矽膠密封。然後以紅或黃色膠帶包纏槍頭前 10 公分數層。當槍頭裝上槍桿時，槍頭底部 4 公分包覆槍桿前端，並以黑色膠帶包纏槍頭尾端 6 公分長，使之與槍桿固定為一體。

13.1.2　槍頭的定義：安裝完成以後，槍頭前端 6 公分（紅色或黃色膠帶包纏部分）為假設的槍刃，此槍刃為槍法技巧攻擊的唯一允許部位；除此以外的部分均屬於槍桿的一部分。

13.2　有效攻擊

基於傳統大槍技巧和實戰中可能傷害的綜合考量，將有效攻擊定義為：

13.2.1　所有的有效攻擊必須是以槍頭刃部接觸對方，槍頭刃部的定義見本規則 13.1.2。

13.2.2　主要有效攻擊：直刺與擦擊

13.2.2.1　直刺與擦擊的必要條件：將槍桿直（正）對目標做正確的大槍扎、戳技巧。

13.2.2.2　直刺的定義：以槍頭尖端以直角或大於 45 度的角度接觸目標為直刺。

13.2.2.3　擦擊的定義：以槍頭尖端以 45 度角或更小的角度接觸目標為擦擊。

13.2.2.4　直刺與擦擊的判斷均是以槍頭尖端與目標接觸的角度來判斷。接觸以後槍頭的運動與方向，因為護具的原因而不予考慮。

13.2.3　其它有效攻擊：劈、砍、切、割

13.2.3.1　劈、砍、切、割的特性定義為：槍頭以其側面對目標的攻擊。

13.2.3.2　從選手安全的角度考慮，槍頭揮動必須為有效攻擊或革槍的一部分，其幅度不得超過一公尺。而且必須是以槍頭刃部（6 公分）接觸目標。

13.2.4　特別情形：

13.2.4.1　劈、砍、切、割等的攻擊，若是以槍桿接觸目標屬於違規動作。

13.2.4.2　如果選手服裝過於寬鬆，當明顯被對方扎中到服裝而未扎到身體時，裁判有權決定是否失分。

13.3　主審

13.3.1　職責

主審職責包括：

13.3.1.1 主導比賽過程，確切並有效的執行比賽規則。

13.3.1.2 排除一切妨礙比賽進行的因素。

13.3.1.3 監督邊審做好其工作。

13.3.1.4 監督計分員、計時員、安全員做好其工作。

13.3.1.5 密切注意選手攻擊出手的時間差（搶扎）。

13.3.1.6 確保比賽的公平、公正性以及場地內和周邊人員的安全。

13.3.1.7 對於規則外的狀況，應與裁判長商量後做出判決。

13.3.2 要求

13.3.2.1 理解並支持大槍比賽的目標和理想：發展大槍競賽運動成為極具中華文化風格和內涵的世界運動項目；保存大槍實戰的發展環境；發揚傳統大槍武藝。

13.3.2.2 熟悉比賽規則。

13.3.2.3 理解比賽規則制定的意義。

13.3.2.4 曾親身體驗大槍技巧、並具備一定的大槍競賽的經驗。

13.3.2.5 具有良好的體力和迅速反應能力。

13.3.2.6 保持正面形象

13.3.3 建議

13.3.3.1 與選手保持正三角形的距離，以方便執行其職責。

13.3.3.2 監督邊審站立位置，以不阻擋本身視線為原則。

13.4　邊審

13.4.1　職責

邊審職責包括：

13.4.1.1　聽從主審指揮，確切並有效的執行比賽規則。

13.4.1.2　做好己方選手設備的安全檢查。

13.4.1.3　取得適當位置，密切監督己方選手被攻擊的狀況。

13.4.1.4　在己方選手被扎中時，立刻高呼"中"以停止比賽；並立刻將扎中情形向主審報告。

13.4.1.5　在己方選手被不當攻擊時，立刻高呼"停"以停止比賽；並立刻將情形向主審報告。

13.4.1.6　在不確定得分、雙方選手距離過近的情形發生時，應立刻喊"中"或"停"，然後徵詢選手和主審的意見。

13.4.1.7　在察覺有安全顧慮時，應主動喊「停」，並向主審報告。

13.4.2　要求

13.4.2.1　理解並支持大槍比賽的目標和理想：發展大槍競賽運動成為極具中華文化風格和內涵的世界運動項目；保存大槍實戰的發展環境；發揚傳統大槍武藝。

13.4.2.2　熟悉比賽規則。

13.4.2.3　理解比賽規則制定的意義。

13.4.2.4　曾親身體驗大槍技巧、並具備一定的大槍競賽的經驗。

13.4.2.5　具有良好的體力和迅速反應能力。

13.4.3 建議

13.4.3.1 站在選手內側為原則，以方便執行其職責。但是儘量保持較遠的距離。

13.4.3.2 呼"停／中"口令時反應必須非常迅速，以確保選手安全，及比賽的公平性。

13.5 持槍姿勢

13.5.1 休息勢

選手立正站好，槍桿直豎於身側。此勢適用於第一通鼓以前、比賽暫停或者比賽結束等待成績宣佈時。

13.5.2 暫停勢

選手立正站好，右手持槍根（為右手執槍根者，否則左手持槍根），槍桿直立於身側，另手扶槍桿於右肩。此勢適用於比賽開始前、或比賽過程中暫時停止時。

13.5.3 預備勢

傳統槍法的中平勢、低四平勢或高四平勢均屬於預備勢。此勢適用於已經準備開始進行比賽。

本書主要參考文獻

1. 吳殳・增訂手臂錄 [M]・北京：北京師範大學出版社（孫國中校訂版）・1989：ISDN 7-303-00533-1/G・293。

2. 吳殳・手臂錄 [M]・大陸：借月山房匯鈔・多倫多大學東亞圖書館藏善本。

3. 吳殳・手臂錄 [M]・臺灣：華聯出版社・1970・澤古齋重鈔本。

4. 戚繼光・紀効新書 [M]・北京：中華書局・1996：ISDN7-101-01230-2/B・230。

5. 唐順之・武編[M]・瀋陽：解放軍出版社・中國兵書集成第13 冊。

6. 曾公亮・武經總要 [M]・瀋陽：解放軍出版社・中國兵書集成第3-5 冊。

7. 何良臣・陣記 [M]・瀋陽：解放軍出版社・中國兵書集成第25 冊。

國家圖書館出版品預行編目資料

大槍武藝／郭肖波著. -- 一版.
 -- 臺北市：八正文化, 2021.11
    面；   公分

 ISBN 978-986-99608-0-9（平裝）

 1. 器械武術

 528.974   109015353

大槍武藝

定價：580

作　　　者	郭肖波
封 面 設 計	賴麗榕
印　　　刷	松霖彩色印刷事業有限公司
版　　　次	2021 年 11 月一版二刷
發 行 人	陳昭川
出 版 社	八正文化有限公司
	108 台北市萬大路 27 號 2 樓
	TEL/ (02) 2336-1496
	FAX/ (02) 2336-1493
登 記 證	北市商一字第 09500756 號
總 經 銷	創智文化有限公司
	23674 新北市土城區忠承路 89 號 6 樓
	TEL/ (02) 2268-3489
	FAX/ (02) 2269-6560

本書如有缺頁、破損、倒裝，敬請寄回更換。

本書封面用圖：明‧仇英《抗倭圖卷》